용을 삼킨 여인들

용을 삼킨 여인들

초판 1쇄 발행 ㅣ 2019년 6월 10일

지은이 ㅣ 신영란

펴낸이 ㅣ 조민호
펴낸곳 ㅣ 윌링북스

주소 ㅣ 경기도 고양시 일산동구 중앙로 1124 (101-2506)
전화 ㅣ 02-381-8442   팩스 ㅣ 02-6455-9425
이메일 ㅣ willingbooks@naver.com
출판등록 ㅣ 제2019-000073호

ISBN 979-11-967006-0-7 (03910)

이 도서의 국립중앙도서관 출판예정도서목록(CIP)은 서지정보유통지원시스템 홈페이지(http://seoji.nl.go.kr)
와 국가자료공동목록시스템(http://www.nl.go.kr/kolisnet)에서 이용하실 수 있습니다.(CIP제어번호 : CIP2019018205)

세상을 휘어잡은 황후들의 이야기

용을 삼킨 여인들

신영란 지음

윌링북스

사랑과 권력 사이에서
불멸을 꿈꾼 여인들의 삶

초등학교 시절 만화방에서 빌려본 〈베르사유의 장미〉를 통해 마리 앙투아네트라는 이름을 가진 여성의 존재를 처음 알았다. 프랑스 혁명에 관심을 가진 것도 이때부터였다. 팝송에 눈뜰 무렵엔 '천일의 앤'에 꽂혀 영국과 유럽의 역사에 관한 책이나 영화를 찾아보곤 했다.

영화 〈패왕별희〉나 〈마지막 황제〉, 그리고 《중국의 붉은 별》 같은 책은 우리 역사의 곁다리쯤으로만 인식해왔던 중국사의 한복판으로 나의 호기심을 확장한 출발점이 되었다.

정치가 남성의 전유물로 여겨지던 봉건시대에 권력의 최고봉에 오른 여성들은 어떤 삶을 살았을까?

이 책은 한고조 유방의 황후로서 실질적으로 나라를 통치하기도 했던 여치에서 중국 봉건왕조 시대의 마지막을 장식한 완용까지, 절대 권력자를 남편으로 둔 13명의 여성에 관한 이야기다.

본인이 원했던 원하지 않았던 황제의 아내로 선택된 여자들은 평범한 사람의 삶에서 많은 부분 비켜나 있을 수밖에 없다. 황실의 안주인이라는 화려한 타이틀 뒤에 가려진 생존 경쟁의 치열한 정글 속에선 평범한 일상을 꿈꾸는 것이 애초부터 불가능한 일이었는지도 모른다. 한때는 여인 중의 여인으로 군림하며 최고의 존엄을 누리기도 하지만,

자신을 그 자리에 올린 남자의 사랑을 잃는 순간 존재 가치마저 부정당하는 게 그녀들의 일생이다.

큰 틀에서 보자면 이 책에 등장하는 13명은 '같은 듯 다른 삶'을 살았다. 더러는 황제의 충실한 내조자로서 생을 마감하기도 하지만, 어쩔 수 없는 시대 상황에 떠밀려 참혹한 운명의 나락으로 빠지거나, 스스로 감당치 못할 욕망에 도취되어 종국에 가서는 나라를 망친 경우도 있다.

반대로 남다른 의지를 가지고 치열하게 자신의 운명을 개척하여 단순히 그늘 속의 내조자, 혹은 수동적인 주변인으로서가 아니라 권력의 당사자로서 스스로 정치의 전면에 나선 여성도 있다. 이 여성들이 있어 수천 년의 세월이 흐른 지금도 중국 역사는 한 편의 다이내믹한 드라마로 읽히기도 한다.

누군가 이런 말을 했다. "여자는 10점짜리 남자를 만나면 10점짜리 인생을 살고, 100점짜리 남자를 만나면 100점짜리 인생을 산다"고.

사람들은 각각 자신이 추구하는 욕망의 관점이나 기준에 따라 타인의 인생에도 점수를 매기려는 경향이 있는 듯하다. 고백하자면 나 역시 그들과 크게 다르지 않을 것이다. 하여 이 책에 등장하는 중국 황후들의 삶에 대해 왈가왈부하는 것 자체가 분수를 벗어난 일일 수밖에 없다. 부끄럽지만 독자 여러분의 너그러운 양해를 구한다.

여러모로 사연이 많은 책이다.

이 책의 출판을 위해 애정을 가지고 열과 성을 다해 편집에 힘써준 월링북스와 김완수 시인의 우정어린 조언에 말로는 다할 수 없는 고마움을 전한다.

신영란

차례

3부 나라를 망친 여인들

4부 찬란했지만 슬픈 사랑

1부

남편을 황제로 만든
여인들

1장

여태후

[呂太后]

강렬한 철권의 카리스마

간추린 중국사

기원전 221년, 중국 최초의 통일제국 진(秦)나라가 건국된다. 이로써 중국은 약 500년에 걸친 춘추전국시대에 마침표를 찍었으나 그 효력은 오래 가지 못했다. 강력한 중앙집권 정치로 대륙을 통치한 시황제가 재위 15년 만에 세상을 떠나자 통일제국도 빛을 잃었다. 환관들의 횡포로 조정은 유명무실해졌고 민생은 도탄에 빠졌으며 나라는 뿌리째 흔들리게 된다.

이 시기 진나라 타도를 외치며 각지에서 일어난 농민 봉기는 한신, 장량, 팽월 등 무수한 전쟁 영웅을 탄생시킨 한(漢)나라의 건국으로 이어진다.

그녀의 프로필

한(漢) 고조 유방의 아내. 본명은 여치.

《사기(史記)》에 이름을 올린 중국 최초의 황후.

유방이 죽은 뒤 20여 년간 섭정 태후로서 한나라의 실질적인 통치자가 되었다. 그녀는 집권 후 과감한 개혁을 시행하여 정치·경제적 불안을 해소하고 민생을 안정시키는 등 긍정적인 성과에도 불구하고 권력을 잡기 위해 사상 유례가 없는 잔혹한 복수극을 연출하여 파란만장한 인생에 오점을 남겼다.

강렬한 철권의 카리스마,
여태후

✦ 여치, 붉은 용을 만나다

"딸이란 말이지?"

노비의 전갈을 받은 여문(呂文)은 무심코 밤하늘을 올려다보았다. 아내의 출산이 임박하면서 금성이 서기를 내뿜더니 이날은 정확히 지붕 위를 비추고 있었다. 금성은 존귀함을 상징하는 별이다.

때는 전국시대 말엽의 혼탁한 시기였다. 명색이 단현 고을 유지라고는 하나 실상은 오갈 데 없는 협객을 수하에 두고 산동성 일대에 출몰하는 도적 떼를 잡아 관아에 넘기는 게 그의 본업이었다. 그 사이 시황제가 천하를 통일하여 진나라를 세웠으나 작은 권력이 큰 권력에 잡아먹히는 세상 이치는 달라질 게 없었다. 학문이 무용지물이 되어버린 마당에 두 아들은 집안을 일으켜 세울 재목이 못 되었다.

그는 치(雉)를 본명으로, 아후(娥姁)를 딸의 아명으로 지었다. 꿩처럼 높이 날아올라 평생 대접받고 살기를 바라는 아비의 마음을 담았다. 아후는 장점이 많은 딸이었다. 총명한 데다 용모는 자랄수록 두드러졌다. 유난히 뽀얀 살결에 뚜렷한 이목구비, 다소 고집 센 성격마저 귀인의 풍모를 돋보이게 했다. 무엇보다 두 오라비가 갖지 못한 강단을 타고났다.

'저 아이가 사내라면 무예를 가르치련만.'

아후가 열다섯 살 되던 해 여문은 문득 그런 생각이 들었다. 황실 무관 출신의 세도가와 마찰을 빚는 중이었다. 상대는 사적인 탐욕으로 무리한 요구를 해왔다. 거절하면 무슨 핑계를 대서라도 그를 궁지에 몰 태세였다. 수하들도 전부 매수당했다. 여문은 고심 끝에 식솔만 이끌고 산동성을 떠났다.

어느 날 진시황의 순행 행렬이 강서성 일대를 지났다. 끝도 보이지 않는 호화로운 행렬을 멍하니 바라보던 한 사내의 입에서 탄식이 흘러나왔다.

"기왕 대장부로 태어났으면 저 정도는 누려봐야 되는데!"

가난한 농사꾼의 아들로 태어나 술판 노름판 싸움판 안 가리고 노는 데는 이골이 난 사내, 이 사람이 바로 훗날의 한 고조 유방(劉邦)이다. 패현 4인방으로 불리는 나팔수 주발, 감방 간수 조참, 개백정 번쾌와 관청 서기 소하가 그와 함께 있었다.

"아이고 형님, 우린 그저 술이나 마시러 갑시다."

번쾌가 팔을 잡아끌었다. 밑바닥 인생끼리 헛꿈 꾸지 말자는 말이다.

"사람 인생이라는 게 더럽게 불공평하구먼."

금수레는커녕 당장 장가를 든다 해도 신혼집 한 칸 구할 주제가 못 되는 유방은 공연히 속에서 천불이 났다.

그로부터 몇 달 후, 갑자기 진시황이 죽고 호해가 등극했다. 환관의 농간으로 유서가 조작되었고 태자는 살해당했다는 소문이 자자했다. 그러거나 말거나 세상은 달라질 게 없었다. 시황제가 살아 있을 때부터 조성되기 시작한 여산릉(진시황의 무덤) 공사에는 더 많은 백성이 동원되었다.

"사수청 정장 자리가 비었는데 형님만 괜찮다면 힘을 좀 써보겠습니다."

감방 간수 조참의 제안이었다. 노역장까지 죄수들을 호송하는 말단 관리 자리였다.

"까짓거, 못할 것도 없지."

유방은 술값이나 벌어보자는 심산이지, 일에는 별 흥미를 느끼지 못했다.

한편, 여문의 집에서는 한바탕 소동이 벌어졌다. 급히 이삿짐을 챙기다 빠뜨린 모양인지 아후가 아끼던 노리개가 없어진 것이다.

"대신 이거라도 가져, 언니."

"치워!"

아후는 여동생이 내주는 노리개를 팽개치며 길길이 뛰었다. 온 식구가 진땀을 흘리자 여문이 여종을 불렀다.

"똑같은 물건이 있으면 사 오도록 해라."

말이 끝나기 무섭게 아후가 마루를 내려섰다.

"넌 왜?"

"엉뚱한 걸 골라올지도 모르잖아요."

이미 날이 어둑어둑해질 무렵이었다. 대처 상인들에게서나 구할 수 있는 노리개여서 장터를 샅샅이 뒤져봐도 비슷한 물건 하나 찾지 못했다. 아후는 안색이 하얗게 질렸다. 화가 많이 났다는 뜻이다. 그 와중에 여종이 울상을 지었다.

"아씨, 도무지 어디가 어딘지 모르겠어요."

아후는 표독스럽게 여종의 뺨을 후려쳤다.

"눈 똑바로 뜨고 다녔어야지!"

점포란 점포는 모두 문을 닫아걸었고 개 짖는 소리만 요란하게 들려왔다. 그렇게 한참을 헤매고 있을 때 한 사내가 다가왔다.

얼굴의 절반을 뒤덮은 수염, 튀어나온 듯 뭉툭한 콧날, 우락부락한 인상에 기골이 장대한 사내가 자신을 뚫어져라 지켜보고 있었다. 순간 아후는 그 자리에 얼어붙었다. 여종이 조심스럽게 앞으로 나섰다.

"저, 혹시 엊그제 이사 온 여문공 댁을 아시는지요?"

"왜 그러시오?"

"저희가 그 집에 사는데 길을 잃었습니다."

"따라오시오."

사내가 성큼성큼 앞서 걷기 시작했다. 아후는 끌리듯 그를 따랐다.

"잘은 모르지만, 최근에 이사했다면 아마 이 부근일 거요."

이윽고 사내는 낯익은 골목 입구를 가리켰다. 그러고는 곧장 다른 길로 접어들었다. 아후는 난생처음 혼란한 감정에 휩싸였다.

그날 밤 푸른 비단옷의 여인이 꿈에 나타났다. 유방 자신은 붉은 용의 형상을 하고 있었다. 그는 여인에게 무슨 말인가를 건네려고 입을 벌렸다. 그러자 여인의 몸 전체가 순식간에 붉게 물들더니 감쪽같이 모습을 감추었다.

꿈에서 깨어난 유방은 문득 어릴 적 노모가 들려준 이야기를 떠올렸다.

'호수 한가운데서 황룡이 솟아오르는 꿈을 꾸고 낳은 게 너였다. 무당에게 물었더니 아주 크게 될 징조라고 하더구나. 넓적다리에 반점을 그렇게 지니고 난 것도 무슨 깊은 뜻이 있다는 게야.'

그는 72개의 반점이 선명한 자신의 넓적다리를 만져보았다. 무당은 1년 삼백예순 닷새를 72로 나누면 오행의 근본인 숫자 5가 나오므로 72는 더없이 길한 숫자라고 했다. 말이 좋아 크게 될 징조지, 싸구려 해몽 따위 잊고 살아온 그였다.

이튿날, 관아에서는 대낮부터 질펀한 술판이 벌어졌다. 도로마다 굶어 죽은 백성들의 시체가 즐비해도 연회장에는 산해진미가 산처럼 쌓였고 기생들의 분 냄새가 진동했다.

"여공께서 절 좀 많이 도와주셔야겠습니다."

"저야말로 현령 한 분 믿고 먼 길을 온 것 아니겠습니까, 모쪼록 잘 부탁드립니다."

부패한 권력은 돈으로 사람의 가치를 매긴다. 여문은 현령에게 상당한 뇌물을 바친 대가로 안전을 보장받고 상석을 차지할 수 있었다. 덕분에 단현에서 챙겨온 재산의 절반이 줄었다. 빈객 중에는 마지못해 눈도장이나 찍고 가려는 사람도 있었다. 현령은 그들을 가려내기 위해 야비한 술수를 썼다. 기부금을 1,000냥 이상 가져오지 않으면 맨바닥에 나앉도록 한 것이다.

연회가 한창 무르익을 무렵 나타난 유방은 아전이 봉투를 내밀자 대뜸 글씨를 휘갈겨 썼다. 이를 지켜보던 아전이 코웃음을 쳤다.

"지금 장난해?"

"잔말 말고 갖다 주기나 하셔."

유방이 눈을 부릅뜨자 아전은 하는 수 없이 부리나케 대청으로 뛰어갔다. 현령도 황당하긴 마찬가지.

"이게 뭐냐?"

아전이 가져온 것은 달랑 '만 냥'이라고 쓴 빈 봉투였다.

"감히 수령을 희롱하다니! 그놈을 당장 끌어내서 볼기를 쳐라!"

현령이 노발대발하자 여문이 점잖게 끼어들었다.

"모처럼 기분 좋은 날인데 제가 술 한 잔 먹여 보내도 되겠습니까?"

"뭐, 그러시던가."

마지못해 현령이 아전에게 눈짓했다. 곧 유방이 대청에 올라 넙죽 절을 올렸다. 여문이 술을 권하자 유방은 기세 좋게 술병을 집어들었다.

"먼저 한 잔 올리겠습니다. 송구하게도 만 냥짜리 외상술입니다."

여문은 연회가 이어지는 동안 찬찬히 그를 살펴보았다. 대범하되 예의를 갖추었으며 적당히 몸을 낮추되 비굴함이 느껴지지 않는 태도, 보통의 사내들에게서는 엿볼 수 없는 무언가가 그에게는 있었다.

다음 날 유방은 여문의 초대를 받았다. 여간해선 차 심부름 같은 걸

시키지 않는 부친의 명을 받고 정방(正房, 가장의 거처)에 들어선 아후는 순간적으로 얼굴을 붉혔다. 밤길을 휘적휘적 앞서 걷던 그 사내였다.

"내 딸일세."

여문이 두 사람을 번갈아 보았다. 탁자를 사이에 두고 어색한 묵례가 오갔다. 아후는 찻잔을 내려놓고 조용히 방을 나갔다.

"자네를 사위 삼고 싶은데, 자네 생각은 어떠한가?"

"예?"

"내 딸과 혼인할 뜻이 있는지 물었네."

유방은 여문의 단도직입적인 질문에 별로 망설이는 기색도 없이 입을 열었다.

"당장은 가진 것도 없고 노부모를 모시고 살아야 할 형편이라 황망할 따름입니다."

"불감청(不敢請)이나 고소원(固所願)이라 이 말이군. 응? 재미있군, 재미있어!"

사내들의 호탕한 웃음소리가 안채에까지 들려왔다.

'왜 이리 심장이 요동치는 걸까.'

아후는 공연히 마당을 오락가락하며 갈피를 잡지 못했다. 한참 있다 유방이 돌아가고 부친이 그녀를 불렀다.

"방금 나간 그 청년이 장차 너의 지아비가 될 사람이다."

부친의 말에 묘하게 마음이 가라앉는 것을 느꼈으나 이 와중에도 반발심이 드는 건 어쩔 수 없는 그녀의 성격이었다.

"신분도 하찮아보이는데 아버지께선 어째서 그런 사람에게 절 시집보내려고 하십니까?"

"겉보기엔 저래도 제왕의 상을 지닌 사내다."

여문은 확신에 찬 표정이었다.

"여인의 몸으로 귀하게 된다는 건 출세한 남편의 아내가 된다는 뜻이다. 이제껏 내 관상은 틀린 적이 없다. 너는 필시 지아비 덕분에 날개를 달게 될 것이다."

"이런 촌구석에 살면서 무슨 수로 출세를 한다고 그러세요."

표정은 뽀로통해도 말에 뒤끝이 없었다. 싫지는 않다는 뜻이다. 여문이 그 속내를 정확하게 짚어내고 이야기를 마무리 지었다.

"곧 날짜를 잡을 것이다."

✦ 천하를 뒤엎을 상

유방의 아내가 된 아후는 본명인 여치로 돌아갔다. 결혼은 그녀의 삶을 완전히 바꿔놓았다. 늙은 시부모와 시동생까지 먹여 살리려면 비탈밭이라도 일궈야 할 판국에 남편은 늘 바깥으로만 돌았다. 여문은 딸을 출가시킨 지 1년을 못 넘기고 저세상 사람이 되었다. 이젠 친정의 후원도 기대할 수 없는 처지였다. 그녀는 남편이 언젠가는 자신을 꿩처럼 높이 날아오르게 해줄 거라 믿었다. 여문의 딸로 살면서 권력의 생리를 충분히 체득한 그녀였다.

'내 남편만큼은 결코 실패한 조직의 우두머리로 만들지 않을 테다.'

그녀는 부친의 유언대로 내조에 전력을 다했다. 이것은 결국 자신의 몫으로 감당해야 할 현실이 생각보다 훨씬 더 가혹해진다는 것을 의

미했다. 자식들이 태어나면서 그 무게는 배가 되었다. 아들 유영(훗날의 혜제)과 딸 유언(훗날의 노원공주)은 그녀의 야망에 불을 지핀 또 다른 이유였다.

장차 황족이 될 아이들이 밭고랑을 놀이터 삼아 자랐다. 그러던 어느 날, 지나던 노인이 물을 청했다. 뜨거운 여름 햇볕이 내리쬐는 점심 나절이었다. 노인은 몹시 목이 말랐던지 그녀가 건네준 물을 단숨에 들이켜더니 주위를 돌아보며 혼잣말로 중얼거렸다.

"위아래가 뒤집힐 지세(地勢)로군!"

여치는 귀가 번쩍 뜨였다.

진시황릉 보수공사로 온 나라가 신음하는 중이었다. 천하의 재물을 다 쏟아부어도 모자란다는 이 공사에 족히 100만 명이 넘는 인원이 동원되었다. 죄수들은 헐벗고 굶주린 채 중노동에 끌려나왔다. 그들을 호송하는 임무를 맡은 유방은 이런 상황을 못 견뎌했다. 사내로서 할 짓이 못 된다는 이유였다. 공사장에서도 늘 술병을 꿰차고 다녔다.

하루는 노역을 마치고 돌아오는 길에 흰 뱀이 나타났다. 죄수들은 혼비백산하여 벌벌 떠는데 유방은 술김에 뱀을 칼로 쳐서 토막을 내버렸다. 그러고는 잠이 들었는데 웬 노파가 머리를 풀어헤치고 '적제(赤帝)의 아들이 백제(白帝)의 아들을 죽였다'고 통곡하는 꿈을 꾸었다.

"적제는 용의 아들이요 백제는 진나라를 뜻하니, 이는 유방이 진 왕조를 멸망시킨다는 신의 계시가 틀림없다."

유방의 꿈 이야기를 전해 들은 사람들은 이렇게 수군거렸다. 여치는 아무래도 노인의 말이 그 꿈과 무슨 연관이 있는 것처럼 생각되었다.

그녀는 자기 몫의 밥과 반찬까지 전부 내놓고 노인을 붙잡았다.

"어르신, 실례인 줄 알지만 제 관상을 좀 봐주십시오."

"그대는 장래 만인이 우러러볼 귀인이 될 것이오."

"예? 보다시피 저는 어린애들까지 데리고 뼈가 휘도록 일해도 먹고 살기가 빠듯합니다. 처지가 이런데 대체 무슨 말씀이신지?"

여치는 안달이 나서 되물었으나 노인은 묵묵부답으로 걸음을 옮겼다. 마침 그때 유방이 나타났다.

"얼른 저 노인을 따라가 보세요."

"왜 그러시오?"

"혹시 알아요? 하루가 멀다 하고 난리가 나는 세상인데, 당신이라고 이렇게만 살라는 법 없잖아요. 관상이라도 좀 봐달라고 하세요."

그녀의 등쌀에 못 이겨 뒤따라간 유방에게 노인이 결정적인 한 마디를 날렸다.

"천하를 뒤엎을 상이 여기 있었구려!"

며칠 후, 죄수들이 떼거리로 노역장을 탈출했다. 상당수가 관군이 쏜 화살에 맞았으나 한번 뚫린 구멍은 막을 수가 없었다. 탈주범들을 쫓아 망당산 입구에 이른 유방은 그저 만사가 귀찮을 뿐이었다.

"어차피 썩은 세상 죄 안 짓고 사는 놈이 얼마나 되겠는가? 다들 제 갈 길로 가거라. 난 이깟 허접한 짓거리 때려치우고 세상 뒤집을 궁리나 해야겠다."

그는 이미 사로잡은 10여 명의 죄수들까지 몽땅 풀어주고 그 자리에 퍼질러 앉아 술을 마셨다. 이를 본 죄수들이 다시 발길을 돌렸다.

"그렇다면 우리도 끼워주십시오. 이리 풀려나봐야 죽은 목숨이나 매한가진데 갈 곳도 없습니다."

하는 수 없이 유방은 탈주범 무리를 이끌고 망당산으로 숨어들었다. 이 일이 알려지자 마을에서 그를 따르던 수하들도 작심하고 산으로 들어갔다. 조참, 주발, 번쾌가 남편의 소식을 전하러 왔을 때 이상하게도 여치는 별로 놀랍지가 않았다. 마침내 올 것이 온 것인가. 진승과 오광의 반란으로 온 나라가 어지러울 때였다. 반군이 농민의 열렬한 지지 속에서 파죽지세로 관군을 몰아붙인다는 소문은 입에서 입으로 전해졌다.

"갑시다. 내가 직접 전할 말이 있어요."

그녀는 태연하게 그들을 앞장세워 남편을 찾아나섰다.

비바람이나 겨우 피할까 말까 한 움막에 시커먼 사내들 수십 명이 모여 있었다. 하룻밤 사이 남편의 꼴도 말이 아니었다. 급히 챙겨온 옷과 음식을 건넸다.

"이 싸움은 쉽게 끝나지 않을 것입니다. 생전에 아버지께서 하신 말씀, 허투루 여기지 마십시오."

"또 그 얘기요? 난 그냥 저 못된 현령 놈 하는 짓거리가 하도 고약해서 홧김에 죄수들 편에 섰을 뿐이오."

그녀가 제왕지상 운운할 때마다 은근히 들뜬 기분을 맛보기도 한 그였으나 이번만큼은 상황이 달랐다. 술김에 일을 저질러놓고 보니 본의 아니게 탈주범 무리의 우두머리가 된 것뿐이었다.

"곧 데리러 갈 테니 집에 돌아가 기다리시오."

"식구들 걱정은 마시고 당신이나 몸조심하세요. 어차피 판은 벌어졌으니 이제 당신은 기회를 잡기만 하면 됩니다."

부부는 각자 다른 말을 하고 있었다.

이튿날 여치는 시부모와 아이들이 보는 앞에서 군졸들에게 끌려나왔다. 현령의 보복이었다. 날이 어둑해지자 관청 서기 소하가 감방으로 그녀를 찾아왔다.

"오늘 밤 형님을 만나러갈 것입니다. 전할 말씀 있으면 하십시오."

"난 괜찮으니까 제발 섣불리 내려오지 말라고 하세요."

여치는 이런 일이 닥칠 줄 예상했다. 소문에 따르면 반군이 이곳까지 오는 건 시간 문제였다.

유방은 아내가 잡혀간 걸 알고 길길이 뛰었다. 당장이라도 관청을 때려 부술 것처럼 흥분한 그를 소하가 가로막았다.

"형수님 말씀을 믿으십시오. 아직은 때가 아닙니다."

며칠 후 반군이 강서성 인근까지 진격해 들어왔다. 유방은 혼란을 틈타 무리를 이끌고 관아로 쳐들어갔다. 제일 먼저 현령을 죽이고 관리들을 모두 내쫓아버렸다. 여치는 관아가 떠나가라 외치는 남편의 함성을 들었다. 뚜벅뚜벅, 귀에 익은 발걸음 소리에 이어 감옥 문이 활짝 열렸다.

"고생 많았소."

"수고하셨습니다."

서로를 바라보는 눈빛에 만감이 스쳤다. 이때가 아마도 부부로서 가장 행복한 순간이었을 것이다. 유방의 나이 39세, 여치는 24세 때였다.

✦ 반군의 지도자가 된 유방

"왕후장상의 씨가 따로 있지 않다."

농민군이 가는 곳마다 깃발이 나부꼈다. 시황제의 폭정에 염증을 느낀 백성들에게는 엄청난 파괴력을 지닌 문구였다. 여치는 소하, 조참 등에 의해 패현 농민군의 선봉에 선 남편을 위해 특별한 옷을 지어 입혔다.

"사람들은 당신을 적제지자(赤帝之子)라 합니다. 그것이 틀린 말이 아니라는 것을 보여주십시오."

"당신도 참."

유방은 별말이 없이 웃기만 했다. 붉은 옷이 꽤 잘 어울렸다. 이때부터 그는 줄곧 붉은 옷만 입고 싸움터에 나갔다.

그 사이 진승과 오광은 세력 다툼 끝에 둘 다 목숨을 잃었고 24세의 청년 항우(項羽)가 반군의 새로운 지도자로 떠올랐다. 유방이 이끄는 3,000여 명의 농민군도 항우의 진영에 합류했다. 출정 전날, 여치는 각별한 당부의 말을 전했다.

"진승과 오광을 교훈 삼아 주변을 잘 살피시길 바랍니다. 따르는 자들이 많은 것은 당신의 장점이자 약점이 될 수도 있습니다."

유방은 특유의 너털웃음으로 말문을 막았다. 지나친 노파심이었을까. 그녀는 유독 남의 말 듣기를 좋아하는 남편의 성격이 마음에 걸렸다.

그로부터 여러 달이 지났다. 한밤중에 느닷없이 초나라 병사들이 들이닥쳤다.

"당장 함양으로 가야 하니 짐을 꾸리시오."

그녀는 직감적으로 일이 잘못 돌아가고 있음을 눈치채고 군관에게 물었다.

"항우 장군께서는 함양에 무사히 입성하셨겠지요?"

"감히 초패왕 전하의 이름을 부르다니, 무엄하오!"

군관의 강압적인 태도에 답이 있었다. 이제부터 유방과 항우 둘 중 하나는 죽어야 끝나는 싸움이 시작된 것이다. 안 그러면 항우가 가족을 끌고 갈 까닭이 없었다. 실제로 이때 유방은 절체절명의 위기에 봉착해 있었다. 그를 따르는 병력이 점점 불어나면서 전쟁 영웅으로 주목받자 항우가 모략을 꾸민 것이다.

진나라 수도 함양에 먼저 깃발을 꽂은 건 유방의 군대였다. 이로써 진 왕조는 완전히 무너졌으나 뒤늦게 40만 대군을 이끌고 나타난 항우는 스스로 패왕에 오른 뒤 유방을 한중왕에 봉했다. 한중은 옛 한나라 영토였다. 항우는 이런저런 핑계로 한중으로 돌아가려는 유방의 발목을 잡았다. 그가 독자적인 군사력을 행사할 수 없도록 곁에 두고 감시하려는 속셈이었다. 당시 유방의 병력은 10만여 명에 불과했다. 싸워봤자 계란으로 바위 치기였다.

이때 책사 장량과 진평이 바람잡이로 나섰다. 그들은 시간을 벌기 위해 항우를 꼬드겨 유방의 가족을 함양으로 데려오도록 했다. 덕분에 유방은 무사히 한중으로 돌아가 군대를 재정비했으나 여치는 시아버지와 함께 인질로 잡혀오는 신세가 되고 말았다.

초나라군과 한나라군은 밀고 당기는 접전을 벌이며 관중에서 몇 달 동안 치열한 대치 상태에 놓여 있었다. 이른바 초한전의 마지막 무대였다.

대장군 한신은 천하의 명장이었다. 여치는 볼모로 잡혀 있는 동안 한신의 활약상을 전해 들었다. 초나라 병사들에게 한신은 유방보다도 유명한 존재였다. 그는 원래 항우의 진영에 몸담고 있었으나 자신을 인정해주지 않아 불만이었다. 그러던 중 장량의 천거로 유방의 휘하에 들었는데, 여치는 처음부터 한신에 대해 강한 경계심을 가졌다. 그가 자신의 여동생과 혼인한 번쾌를 제치고 대장군에 임명된 것부터가 영 마뜩잖았다.

"번쾌라면 무조건 식구부터 살리자고 했을 텐데, 한신이란 자는 대체 무슨 꿍꿍이가 있기에 우릴 이렇게 내버려 둔단 말인가!"

생각하면 괘씸한 게 한둘이 아니었다. 전쟁이 막바지에 이르렀을 땐 어처구니없는 일을 겪기도 했다.

항우는 당장 항복하지 않으면 그녀와 시아버지를 끓는 물에 삶아 죽이겠다고 유방을 협박했다. 가족이 몰살당할지도 모르는 상황에서 유방은 다음과 같은 답신을 보냈다.

"그대와 나는 이미 오래전 형제의 의를 맺기로 약속했다. 그러니 내 아비는 곧 그대의 아비라고도 할 수 있다. 그대가 굳이 아비를 죽이겠다면 어쩔 수 없으니 국물이라도 한 그릇 보내주게."

대세가 기울었음을 통감한 항우는 결국 협상에 나섰다. 그때야 유방은 먼저 가족을 돌려보내도록 요구했다. 죽을 고비에서 가까스로 풀려난 여치는 이 모든 게 한신의 계략이라 믿고 치를 떨었다.

✦ 냉혹한 토사구팽

한신의 군대에 포위당한 항우가 오강에 몸을 던져 자살함으로써 전쟁은 종지부를 찍었다. 이로써 일개 농사꾼의 아들이며 시골 관아의 말단 관리에 불과했던 유방은 한나라의 개국 황제가 되었다.

"계략으로써 전쟁의 승부를 결판낸다는 점에서 나는 장량을 따를 수 없다. 내정을 충실히 하여 민생을 안정시키고 보급로를 확보하는 점에서 나는 소하를 따를 수 없다. 100만 대군을 자유자재로 지휘하여 마침내 승리를 거두었다는 점에서는 한신을 따를 수 없다. 하지만 이토록 뛰어난 인재들을 나는 잘 부릴 수 있었다. 이것이 내가 천하를 얻은 까닭이다."

45세의 나이로 천하를 거머쥔 황제의 첫마디였다.

전쟁에 가장 큰 공을 세운 한신은 제후들 가운데 제일 지위가 높은 삼제왕에 올랐다. 황후가 된 여치는 이 사실을 알고 펄쩍 뛰었다.

"당신은 지난날 개국공신들과 같은 처지였습니다. 그런데 이제 당신은 황제가 되었고 그들은 신하가 되었으니 겉으로는 복종하는 척해도 속으로는 감히 황제의 자리를 넘보지 말란 법이 없습니다. 우선 저 기고만장한 한신부터 찍어눌러야 합니다."

이제 와서 창업의 일등공신에게 토사구팽의 쓴맛을 보게 하려는 것이다. 그녀가 한신을 죽도록 미워한 이유는 두 가지였다.

첫째는 본능적인 두려움이었다. 백성들 사이에서도 한신의 명성은 자자했다. 사람만 한 재산이 없다고 하지만 한신의 효용 가치는 여기까지였다. 그녀는 한신의 대중적 인기가 황실의 위상을 위태롭게 한다는 말로 유방의 자존심을 긁었다.

"한신은 이미 항우의 편에 섰던 자입니다. 언제든 기회를 보아 숨겨진 발톱을 드러낼 자란 말입니다. 초장에 싹을 잘라내지 않으면 반드시 후환이 따를 것입니다."

유방은 황후의 끈질긴 요구에 한신의 군 지휘권과 작위를 모두 빼앗고 그를 가택에 연금시켰다. 그런다고 만족할 그녀가 아니었다. 차마 드러내놓고 말할 수 없는 두 번째 이유 때문이었다.

유방은 황궁에 입성하면서 측부인이라는 아리따운 여인과 그 아들을 데려왔다. 전쟁 중에 첩을 들이고 아들까지 낳은 것이었다. 여치는 남편의 배신에 몸서리를 쳤으나 일체 어떤 감정도 드러내지 않았다. 황후의 몸이 된 이상 질투는 권위를 떨어뜨리는 약점이 될 뿐이었다. 대신 증오의 독화살을 한신에게 돌렸다.

1년 후, 변경의 장수 진희가 반란을 일으켰다. 유방은 직접 진압에 나섰고 황실에는 황후의 측근들뿐이었다. 한신을 제거할 절호의 기회라 여긴 황후는 소하를 불러 은밀히 공작을 꾸몄다.

"황후께서 친히 주관하시는 연회에 경을 초대하셨습니다."

아침 일찍 소하가 한신의 집에 찾아가 황후의 명을 전했다. 이것이 한신의 마지막 외출이었다. 황궁에 들어서기 무섭게 매복하고 있던 무사들이 그를 덮쳤다. 동시에 황후의 서릿발 같은 호령이 떨어졌다.

"반란을 도모한 대역죄인이다. 당장 저자의 목을 처라!"

변명의 기회도 주어지지 않았다. 곧바로 그의 목에 둔중한 칼날이 날아들었다.

"아, 천하의 한신이 여자의 손에 죽게 될 줄이야!"

당대의 명장 한신은 피를 토하며 허망하게 죽었다. 황제도 없는 자리에서 공신을 처참하게 죽이고, 그 일족을 멸하도록 지시하면서 황후는 추호도 망설임이 없었다. 조정 대신들은 그 태연한 모습에서 장차 무시무시한 피바람이 불어닥칠 것을 예감했다.

팽월 역시 한신에 버금가는 국민적 영웅이었다. 유방은 그를 양왕으로 봉하고 두터운 신임을 내비쳤으나 황후는 매의 눈으로 그를 지켜보았다.

전쟁으로 부부가 떨어져 지낸 5년간 유방의 주변은 그녀가 알지 못하는 사람들로 채워졌다. 시간의 공백은 까닭 없는 의심을 불러왔다. 황제 입장에서 그들은 충신일지 몰라도 그녀에겐 언제 괴물이 될지 모를 위험인물에 불과했다.

진희가 반란을 일으켰을 때 공교롭게도 병중에 있던 팽월은 다른 장수를 대신 보냈다.

"황제께서 직접 출병하시는데 몸이 아파 죽을 지경이라도 따르는 게 신하 된 자의 도리가 아니겠는가?"

황후는 노발대발했다. 때마침 사사로운 일로 앙심을 품은 팽월의 부하 중 하나가 무고를 해왔다. 그가 반란을 꾀하고 있다는 것이었다.

"그러면 그렇지!"

득달같이 그를 잡아들여 모진 고문을 가했으나 뚜렷한 증거가 나오지 않았다. 상황이 이러한데도 그녀는 칼끝을 거둘 마음이 없었다.

"심증이 차고 넘치는데 증거 따위가 왜 필요합니까? 팽월은 이제 황제의 신하가 아니라 적입니다."

"공신들을 이런 식으로 내치면 백성들이 뭐라고 하겠소?"

유방이 난색을 보였다. 전쟁터에서 운명을 같이하기로 맹세한 동지 아닌가. 옛정을 생각해서라도 차마 죽일 순 없었다. 그런데도 황후는 끈질기게 팽월을 반역죄로 몰아가며 처단을 요구했다.

결국 그를 파면시켜 고향인 사천으로 떠나보냈다. 어떻게든 살길은 열어주기 위한 최선의 배려였다. 불행하게도 팽월의 운명은 여기까지였다.

"작전에 능한 장수를 고향으로 보내는 건 범을 산에 풀어놓는 것이나 마찬가지 아닌가!"

뒤늦게 그 사실을 알게 된 황후는 사천으로 가는 길목을 지키고 있다가 우연을 가장하여 팽월의 일행과 맞닥뜨렸다.

"개국공신이 대체 어딜 간다고 그러십니까? 일단 궁으로 돌아갑시다. 황명을 취소하고 부인과 함께 편안한 여생을 누리도록 폐하께 진언해보리다."

듣기 좋은 말로 팽월을 회유하여 다시 궁으로 데려온 그녀는 멸문지화로도 모자라 끔찍한 희대의 만행을 저질렀다. 시신까지 난도질해서 만든 탕을 제후들에게 나눠준 것이다.

연이은 공신들의 참혹한 죽음으로 인한 충격이었을까. 유방은 급격하게 건강이 쇠해졌다. 제후들은 무엇보다 황제의 사후를 염려하고 있었다. 황후를 견제할 만한 세력을 찾지 못하면 누구든 다음 희생양이 될 수 있었기 때문이다.

✦비뚤어진 날갯짓

황후의 자리에 올랐을 때 여치는 40대 중반, 여자로선 황혼기에 접어든 나이였다. 살결은 거칠어지고 머리카락은 윤기를 잃었다. 황실에는 젊고 예쁜 후궁들이 얼마든지 있었다. 비상의 동반자였던 부부 사이에 남은 것이라곤 각자의 자리뿐이었다. 측부인 처소에서 남편의 웃음소리가 흘러나올 때 태자와 노원공주만이 황후전을 지켰다. 가난한 농사꾼의 아내였을 때나 궁궐의 안주인이 되었을 때나 달라지는 건 없었다.

가장 높이 날아오른 자리에서 그녀는 참담하게 버려졌다. 여자로서의 삶을 포기한 대가로 태자의 앞날에 희망을 걸었으나 이 또한 순탄치만은 않았다. 태자 유영은 성미가 순하고 여린 데 반해 측부인의 아들 조왕 여의는 생김새며 성격이 유방을 쏙 빼닮았다.

"태자는 지나치게 성정이 연약한 면이 있다. 어떠한 일이 있어도 부족한 자식을 똑똑한 아들 위에 올려 앉히지는 않겠다."

황제는 공공연하게 태자를 깎아내렸다. 태자와 비교하면 조왕 여의는 볼수록 그릇이 크다는 말도 서슴없이 내뱉었다. 그때마다 황후는 피가 거꾸로 솟았다. 자칫하면 태자가 바뀔 수도 있건만 공신들은 약속이나 한 듯 측부인 편에 섰다.

오직 장량만이 바른말을 했다. 그는 잘못한 일도 없이 태자를 물러나게 할 수는 없다고 주장했다. 그런데도 여론을 돌이키기에는 역부족이었다. 다급해진 장량은 어사대부 주창을 설득하여 어전회의를 소집했다. 주창은 황제 앞에서 대놓고 반기를 들었다.

"이제 와서 태자를 바꾸면 나라에 혼란만 불러올 따름입니다. 설사 폐하께서 폐위 조서를 내리신다 해도 신은 어명을 집행하지 않겠나이다."

이쯤 되자 유방은 입장이 궁색해졌다. 장량과 주창이 죽기를 각오하고 태자를 옹호하는 이상 명분도 없이 갈아치울 순 없었다. 여황후는 이날의 어전회의를 숨어서 엿듣고 있었다.

"어사대부의 곧은 말 한마디가 태자의 폐위를 막았습니다. 나와 태자는 경의 큰 은혜를 잊지 않겠습니다."

회의가 끝난 뒤 주창을 따로 불러낸 그녀는 황후로서의 체면마저 내던진 채 무릎을 꿇고 절을 올렸다. 조정을 피로 물들인 황후도 이 순간만큼은 나약한 어미에 불과했다.

유방은 끝내 조왕 여의를 태자로 세우진 못했으나 자신의 사후를 대비한 조처를 했다. 우선 성품이 강직하고 덕망 있는 주창을 조왕 여의를 보필할 정승으로 임명하고 가장 믿을 만한 신하를 어사대부에 앉혔다. 황후의 보복을 막기 위해 두 겹의 병풍을 세워둔 것이다.

"그래봤자 종이 한 장 만큼의 바람막이도 돼주지 못한다는 걸 당신이 알기나 할까."

죽어가는 남편의 속내를 꿰뚫어 본 그녀의 심중에 독기가 서렸다.

기원전 195년, 유방은 재위 8년 만에 세상을 떠났다. 마침내 여황후의 세상이 열린 것이다. 혜제 유영은 이름뿐인 황제였다. 태후가 된 여치의 가차 없는 보복이 시작되었다.

측부인은 노래와 춤 솜씨도 뛰어났으나 특히 머릿결이 삼단같이 탐스럽고 아름다웠다. 생전에 남편이 그토록 아껴주던 머릿결이었다. 여치는 아직 남편의 체온이 가시지 않은 그 머리카락을 남김없이 잘라버렸다. 목에는 칼을 채워 감옥에 가두고 후궁들과 함께 온종일 쌀 방아를 찧게 했다. 측부인의 구슬픈 노래가 밤마다 황궁 안에 울려퍼졌다. 황제를 죽고 못 살게 했던 꾀꼬리 같은 노랫소리는 신세 한탄으로 바뀌었다. 태후는 그마저도 귀에 거슬렸다.

"그 잘난 아들이 구해주러 오기를 기다리는 모양이구나!"

아예 모자를 한꺼번에 죽여 없앨 심산으로 조왕 여의를 호출했다. 무슨 눈치를 챘는지 주창은 그가 몸이 불편하며 대신 양해를 구하러 왔다.

"건방진 놈! 내가 원한을 풀려는데 어째서 훼방을 놓는 것이냐!"

과거 무릎까지 꿇고 맹세했던 약속 따윈 안중에도 없었다. 그녀는 명색이 정승인 주창에게 다짜고짜 욕설을 퍼붓고 당장 조왕 여의를 데려오라고 호통을 쳤다. 여태후의 기세에 조왕 여의는 황궁으로 바로 달려왔고, 그 자리에서 독주를 받고 목숨을 잃었다. 이후에 벌어질 일에 비하면 그 정도는 약과였다.

"다시는 네 입에서 노랫가락이 흘러나오지 못할 것이다. 또한 죽는 날까지 그 요망한 춤사위 따위로 황궁을 어지럽히는 일도 없게 할 것이다."

측부인은 손발이 잘리고 눈알이 뽑혔다. 두 귀는 불로 지져 귀머거리로 만들고 독약을 입에 쏟아부어 말도 못 하게 했다. 심지어 알몸으로 돼지우리에 집어넣고 '사람 돼지' 노릇을 시키며 온갖 조롱을 퍼부었다.

어느 날 혜제가 이 광경을 목격하게 되었다. 태후는 분노와 수치심으로 미쳐가는 측부인과 심약한 아들에게 보란 듯이 외쳤다.

"황제가 오셨다. 어디 한번 짖어보렴!"

혜제는 이때의 충격으로 주색에 빠져 살다 결국은 중병에 걸리고 말았다. 남편에게 버림받은 한이 그녀를 괴물로 만든 것이다.

아들의 죽음을 앞두고도 여태후의 권력욕은 여전했다. 혜제와 혼인한 장황후는 노원공주의 딸이었다. 그러니까 여치에게는 외손녀이면서 며느리인 셈이다. 여치가 바라는 완벽한 후계 구도는 장황후의 소생으로 뒤를 잇는 것이었는데, 장황후는 자식을 낳지 못했다. 그러던 중 한 후궁이 아들을 낳았다. 장황후는 여치의 지시대로 아이를 자신이 낳은 것으로 꾸미고 생모를 살해했다.

혜제가 죽고 후궁의 아들 유공이 보위를 이어받았다. 장황후의 친자식인 줄만 알고 자란 유공은 오래지 않아 출생에 얽힌 내막을 알게 되었다.

"이다음에 내가 반드시 생모의 원수를 갚고야 말 테다!"

어린 황제의 저주는 곧바로 태후전에 전해졌다. 여치는 그 목숨마저 빼앗고 똑똑지 못한 다른 후궁의 아들을 황제로 즉위시켰다. 이제 황제라는 자리는 아무런 의미가 없었다. 그 자리에 누가 앉든 한나라를 움직이는 건 섭정 태후 여치 한 사람뿐이었다.

✦ 희대의 악녀인가, 뛰어난 여성 지도자인가

"혜제와 여태후 시절에 백성들은 전국시대의 고통에서 벗어날 수 있었으며, 군신들은 무위의 경지에서 안식하려고 했다. 혜제는 팔짱만 끼고 아무 일도 하지 않았고 황후가 여성으로서 황제의 직권을 대행하여 모든 정치가 방 안에서 이루어졌지만, 천하가 태평했다. 형벌을 가하는 일도 드물었으며 죄인도 드물었다. 또한 백성이 모두 농사에 힘을 쓰니 먹고 사는 것이 풍족해졌다."

사마천이 쓴 《사기》 '여황후 본기' 편은 그녀의 정치적 성과에 대해 이렇듯 긍정적으로 평가한다.

권력의 정점에 오르기까지 수없이 많은 피를 불렀음에도 여태후는 과감한 개혁 정책으로 백성의 신임을 얻었다. 진나라부터 행해지던 악법들을 폐지한 것도 그녀의 개혁 정책 가운데 하나였다. 가령 나이 팔십이 넘은 노인이나 열 살 미만의 어린이가 죄를 범했을 경우엔 신체적 처벌을 면해주기로 한 것이 대표적 사례다.

유방은 농업을 중시하고 상업을 경시하는 정책을 썼다. 그러나 여태후는 국가경제를 살리려면 농업과 마찬가지로 상공업의 역할이 중요하다는 것을 꿰뚫어보았다. 상공업자에 대한 법률적 통제를 완화하고 너그러운 경영 환경을 조성한 결과 백성들은 마음 놓고 생업에 종사할 수 있게 되었다.

건국 이전에 유방의 군대가 흉노족 정예부대에 7일 동안 포위된 적이 있다. 이 일로 한나라는 흉노족에 대해 근원적인 두려움을 갖게 되었다. 여태후는 왕족의 딸을 흉노 두령에게 시집보내고 해마다 공물을 바치는 등 저자세 외교를 유지하면서 변방의 안정을 꾀했다. 그러나 흉노족은 수시로 국경을 넘어와 재물을 약탈하고 여자들을 납치해 갔다. 심지어는 두령인 모돈선우가 태후를 희롱하는 글을 써 보내기도 했다.

"나는 격정에 부푼 외로운 사나이, 당신은 남편을 잃고 혼자 사는 절세의 미인이다. 우리 두 사람 다 고독하게 살면서 인간의 쾌락을 실컷 누리지 못하는 처지에 짝을 맺지 못할 까닭이 있겠는가?"

전쟁을 불사하고라도 강력하게 대처해야 한다는 공론이 빗발쳤다. 그녀는 즉각 답장을 보냈다.

"나는 걸음걸이도 온전치 못한 백발의 늙은이올시다. 청춘은 가고 용모는 볼품이 없어진 지 오래라 당신의 배필로는 가당치도 않습니다. 그리 아시고 우리 한나라와 오래도록 평화롭게 지냅시다."

무례한 상대의 자존심을 깎아내리지 않으면서 외교적 수완을 발휘한 대응이었다. 이에 부끄러움을 느낀 모돈선우는 그녀가 살아 있는 동안만큼은 한나라 국경을 넘보지 않았다.

이처럼 민생과 안보, 외교, 내정을 폭넓게 아우르는 독특한 정치 감각에도 불구하고 그녀의 끝없는 권력욕은 무수한 피를 불렀다. 일찍이 그 위험성을 간파한 유방은 죽기 전에 이런 유언을 남겼다.

"내가 죽거든 절대로 유씨 외의 성을 가진 자가 보위에 오르지 못하게 하라."

남편에 대한 마지막 의리였을까. 장장 20여 년간 나라를 통치하면서 여씨 문중을 알뜰히 챙겼던 그녀도 자신의 친정붙이로 보위를 잇게 하지는 않았다.

기원전 180년, 여태후는 62세의 나이로 파란만장한 생을 마감했으나 그녀가 권력을 독차지하기 위해 저지른 무참한 살육은 끝내 용서받지 못했다. 그로부터 200여 년의 세월이 흐른 뒤 후한 광무제는 여태후의 작위와 시호를 모두 박탈했고 무덤마저 도굴꾼들에 의해 파헤쳐졌다.

후세 사람들은 측천무후, 서태후와 더불어 그녀를 중국의 3대 악녀로 지칭하고 있다.

조선의 여치,
문정왕후

명종 20년 1565년 4월 17일, 창덕궁에서 문정왕후가 죽음을 맞았다.

"윤씨는 천성이 그악스러웠고 문자를 알았다. 인종이 동궁으로 있
을 적에 윤씨가 그를 꺼리자 그 아우 윤원로, 윤원형의 무리가 장
경왕후의 아우 윤임과 틈이 벌어져, 윤씨와 세자 사이를 모함하여
대윤(大尹), 소윤(小尹)설이 있게 되었다.
이때 사람들은 모두 인종에게 화가 미칠까 근심했는데 중종이 승
하하자 인종은 극진히도 윤씨를 섬겼다. 그러나 얼마 지나지 않아
번번이 원망하는 말을 하니 인종이 이 말을 듣고 답답해하고 또
상중에 너무 슬퍼한 나머지 그 모든 게 상처가 되어 일찍 승하하
게 되었다.
또한 명종이 즉위한 뒤로는 그 아우 윤원형과 중외에서 권력을 휘
둘러 20년 사이에 조정 정사가 어지러워질 대로 어지러워지고 국
맥이 끊어졌으니 종사가 망하지 않은 것이 다행일 뿐이다. 그렇다
면 윤씨는 사직의 죄인이라 할 만하다……."

《조선왕조실록》은 문정왕후의 죽음을 전하며 비로소 조선에 숨통이

트이게 되었음을 암시하고 있다. 두 명의 군주를 보위에 올린 대왕대비로서 예우하는 흔적은 찾아볼 수 없다. 어쩌다 그녀는 역사의 죄인으로 남게 되었을까.

조선 제13대 왕 인종은 보위에 오른 지 불과 8개월 만에 31세의 나이로 돌연사했다. 세자 시절, 불붙은 쥐떼를 이용해 동궁전에 불을 내 세자 부부를 시해하려 했고, 왕이 된 뒤로도 왕을 저주하는 불사를 예사로 일으키고 수시로 독살을 시도한 대비전에 의심의 화살이 향했다. 조선의 군왕들 가운데서도 효성이 지극하기로 유명한 인종은 대비가 사건의 배후에 있다는 걸 알고도 침묵했다. 그러나 왕이 대비전에서 내린 떡을 먹고 죽었다는 소문은 기정사실처럼 떠돌았다.

이 모든 게 중종의 두 번째 계비인 문정왕후와 그 아우 윤원형, 그리고 윤원형의 첩실 정난정의 모략이었다. 문정왕후는 성격이 표독스럽고 질투심이 강했다. 인종의 뒤를 이어 보위에 오른 명종은 그녀의 나이 35세 때 얻은 경원대군이다.

도총관 정윤겸의 서녀 정난정 또한 문정왕후 못지않은 악녀였다. 그녀가 정경부인의 꿈을 안고 윤씨 가문에 입성했을 땐 윤원형 자신도 몇 명인지 모를 만큼 많은 첩이 있었다. 난정은 제일 먼저 첩들을 몰아낸 다음 하인들을 매수하여 정실부인을 독살했다. 이렇게 해서 윤원형의 안방을 차지한 그녀는 대궐을 제집처럼 드나들며 문정왕후와 손발을 맞춰 갖은 악행을 저질렀다.《조선왕조실록》명종 편에 나타난 기록을 보면 그 권세가 어느 정도였는지 짐작할 수 있다.

"왕후가 병이 깊어갈 즈음 정난정은 수시로 내전을 드나들며 내의 (內醫)에게 호령하여 병에 맞지 않는 약이라도 처방하게 했으니 아무도 그 기세를 누를 수 없을 정도였다."

궐 밖에서는 윤원형과 정난정이 인종을 옹호하는 세력을 모함하는 사건을 꾸미고 안에선 문정왕후가 중종을 부추겨 복수극을 벌였다. 반대파는 경원대군 암살을 모의했다는 누명을 쓰고 차례로 모습을 감췄다.

명종이 12세의 나이로 조선 제13대 왕위에 오르자 수렴청정으로 조정을 장악한 그녀가 제일 먼저 일으킨 사건이 을사사화다. 이번에는 윤임을 비롯한 40여 명을 역모로 엮었다. 명종은 모후인 문정왕후가 시키는 대로 말하고 움직이는 허수아비에 불과했다.

"왕은 천성이 착하고 지극히 효성스러워 문정왕후의 청이라면 무조건 들어줄 수밖에 없었다. 그러니 속 타는 일이 한두 가지였겠는가. 왕이 심열증(心熱症)을 얻은 것은 그 때문이었다."

심열증은 화병을 뜻한다.《명종실록》은 문정왕후가 왕을 여염집 자식

다루듯 했다고도 전한다. 반말은 기본이고 예사로 욕을 퍼부었으며 툭
하면 뺨을 치고 종아리를 때리기도 했다. 명색이 일국의 군주였으나
어머니가 무서워 궐 안 구석에 웅크리고 앉아 눈물을 흘릴 뿐이었다.
이때부터 명종은 '눈물의 왕'으로 불렸다.

명종의 나이 스무 살이 되어 수렴청정은 끝났다. 그러나 문정왕후는
여전한 실권자였다. 왕에게 지시할 일이 있으면 종이에 언문 교지를
적어 보냈다. 요구사항이 받아들여지지 않으면 어김없이 불호령이 떨
어지곤 했다.

1547년 9월에는 '양재역 벽서 사건'이 터졌다.

"위로는 여왕, 아래로는 간신 이기가 나라를 망친다."

벽서의 내용은 정치권에 엄청난 파란을 불러왔다. 여왕은 문정왕후를
뜻했다. 아직 조정에 남아 있는 윤임의 지지 세력이 그 표적이 되었다.
이 사건도 문정왕후의 사주를 받은 윤원형과 정난정의 흉계였다. 윤원
형은 심복을 시켜 자신들이 꾸민 벽서를 붙이게 했다. 그런 다음 정난
정을 궁궐로 들여보내 증거물로 벽서를 들이밀었다.

피차 알고 벌이는 자작극으로 그나마 명맥을 유지하던 사림의 선비
20여 명이 목숨을 잃었다. 문정왕후는 평소 눈엣가시로 여기던 희빈
홍씨 소생 봉성군까지 역모로 엮어 사약을 내렸다.

윤원형의 세도는 하늘 높은 줄 몰랐다. 자신의 친형 윤원로가 정난정을 못마땅하게 여기자 그 또한 사지로 몰았다. 누구든 윤원형과 정난정의 눈 밖에 나면 죽음을 면치 못했다. 조정 대신들은 그들의 악행을 눈감아주고 부귀영화를 함께 누리는 방법을 택했다.

매관매직은 윤원형의 주특기였다. 매일 날이 밝기 무섭게 뇌물을 실은 수레가 줄줄이 나타나 15채나 되는 집 곳간을 채웠다.

"윤원형의 재물이 나라 살림을 합친 것보다 많다."

백성의 원망이 국왕의 귀에까지 전해졌으나 속수무책이었다. 명종은 재위 20년을 넘기도록 무엇 하나 마음대로 할 수 있는 게 없었다.

"외친이 대죄를 지으면 어떻게 처리해야 하는가?"

하루는 왕이 믿을 만하다고 판단한 신하에게 은밀히 속내를 내보였다. 이 말은 곧장 문정왕후에게 전해져 대궐이 발칵 뒤집혔다.

"나와 내 아우가 없었다면 오늘의 주상이 있었겠소?"

서릿발 같은 모후의 꾸중에 명종은 대꾸조차 할 수 없었다. 고심 끝에 왕비 신씨의 외숙 이량을 불러들였으나 역시 믿을 만한 위인은 못 되었다. 그는 국왕의 신임을 빌미로 윤원형 못지않은 부정축재와 부패를 일삼았다.

저마다 사리사욕을 채우기에 급급한 관리들로 인해 조정은 썩어가고 몇 년째 계속되는 흉년으로 전국 각지에서 도적이 들끓었다. 민심은 왕실이나 조정보다 임꺽정 같은 의적의 출현에 열광했다. 남쪽 해안에서는 왜구의 침략이 끊임없이 이어졌다. 문정왕후 일파가 존재하는 한 조선은 희망이 없어 보였다.

그녀의 말 한마디가 법으로 통했다. 조선은 유교의 나라였다. 문정왕후는 조선의 개국 이념을 무시하고 승려인 보우를 지금의 판사직에 해당하는 판선종사(判禪宗事)의 자리에 앉혔다. 그가 승복 차림으로 버젓이 궐내를 활보하고 다녀도 누구 하나 반론을 제기하는 신하가 없었다.

보우는 금강산 마하연암에 수도승으로 머물던 중 윤원형의 주선으로 왕실과 교분을 트게 되었다. 문정왕후는 이 무렵 정난정을 데리고 명찰을 돌아다니며 왕자 수태를 기원하던 중이었다. 그 뒤 낳은 외아들이 명종이다. 보우는 불공에 힘써 준 공로로 한양에 입성하여 봉은사 주지가 되었다. 이후 17년 동안은 보우의 전성시대였다.

명종은 문정왕후가 죽자 을사사화로 무고하게 피해를 본 선비들을 복직시켰다. 이어 대신들의 집중 탄핵 대상이 된 보우를 제주로 유배시켰다. 명종은 차마 모후가 총애하던 승려를 죽일 생각까지는 하지 못했다. 이때 한 조정 대신이 제주 목사에게 은밀히 서찰을 띄웠다.

'그 요승을 쥐도 새도 모르게 없애버리시오. 단, 그를 문초하거나 형벌을 가했다는 증거는 절대 남기지 않도록 하라는 엄명이 있었소. 그대가 이 일을 잘 처리한다면 반드시 큰 은혜가 따를 것이오.'

은연중에 왕의 밀명을 암시하는 서찰을 받은 제주 목사는 신중하게 작전을 꾸몄다. 보우는 거구인 데다 호랑이도 때려잡았다는 이야기가 있을 만큼 힘이 장사였다. 제주 목사는 제주 관청을 호위할 무사들을 뽑는 것처럼 장정 10명을 모아 '장사단'이라는 가짜 씨름단을 조직했다. 이 씨름단에 보우를 끌어들인 것이 신의 한 수였다.

"연습할 땐 무조건 중 한 놈만 패라. 너희끼리는 그저 주먹질하는 흉내만 내면 된다."

제주 목사가 나머지 아홉 명에게 비밀리에 내린 지령이다. 그리하여 이들은 중앙에 보우 한 사람을 세워놓고 돌아가면서 주먹질을 하는 방식으로 훈련에 임했다. 자기들끼리는 때리는 시늉만 하고 보우를 때릴 때만 몰아서 힘을 썼다. 천하장사라도 집중적인 매타작 앞에서는 견뎌낼 재간이 없었던지 보우는 열흘을 못 넘기고 처참하게 죽었다.

"요승 보우가 죽었다!"

보우가 피를 토하며 죽었다는 말을 듣고 백성들은 환호성을 질렀다. 남은 건 윤원형과 정난정을 처단하는 문제였다.

윤원형은 문정왕후가 죽자 파직되어 정난정과 함께 강음으로 도망쳤다. 강음은 작고 외진 마을이었다. 둘은 어느 농막에 쥐죽은 듯 숨어 살았다. 주민들도 그들의 존재를 알지 못했다. 그러던 어느 날 금부도사가 군졸들을 이끌고 우연히 두 사람이 숨어 있는 곳을 지나게 되었다.

"저들이 결국 나를 잡으러 왔구나."

윤원형은 지레 탄식하며 눈물을 흘렸다. 그 순간 정난정은 몸에 지니

고 있던 독약을 입안에 털어 넣었다. 누이를 등에 업고 애첩의 간교한
술수에 의지하여 국왕보다 높은 권세를 누리던 윤원형도 졸지에 끈 떨
어진 신발 꼴이 돼버렸다. 이후 시름시름 앓다 숨이 끊어졌다.

윤원형과 정난정의 죽음을 접한 백성들은 능지처참의 기회를 잃은 것
을 아쉬워했다고 한다.

문정왕후는 어머니로서나 정치가로서 조선 왕조 사상 최악의 존재감
을 떨쳤다. 그녀와 윤원형 일파가 모두 죽거나 몰락한 뒤에도 조선은
한동안 혼란을 면치 못했다. 마침내 악독한 모후의 그늘에서 벗어나
선정을 펼칠 기회가 왔으나 명종의 치세 기간은 너무나 짧았다. 그는
문정왕후가 죽은 뒤 2년 만에 허망하게 세상을 떠났다.

2장

소태후

[蕭太后]

요나라 중흥의 어머니

간추린 중국사

당나라가 멸망하고 송나라가 들어서기까지 중국은 왕조를 자칭한 후량, 후당, 후진, 후주 등 5개국이 흥망성쇠를 거듭하는 혼돈의 시대에 접어들었다.

유목민 집단에 불과했던 거란족이 두각을 나타낸 것은 태조 야율아보기가 여러 부족을 통합하여 거란국을 세운 뒤부터였다. 그는 한반도의 대제국 발해를 멸망시키고 중원의 한족을 포로로 잡아들여 중국 역사상 최초로 북방 통일에 성공했다.

그의 둘째 아들 태종 야율덕광 대에 이르러서는 국호를 요(遼)로 고치고 황제를 칭했다. 태종은 후진의 건국을 도운 대가로 북경 인근의 연운 16주를 차지하여 요나라를 실질적인 중원의 강자로 자리매김하는 역할을 했다.

그러나 건국 초기부터 후계 구도를 둘러싼 내분이 끊이지 않던 요나라는 4대 목종 때에 이르러 골육상쟁의 막장으로 치닫게 된다.

그녀의 프로필

요(遼)나라 경종의 황후이며 성종의 모후. 본명은 소작(簫綽).

중국 역사상 우연히 혹은 의도적으로 대권을 장악하고 나라를 다스린 여성은 적지 않다. 그러나 대부분 사사로이 권력을 행사하며 국정을 농단한 세력이거나 무능한 통치자의 상징으로 역사에 기록되었다.

그러나 소태후는 준비된 지도자였다. 그녀는 뛰어난 정치적 역량과 리더십으로 위기에 빠진 나라를 다시 일으켜 세웠다. 또한 봉건시대의 소극적인 여성의 역할을 거부하고 군사적 책략까지 갖춘 그녀는 당대는 물론 아직까지도 많은 중국인이 존경해마지 않는 여성 지도자 중 한 명이다.

요나라 중흥의 어머니,
소태후

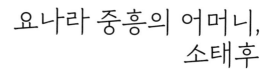
요나라의 탄생과 연이어 찾아온 암흑기

926년 1월, 거란국의 태조 야율아보기가 급사하자 그의 부인 술율평이 국정을 장악했다.

"황후가 나라를 다스리는 건 국상이 끝날 때까지겠지."

사람 대부분이 이렇게 생각했다. 그러나 상황은 누구도 예상치 못한 방향으로 흘러갔다.

술율평은 정치적 야심이 지대한 여자였다. 이미 황태자가 있었음에도 새 황제 즉위식을 미루던 그녀가 하루는 몇몇 장수와 그 부인들을 궁으로 불러들였다.

"경들은 선왕이 그립지 않습니까?"

황후의 물음에 다들 입을 모아 선왕이 그립다고 대답했다.

"저희는 아직도 황제께서 돌아가셨다는 사실이 믿기질 않습니다."

"그럼 선왕을 만나게 해줄 테니 가서 내 안부나 전하시오."

황후의 말이 끝나기 무섭게 병사들이 들이닥쳤다. 순식간에 참혹한 주검으로 변한 이들은 모두 평소 그녀가 눈엣가시로 여겨온 선왕의 충신들이었다. 이런 식으로 죽어나간 사람이 100여 명에 달했다.

그해 9월, 황후는 사냥을 핑계로 여러 부족장을 불러 모았다. 두 왕자가 말에 올라 있고 황후는 부족장들을 향해 이렇게 말했다.

"황제가 되기에 적합하다고 생각되는 왕자의 말고삐를 잡아주시오."

그녀의 마음이 어디에 가 있는지 눈치챈 부족장들은 일제히 둘째 왕자의 말고삐를 잡았다. 이렇게 해서 형인 황태자를 제치고 즉위한 인물이 태종 야율덕광이다. 모후의 선택을 받지 못한 황태자는 얼마 후 거란을 떠났다. 태종은 황태자의 어린 아들 야율원을 황궁에 남도록 하고 숙부로서 보살폈다.

태종은 모후의 도움을 받아 보위에 오르긴 했으나 소신과 강단이 있는 군주였다. 부왕을 닮아 용맹하고 호전적인 기질이 강했던 그는 거란의 영토가 북방에 머무는 것에 만족하지 않았다.

그가 보위에 오른 지 10년째 되던 해 후당의 반군 우두머리 석경당으로부터 밀서가 도착했다.

"저희를 도와주시면 연운 16주를 거란에 넘기고 해마다 비단 30만 필을 조공하겠습니다."

연운 16주는 만리장성을 중심으로 위치한 전략적 요충지였다. 거란이 이 땅을 손에 넣는다는 것은 사실상 만리장성을 무용지물로 만드는 것과 다름없었다. 북방의 유목민과 발해를 견제할 목적으로 쌓은 장성이 오히려 중원 침략의 통로 구실을 하게 되는 셈이다. 거란으로선 거부할 이유가 없는 제안이었다. 태종은 태후가 된 술율평에게 자기 뜻을 전했다.

"석경당은 당장의 욕심에 눈이 멀어 소탐대실하는 줄도 모르고 있습니다. 이는 전쟁에 나간 장수가 숨쉬기가 답답하다고 철갑옷에 구멍을 내는 것이나 마찬가집니다. 이야말로 절호의 기회입니다. 연운 16주는 우리 거란이 중원을 집어삼킬 중요한 발판이 될 것입니다."

"뜻이 좋다고 결과가 항상 좋을 순 없소. 상황을 잘 살피도록 하시오. 굳이 남의 싸움에 끼어들 필요가 없지 않겠소?"

술율평은 될 수 있으면 전쟁은 피하는 게 국익에 부합하는 길이라고 주장했다. 그러나 중원 진출에 대한 태종의 야심은 수그러들지 않았다. 결국 그는 모후의 뜻을 어기고 직접 군대를 이끌고 후당을 멸망시켰다. 석경당은 후진을 세우고 그 대가로 연운 16주를 넘겨주었다. 이때부터 태종은 국호를 '요나라'로 고쳤다.

그런데 석경당이 죽고 그 손자가 후진의 황제로 등극하면서 상황이 완전히 달라졌다. 후진은 요나라를 상국으로 인정하지 않을 것을 선언하고 일체의 조공을 거부했다. 격분한 태종은 전쟁 준비에 돌입했으나 술율평이 극구 만류하고 나섰다.

"말뚝만 박는다고 내 땅이 아닙니다. 만리장성 넘어 이민족의 땅을 차지한들 그들을 쉽게 다스릴 수가 있겠습니까? 우리 부족이 몽땅 초원을 떠나 살 수 없는 이상 그건 불가능합니다. 남의 땅이나 다름없어요. 차라리 화친을 맺도록 하세요. 전쟁은 우리에겐 아무런 득이 되질 않아요."

"그러니 이참에 아예 저들의 기세를 꺾어버려야지요. 이대로 가다간 연운 16주마저 되돌려달라고 할 것이 불을 보듯 뻔합니다."

모후의 반대를 무릅쓰고 군대를 이끌고 남하한 태종은 4년 동안 악전고투한 끝에 후진의 수도 개봉을 함락했으나 이는 반쪽짜리 승리에 불과했다. 술율평의 말대로 정벌은 했더라도 지리상 거란의 정치력을 행사하기 어렵다는 문제가 있기 때문이다. 결국 한족의 극심한 반발로 승리의 기쁨을 누려보지도 못한 채 본국으로 귀환하던 태종은 도중에 병을 얻어 죽었다. 술율평은 시신으로 돌아온 아들을 거들떠보지도 않고 이렇게 외쳤다.

"그렇게 어미 말을 안 듣더니 길에서 죽고 말았구나. 천하에 못난 놈 같으니!"

며칠 후 더욱 충격적인 소식이 들려왔다. 후진 정벌에 참여했던 장수들이 야율원을 황제로 추대하여 요나라로 돌아오고 있다는 것이었다. 야율원이 누군가. 일찍이 동생에게 왕위를 빼앗기고 타지를 떠돌다 죽은 황태자의 아들이 아닌가.

"감히 제멋대로 황제를 사칭하다니!"

술율평은 반역으로 간주하고 황궁수비대를 출동시켰으나 역부족이었다. 손자와의 전쟁에서 패한 그녀는 남편인 태조 야율아보기의 능묘에 몇 년간 유폐되었다 끝내 그곳에서 죽음을 맞았다.

✦ 몽골 최고의 신붓감

할머니를 무너뜨리고 보위를 차지한 세종 야율원은 심각한 알코올 중독자였다. 즉위한 지 4년이 지나도록 술에 빠져 허우적대던 그는 결국 사촌에게 암살당함으로써 생에 종지부를 찍었다. 황후와 태자를 비롯한 그의 가족도 이 와중에 희생되었다.

무참한 살육의 장본인으로 요나라 4대 황제에 오른 목종은 태종 야율덕광의 장남이었다. 형제간의 왕위 다툼이 사촌 간의 골육상쟁으로 이어진 것이다.

"그때 살아남은 왕자가 한 명 있다지?"

"아니야. 어찌어찌 살아남긴 했는데 몹쓸 병에 걸려 금방 죽었대."

"죽긴 누가 죽었다고 그래? 남경유수가 어딘가에 숨겨놓았다고 하던데."

"에이, 설마! 그건 앞뒤가 안 맞는 얘기 아닌가?"

언제부턴가 세간에 심상치 않은 소문이 떠돌기 시작했다. 변고가 났을 때 네 살이었던 왕자 야율현에 관한 이야기였다. 태종의 부마이며 목종과는 처남 매부지간인 남경유수 소사온이 죽은 선왕의 아들을 보호한다는 소문은 사실일까.

"어린 게 무슨 죄가 있습니까. 어떻게든 살 방도를 찾아줘야 합니다."

사건이 일어난 지 사흘째 되는 날 밤중이었다. 소사온은 부인인 연국대장공주로부터 충격적인 이야기를 들었다. 궁중 요리사가 둘째 왕자를 장작더미에 숨겨 겨우 목숨을 구했는데 그를 집으로 데려왔다는 것이다. 한겨울 매서운 북풍에 잠시만 바깥에 있어도 몸이 얼어붙는 날씨였다. 어린 왕자는 금방이라도 숨이 넘어갈 듯 축 늘어진 모습으로 요리사 품에 안겨 있었다.

연국대장공주는 너그럽고 인정이 많은 성미를 지녔다. 그런 아내의 성정을 익히 아는 소사온도 선뜻 묘안이 떠오르질 않았다. 자칫하면 반역자로 몰릴 수도 있는 상황이었다.

"저는 황실에서 자라면서 누구보다 황제를 많이 겪어보았습니다. 저 애가 살아 있다는 걸 알면 필시 죽이려고 할 겁니다."

"알겠소. 그럼 이렇게 합시다."

소사온은 궁리 끝에 방법을 찾아냈다. 누구도 황제의 누이가 사는 집을 의심하지는 못할 터였다. 그들 부부는 어린 왕자를 집안 식솔로 위장하여 은밀히 보살펴주었다.

얼마 후 연국대장공주가 딸을 낳았다. 훗날의 예지황후 소작이다.

소작은 어릴 때부터 다양한 교육을 받았다. 부친으로부터 학문을, 어머니로부터는 황실 예법과 교양을 익혔다. 자라면서는 특히 승마와 검술, 활쏘기에 남다른 재능을 보였다. 그녀가 말을 타고 초원을 달리면 제비처럼 날렵하고 어여쁜 자태가 뭇 사람들의 시선을 사로잡는다고 해서 '세랑(細娘)'이라는 애칭이 생기기까지 했다.

성년이 되자 세랑은 몽골 제일의 며느릿감으로 꼽혔다. 내로라하는 귀족 가문에서 혼담이 들어오기 시작했다. 그러나 소사온의 야망은 귀족의 장인이 되는 데 있지 않았다. 그는 일찍이 요나라를 쥐락펴락하던 태조 야율아보기의 황후 술율평 집안의 일원이었다. 황후의 피를 이어받은 세랑이 장차 그 자리를 차지하지 말란 법은 없었다.

어느덧 야율현의 나이 스물, 세랑과는 네 살 차이였다. 소사온은 왕자가 세랑을 마음에 두고 있다는 걸 모르지 않았다.

'몸이 허약하지만 않으면 당장이라도 혼사를 치러주련만.'

소사온은 낮은 한숨을 몰아쉬었다. 목종 일파의 쿠데타가 있던 날 장작더미에 숨어 밤을 보내다 걸린 풍질이 고질병이 된 듯했다.

집 문턱이 닳도록 매파가 드나들자 하루는 야율현이 은연중에 사위가 되고 싶다는 뜻을 내비쳤다.

"좋은 가문에서 세랑을 탐내는 것은 당연한 일입니다. 제 처지가 이러니 그저 현실이 원망스러울 따름입니다."

"머지않아 좋은 날이 올 것입니다. 대군께선 너무 낙담하지 마십시오."

'보위에 오를 수만 있다면 한낱 풍질 따위가 대수겠습니까.'

마지막 말은 속으로 삼킨 소사온은 넌지시 딸의 의중을 떠보았다.

"너는 어떤 사내를 지아비로 맞고 싶으냐?"

세랑이 말했다.

"저의 도움이 필요한 사람이요."

"어째서 그런 생각을 한 게냐?"

소사온이 물었다. 돈 많고 신분이 높은 남자에게 시집가서 부귀영화를 누리겠다는 것도 아니고 도움이 필요한 사람을 찾는 속내를 선뜻

이해할 수가 없었다.

"저는 평생 지아비가 가져다주는 재물이나 축내면서 살고 싶진 않아요, 아버지. 미약하나마 저 스스로 도움이 되는 일을 해서 남편을 높이고 자손을 빛나게 하는 존재가 되고 싶습니다."

"네 뜻이 참으로 가상하구나!"

요컨대 현모양처가 되겠다는 말이다. 소사온은 비로소 무릎을 탁 쳤다. 이만하면 황실의 안주인이 되기에도 손색이 없다 여긴 그는 딸에게 자신의 속내를 내비쳤다.

"대군은 일찍이 모진 고초를 겪은 탓에 몸이 많이 상하셨다. 지금 너의 도움을 가장 필요로 하는 분이니 특별히 챙겨드리도록 해라."

"네. 아버지."

이심전심이었을까. 세랑이 그 말뜻을 바로 알아듣고 볼에 홍조를 띠었다.

때는 목종 말기, 강성했던 요나라에 암흑이 드리워진 시기였다. 사람들은 쿠데타로 보위를 차지한 목종을 '잠만 자는 미치광이 황제'라고 불렀다. 스무 살에 황제가 되어 20년 가까이 집권하면서 그가 한 일이라곤 주색잡기와 사냥에 미쳐 날뛴 것뿐이었다. 포악하고 의심 많은 황제는 무고한 살생도 서슴지 않았다. 누구든 비위에 거슬리면 자기 손으로 직접 죽여야 직성이 풀리는 성격이었다. 국고는 바닥을 내보였고 정치는 얼어붙었다.

그 사이 남쪽에 들어선 후주가 요나라를 공격했다. 요나라는 그들을 물리칠 힘이 없었다. 불과 열흘 만에 3관 3주가 적의 수중에 들어가고 남경까지 함락되기 직전이었다. 공교롭게도 결정적인 상황에서 후주 왕이 중병에 걸려 군대를 되돌리는 바람에 요나라는 간신히 위기를 모면했으나 목종은 여전히 정신을 못 차렸다.

상황이 심상치 않음을 감지한 소사온은 은밀히 한족 출신의 무장들과 관료들에게 선왕의 아들이 살아 있다는 사실을 알리고 세력 규합에 나섰다.

"조정에 득실거리는 건 간신배뿐만이 아니오. 황제를 시해하려는 세력이 호시탐탐 기회를 엿보고 있다는 첩보가 들어왔소. 우리가 만일의 사태에 대비하지 않으면 요나라는 끝장이오."

소사온의 예언은 적중했다. 세랑과 야율현의 혼례를 며칠 앞둔 969년 2월, 밤중에 남경으로 급보가 날아왔다.

"황제가 사망했다고 합니다. 상황이 급박하게 되었으니 저와 함께 행궁으로 가셔야 합니다."

"어떻게 그런 일이!"

소사온의 말에 야율현의 낯빛이 하얗게 질렸다.

"사냥터에서 환관들이 폭동을 일으킨 모양입니다. 이제 보위를 이어 갈 황손은 대군뿐입니다. 모든 건 제게 맡기십시오."

목종은 후사가 없었다. 소사온은 그를 따르는 장수들과 함께 기병 1,000명을 이끌고 흑산 행궁을 포위했다. 한밤중에 행궁이 피로 물든 원인을 알고 보니 어처구니가 없었다. 산중에서 구할 수도 없는 음식을 대령하지 않았다는 이유로 요리장에게 철퇴를 휘두르던 황제를 환관들이 그 자리에서 해친 것이었다.

그날 새벽 흑산 행궁을 접수한 소사온은 야율현을 황제로 옹립하고 수도 상경으로 돌아와 목종의 측근을 모두 처단한 후 조정을 새 인물로 채웠다.

그로부터 두 달 남짓 지난 어느 날, 마침내 요나라 5대 황제 경종의 즉위식이 열렸다.

✦ 17세 섭정 황후의 탁월한 리더십

목종의 죽음은 현모양처의 소박한 꿈을 가진 소녀의 운명을 180도 바꾸어놓았다. 혼례가 황후 책봉식으로 바뀐 것부터가 그것을 증명했다. 붉은 인장이 찍힌 황후 책봉서를 받아드는 세랑의 표정은 어둡기만 했다. 곤룡포와 유관을 쓰고 용상에 앉아 있는 황제의 창백한 얼굴이 더욱더 그녀를 불안하게 했다. 여전히 풍질이 문제였다. 그녀의 정성 어린 보살핌으로 나아지는 듯했던 증세가 몇 달 사이 극도로 악화되었다.

황후 책봉식이 끝나기도 전에 긴급 보고가 날아들었다. 요나라 장수 30여 명이 북송에 포로로 잡혀갔다는 소식이었다. 경종은 어떻게든 혼란을 수습해보려 했지만, 사태는 걷잡을 수 없는 방향으로 흘러갔다. 가장 든든한 후원자였던 소사온이 자객의 급습으로 피살당한 것이었다.

세랑은 부친의 죽음을 슬퍼할 겨를도 없었다. 갑작스러운 충격으로 망연자실한 황제의 몸 상태는 조정에 나가지도 못할 만큼 최악이었다.

"황후가 나를 대신하여 정사를 맡아주시오."

"부족한 여인이 어찌 감히 국정을 논할 수 있겠습니까. 제 능력과 분수에 미치지 못하는 일입니다."

"당신은 내가 잘 알아요. 능히 감당할 수 있을 것이오."

경종은 끝내 조정 대신들에게 황후의 섭정을 알렸다. 불과 17살의 황후와 국사를 논한다는 것은 대신들로서도 부담이 아닐 수 없었다. 그러나 이것이 기우였음을 알기에는 그리 오랜 시간이 걸리지 않았다.

그녀는 우선 목종 때 모함을 받고 쫓겨났거나 한직에 머물러 있던 유능한 인재들을 불러들였다. 그리고 각자의 적성과 능력에 맞는 자리에 임명하고 적극적으로 국정 수습에 나섰다.

이 무렵 사실상 5대10국 시대를 평정하고 요나라와 동맹국인 후한을 동시에 압박하던 북송의 태조 조광윤이 직접 군대를 이끌고 후한을 침공했다. 요나라는 과거 목종이 부당하게 사신들을 억류한 일로 후한과는 소원한 관계였다. 이럴 때 북송군이 국경과 인접한 곡양까지 진군했다는 소식이 들려왔다. 요나라는 부득이 원군을 보냈으나 전투에서 대패하고 1,000여 명의 병사를 잃는 바람에 군대의 사기가 바닥으로 떨어진 상태였다.

"북송을 막아내려면 후한과 힘을 합치는 수밖에 없습니다."

"저들이 지난 일로 앙심을 품고 있는데 무작정 손을 잡자고 할 순 없는 노릇입니다. 우선 북송을 우리 편으로 만들어야 합니다."

"이미 전투에 패한 마당에 무슨 수로 북송을 끌어들인단 말이오?"

대신들의 의견이 분분했으나 뾰족한 대책이 나오지 않았다.

"곡양 전투에서 패한 것은 준비가 부족했기 때문입니다. 인질로 잡아둔 사신들부터 후한으로 돌려보내도록 하세요. 저들도 이 상황에서 동맹이 깨지길 원치 않을 것입니다. 지금은 변경을 안정시키는 일만 생각할 때입니다."

고심 끝에 소황후가 입을 열었다. 우선 급한 불부터 끄고 상황을 봐가며 후한이든 북송이든 동맹을 도모해도 늦지 않다는 판단이었다. 어린 황후의 대범한 결단에 아무도 토를 달지 않았다.

후한과의 동맹을 재확인한 요나라는 북송에 대한 공격을 개시했다. 소황후가 집권한 뒤 처음으로 치러진 전투였다. 파죽지세로 치고 들어가는 동맹군의 기세에 당황한 북송은 마침내 요나라에 강화를 청해왔다.

"황후가 큰일을 했구려. 덕분에 짐과 우리 백성이 평화를 얻었소."

강화조약이 체결되자 경종은 몹시 흡족해하며 더욱더 그녀를 신뢰하게 되었다. 요나라는 그로부터 한동안 전쟁의 위험에서 벗어날 수 있었다.

소황후는 국가에 중대사가 있을 때마다 대신들의 논의를 충분히 귀담아듣고 난 연후에 직접 결론을 내렸다. 어린 섭정 황후의 정치 역량에 의심의 눈길을 보내던 사람들은 그녀의 신중한 소통 방식에 강한 인상을 받았다.

집권 이듬해부턴 목종 때의 가혹한 형벌을 완화하고 종원(鍾阮)을 다시 설치하여 민심의 지지를 얻었다. 태조 야율아보기 때부터 실시한 종원은 조선의 신문고 같은 제도로 목종 즉위 후 폐지된 것을 그녀가 다시 복원시킨 것이다.

　한족 선비들을 대상으로 최초의 과거제를 실시한 것은 소황후의 가장 큰 업적이었다. 이 과거제를 통해 요 왕조는 모처럼 활기가 넘쳤다. 이러한 집권 초기의 정책들은 시행 과정에서부터 빠르게 빛을 내기 시작했다.

　종원의 부활과 과거제의 실시로 한때 첨예하게 대립하던 사회적 모순이 완화되기 시작했고, 변경의 안정으로 매년 풍작을 거두니 경제가 살아났다. 후한이 극심한 식량난으로 원조를 요청했을 때는 곡식을 보내주기도 했다.

　소황후는 여러 방면에서 뛰어난 지도자였고 훌륭한 전략가였다. 관리를 등용하는 일에서도 출신 지역이나 신분고하를 따지지 않고 능력을 최우선으로 했다. 대표적인 사례가 한족 출신 한덕양을 등용한 것이다.

　한덕양은 태조 야율아보기 때 부친 한사광과 함께 하북성에서 포로로 잡혀와 황실 노비가 되었다. 한사광은 그 뒤 전쟁에 공을 세워 남경유수에 임명되었는데 소황후의 부친 소사온의 전임이었다. 한사광과 소사온은 번갈아 남경유수를 지내며 서로 집안에 드나들 만큼 두터운 교분을 쌓았다. 어린 세랑은 자신보다 열두 살이 많은 한덕양을 오라비처럼 따랐다. 황후로서 정치를 주관하게 되었을 땐 그를 자주 불러 의견을 듣기도 했다. 한덕양은 충직하고 지략이 풍부한 인물이었다. 부친이 사망한 뒤 그를 남경유수로 발탁한 소황후의 안목은 북송의 침입 당시 크게 빛을 발했다.

979년 7월, 후한을 멸망시킨 북송 태종 조광의가 그 여세를 몰아 요나라를 공격했다. 연안 16주 수복은 북송 왕조가 들어설 때부터 만천하에 천명한 숙원 사업이었다.

조광의는 강화조약 파기를 선언하며 50만 대군을 이끌고 와 마침내 남경 유주를 포위하기에 이르렀다. 요나라로선 졸지에 뒤통수를 맞은 격이었다. 장수들은 북송의 대군이 밀려 들어오자 지레 겁을 먹고 도망쳐버렸다. 적에게 겹겹이 둘러싸인 유주성은 완전히 고립되었다. 며칠 지나자 식량은 떨어지고 민심마저 동요했다.

남경유수 한덕양은 직접 성루에 올라 군민을 격려하며 밤낮으로 목숨 걸고 성을 지켰다. 절체절명의 위기 상황에서 유일한 희망은 지원군을 기다리는 것뿐이었다.

그 시각 황궁에선 소황후가 중신들과 대책을 논의하고 있었다.

"유주를 구할 수 있는 방도가 없는지 의견들을 말씀해보세요."

"현재의 병력으로는 황도를 수비하기에도 역부족입니다."

"남경을 잃는 건 원통하지만 더 큰 희생을 줄이려면 방법이 없습니다."

대신들의 목소리가 잦아들었다. 조정 공론은 대부분 유주를 포기하자는 쪽으로 기울었다. 그때 한 장수가 앞으로 나섰다.

"요나라 땅은 단 한 뼘도 적에게 내줄 수 없습니다."

거란족 명장 야율휴가였다.

"우리의 병력으론 역부족일 텐데, 가능하겠습니까?"

"우선 유주를 구하고 외적을 모조리 요나라 땅에서 몰아내겠습니다. 거란의 용사들을 믿어주십시오, 황후 폐하!"

그녀는 재차 대신들의 의견을 물었다.

"의욕만으로 이길 수 있는 싸움이 아닙니다."

이구동성으로 반대 여론이 빗발쳤다. 그러나 황후는 생각이 달랐다.

"먼 길을 오느라 피로에 지친 적의 숫자는 별 의미가 없습니다. 또한 남경을 잃고 황도를 지킨다는 보장도 없습니다. 장군의 말대로 거란의 용사들을 믿어보는 게 어떻겠습니까?"

나이 든 조정 대신들은 조곤조곤 설득력 있는 말투에 더는 반대할 명분을 찾지 못했다.

마침내 조정 공론이 모였다. 그녀는 야율휴가에게 10만의 기마병을 내주고 출격 명령을 내렸다. 얼마 지나지 않아 승전보가 날아들었다. 지원군은 무사히 유주성을 탈환했고 한덕양과 그의 병사들은 야율휴가의 부대에 합류하여 결정적인 공을 세웠다.

당시 요나라 기마부대는 수비와 유인 전법을 병행하며 내외를 협공하는 작전으로 고량하에서 적군을 대파하고 탁주까지 진격하여 북송의 간담을 서늘하게 만들었다. 고량하는 지금의 북경 시내를 가리킨다. 요나라 전쟁사에서 가장 빛나는 전투로 꼽히는 이 전투는 소황후의 위기 관리 능력을 증명하기에 모자람이 없었다.

재위 6년 만에 경종은 특별조서를 내렸다.

"황후도 짐, 혹은 여(予)라고 일컫는다."

형식적으로나 실질적으로 그녀에게 황제와 동등한 자격을 부여한 것이었다.

✦섭정 황후에서 섭정 태후로

보위에 오른 지 13년 되던 해, 경종은 사냥 도중 조산에서 병세가 악화되어 급히 행궁으로 옮겨졌다. 경종은 생전에 두 명의 후비를 두었다. 한 명은 발해 출신, 또 다른 한 명은 거란족이었다. 그들에게서 낳은 아들 외에도 군권을 행사할 수 있는 종실 친왕이 200여 명에 달했다.

도성을 떠난 황제가 위독하다는 소식에 소황후는 망연자실했다. 장남 야율융서는 불과 열두 살의 어린아이였다. 자칫하면 보위를 둘러싼 내란이 일어날 수도 있는 상황에서 한덕양이 발 빠르게 사태를 수습하고 나섰다.

"아직은 이 일을 비밀에 부쳐야 합니다. 먼저 친왕들을 따로 만나 군권부터 거둬들이십시오. 그리고 부인과 자식들은 황궁에 남아 있게 하십시오."

소황후는 그가 조언한 대로 친왕들의 군권을 몰수하고 그들의 가족을 인질로 잡아두었다. 그 사이 수하들을 데리고 행궁으로 향한 한덕양은 사경을 헤매는 황제를 은밀히 궁으로 데려왔다.

"양왕 융서를 짐의 계승자로 하되, 군국대사는 황후의 명을 받들도록 하라."

고명대신들이 지켜보는 가운데 임종을 맞은 경종의 유언이었다. 이렇게 해서 소황후의 아들이 보위를 물려받았다. 피를 흘리지 않고 순조롭게 보위가 계승된 것은 태종 야율덕광 이후 처음 있는 일이었다.

이튿날, 요나라 6대 황제 성종의 즉위식이 열렸다. 소황후는 어린 황제를 대신하여 국정을 살피는 섭정 태후가 되었다. 그녀는 한덕양을 대정승에 임명하고 진왕의 작위와 야율덕창이라는 이름을 하사하여 황족과 다름없는 파격적인 대우를 해주는 등 각별한 신임을 드러냈다. 성종도 부친의 예로써 그를 대했다.

거란 귀족들 사이에선 이를 두고 말이 많았다. 젊은 태후가 한덕양과 사통하고 그 아내를 목매달아 죽였다는 유언비어가 떠돌기도 했다. 소태후는 소문에 일절 대응하지 않았다. 어느 날 한 관리가 술에 취해 태후의 사생활에 대해 입에 담을 수 없는 말을 지껄였다는 보고가 들어왔다. 법대로 하자면 그를 죽여야 마땅했으나 곤장 몇 대로 끝냈다. 부드러움 속에 그녀의 강인함이 있었다.

한덕양과 그녀 사이에 단순한 정치적 파트너 이상의 관계가 있었다는 것은 여러 정황상 부인할 수 없는 사실인 듯하다. 그러나 그녀는 온 나라를 떠들썩하게 한 소문에도 불구하고 새로운 개혁 정책들을 속속 내놓아 민심을 하나로 모았다.

"각지에 관리를 파견하여 사냥 등으로 인해 생산에 지장을 주거나 농작물을 해치는 일이 없는지 수시로 감시하도록 하라. 또한 가난한 농민에게 소와 종자를 내주고, 땅을 갖지 못한 백성이 황무지를 개간할 경우엔 10년 동안 세금을 면제해주도록 하라."

소태후는 다시 경제를 살리고 농업을 장려하기 위한 획기적인 방안에 이어 불합리한 법률 개정에 나섰다. 이전까지 거란족과 한족이 분쟁을 일으켰을 경우 가해자가 어느 쪽이냐에 따라서 형벌의 내용이 달랐다. 즉, 거란족이 한족을 때려죽이면 소와 말을 배상하면 되었지만, 한족이 거란족을 때려죽이면 처형시키고 전 식솔을 노비로 삼았다. 민족 차별의 성격을 띤 이런 법률은 거란족과 한족의 갈등을 격화시켜 사회적 불안을 초래했다.

소태후는 당의 율법을 참고하여 거란족이든 한족이든 동등한 처벌을 받도록 했다. 새로운 법령에는 비록 노비가 죽을죄를 지었다 해도 주인이 함부로 죽이는 일을 금하는 내용도 포함되었다. 당시만 해도 이것은 매우 진보적인 조치였다.

관리들이 권세를 등에 업고 불법을 자행하는 것을 막으려는 조치도 마련되었다. 억울한 죄명을 썼지만 관할 관청에서 해결하지 못한 경우에는 본인이 직접 어사대에 와서 신고하고 재심의를 요청하게 했다. 오랫동안 해결되지 못한 사건들은 태후가 직접 심사하거나 각지에 칙령을 내려 법률이 순조롭게 처리되도록 했다.

불합리한 법률의 개혁은 일반 백성의 전폭적인 지지를 끌어냈다. 법치주의가 확립되어 범죄가 급격히 줄어들면서 일부 감옥이 비어 있을 정도였다.

남경 한 곳에서만 실시하던 과거제도를 전역으로 확대해 한족 선비들에게도 과거에 응시할 자격을 부여했다.

한덕양은 그녀의 개혁 정책에 없어서는 안 될 인물이었다. 천재지변으로 피해를 본 이재민의 세금을 면제하여 민심의 동요를 막고, 포로로 잡혀온 북송의 관리들 가운데 유능한 인재를 등용하여 조정에 새바람을 불어넣는 데도 한덕양의 역할이 컸다.

거란족 대신들 입장에선 태후가 이민족을 신임하는 것이 불만스러울 수밖에 없었다. 그러나 소태후는 매사를 공명정대하게 처리함으로써 조정의 잡음을 무마했다. 국가 대사를 결정할 때마다 신하들의 의견을 충분히 경청한 뒤에 결정을 내리는 민주적인 통치 스타일은 40여 년간 변함이 없었다.

✦ 중국 여성 정치사에 빛나는 이름

북송과 요나라는 연운 16주를 사이에 두고 여전히 긴장 상태에 있었다. 고량하 전투 이후 자신감을 얻은 소태후는 차분하게 북송과의 일전을 준비했다.

986년 정월, 마침내 북송이 2차 침략을 시도했다. 소태후는 야율휴가를 총책으로 임명하고 자신도 직접 말을 타고 나가 전투를 지휘했다. 이때 요나라 군에 쫓겨 강물에 빠져 죽은 적의 숫자가 수만 명이었다. 북송 태종 조광의는 도망치기에 급급했고 요나라는 축제 분위기였다. 그러나 소태후는 여기에 만족하지 않았다.

그해 11월, 그녀는 다시 20만의 병력을 거느리고 국경을 넘어갔다. 한 달 만에 북송의 명장 류정양이 이끄는 기병대를 섬멸한 요나라 군대는 형주, 심주, 덕주 등 북송의 심장부를 공략하고 이듬해 정월에 본토로 돌아왔다. 이로써 완전히 수세에 몰린 북송 태종 조광의는 끝내 연운 16주를 탈환하지 못한 한을 품고 세상을 떠났다.

그 뒤 북송은 여러 번 화친을 요구했지만 소태후가 모두 거절했다. 그녀가 섭정하는 동안 요나라는 총 일곱 번에 걸쳐 북송을 침공했다. 그중에서도 규모가 가장 큰 전쟁은 1003년 가을에 있었다.

소태후는 거란족 장수 소달람을 선봉으로 내세우고 북송으로 향했다. 당시 그녀의 나이는 이미 50세가 넘었지만, 말을 타고 초원을 달리는 모습은 여느 장수 못지않았다.

요나라 군대는 개전 초기부터 수성을 비롯한 몇몇 지역에서 연속 대승을 거두었다. 북송의 저항도 만만치 않았다. 그들은 하북성 일대를 사수하기 위해 총력을 기울였다. 요나라 군대는 연일 하북성을 공격하다 별다른 성과가 없자 계속 남하하여 북송의 수도 개봉 근처까지 진군했다. 그러나 전투를 시작하기도 전에 대장 소달람이 지형을 시찰하러 나갔다 적병의 화살에 맞아 죽었다. 이에 북송군의 사기가 하늘을 찌를 듯했다.

전세가 불리하게 돌아가자 소태후는 한덕양을 사자로 보내 휴전을 협의하도록 했다. 시일을 끌수록 피차 좋을 게 없었다. 북송도 수십 년간 이어온 전투에 지칠 만큼 지쳐 있었다. 마침내 두 나라가 정식으로 평화 협정을 체결하게 되었다. 이른바 '단연의 맹세'로 알려진 조약의 주된 골자는 다음과 같다.

"요나라는 북송을 형의 나라로 대하고, 북송은 해마다 요나라에 비단 20만 필과 은 10만 냥을 선사하며 서로 침입하지 않는다."

끈질기게 연안 16주에 대한 소유권을 주장하며 요나라를 침공했던 북송은 이 지역을 포기하는 대신에 '형의 나라'라는 칭호를 얻었지만, 그것은 허울뿐이었다. 대신 요나라에 해마다 공물을 바친다는 바보 같은 약속을 한 것이다.

1009년 11월, 소태후는 마침내 아들 성종에게 정사를 넘겨주었다. 어느덧 그녀의 나이도 57세였다. 성종은 그녀에게 '예덕신략응운계화 승천 황태후'라는 존호를 바쳤다. 그러나 이렇게 긴 존칭은 그녀가 자신의 일생을 통해서 보여준 참모습에 비하면 큰 의미가 없었다.

그녀는 정치가이자 리더로서 훌륭한 모범이 되었다. 북송과의 평화 조약으로 양국은 100년 넘게 평화를 유지할 수 있게 되었으며 그녀의 통치 아래 요나라는 태종 이래 최대의 중흥기를 맞았다.

섭정 태후에서 물러난 지 한 달 만에 소태후는 고향 남경의 행궁에서 조용히 눈을 감았다.

여걸인가 요부인가,
천추태후

997년 10월, 고려 제6대 왕 성종이 병으로 세상을 떠나면서 목종에게 왕위를 물려주었다. 이때 목종의 나이 18세, 고려시대에 그 나이면 이미 성인이었지만 34세의 모후가 섭정을 자처하고 나섰다. 그녀가 바로 5대 경종의 세 번째 왕비로 궁에 들어와 3년 만에 과부가 된 헌애왕후였다.

그녀의 여동생 헌정왕후도 경종의 비였고 성종은 자매의 친오빠였다. 당시 고려는 여성의 이혼과 재혼이 비교적 자유로웠으나 유교에 심취했던 성종은 젊은 누이동생들에게 왕실 여인으로서의 정절을 강요했다.

이런 성종에게 헌애왕후가 궁을 나와 16년을 지내는 동안 승려이자 외척인 김치양과 정을 통한다는 소문이 전해졌다. 성종은 격노하여 김치양을 귀양 보냈으나 둘 사이를 갈라놓지는 못했다. 헌정왕후도 태조 왕건의 직계 자손인 왕욱과 사통하여 왕순이라는 아들을 낳았다.

목종의 섭정을 맡은 천추태후는 김치양을 상서우복야 겸 삼사사로 임명하여 재정권과 인사권을 동시에 관장하는 막강한 권력을 쥐여주었다. 아울러 불교를 부흥시키고 고려를 황제국으로 선포하는 등 자주성을 확립하는 일련의 정책들을 통해 호족 세력의 지지를 받았다. 이 과정에서 성종 때 득세하던 신라계 유학자들은 자연스럽게 도태되었다.

목종은 아들이 없었다. 모후의 카리스마에 눌려 변변한 왕 노릇도 못해본 그는 정치에 관심을 두지 않고 술과 남색에 빠져 살았다. 그러는 동안 점점 건강이 쇠약해져 병석에 누워 지내는 날이 많았다.

반면 천추태후는 궁궐 안에서 김치양의 아들까지 낳았다. 이 대목에서 그녀의 위험한 야심이 발동했다. 만약 목종이 후사를 얻지 못하고 죽는다면 헌정왕후와 왕욱의 아들 대량원군 왕순(훗날의 현종)이 뒤를 잇게 될 터였다. 왕순은 신라계 유학자들의 지지를 받고 있었다. 천추태후는 고려를 다시 유학의 나라로 되돌리기를 원치 않았다. 혈통으로 치면 그녀 자신도 왕건의 직계였다. 그녀는 자신과 김치양 사이에서 태어난 아들이 목종의 뒤를 잇게 할 계획을 세웠다.

그러나 이미 유교의 영향력이 뻗쳐 있던 시대에 태후의 불륜은 극심한 반발을 불러왔다. 유학자들이 왕순을 목종의 후계자로 만들려는 움직임을 보이자 천추태후와 김치양은 당시 12세인 대량원군을 강제로 삭발하게 하여 개경 숭교사로 보냈다. 김치양은 숭교사로 자객을 밀파하여 대량원군을 죽이려 했으나 번번이 실패하는 바람에 뜻을 이루지 못했다.

그러던 중 강조의 정변이 일어났다. 1003년, 목종은 죽음이 임박했음을 느끼고 대량원군에게 보위를 물려주기로 했다. 또한 만일의 사태에 대비하여 서북면도순검사 강조를 개경으로 호출하여 왕궁 호위를 맡도록 명했다.

당시 나라 안에는 온갖 뜬소문이 나돌았는데, 임금은 병환이 몹시 위중하여 목숨이 위태롭고, 그 사이 김치양 일파가 왕위를 빼앗으려 한다고 했다. 그러던 중 이번에는 왕이 죽었다는 헛소문이 돌았는데 개경으로 오던 강조가 이 소문을 듣게 되었다. 격분한 그는 5,000명의 군사를 모아 목종의 뜻대로 대량원군을 옹립하고 김치양 일파를 몰아낼 계획을 세웠다.

그러나 개경에 거의 도착할 무렵 목종이 살아 있다는 소식을 들었다. 천추태후와 김치양에게 반기를 든 이상 결전은 불가피한 상황이었다. 처지가 난처해진 강조는 어차피 목종이 왕위를 차지하고 있는 상태에서는 나라의 미래를 기대하기 어렵다고 보았다. 그리하여 군사를 이끌고 개경을 급습한 강조는 김치양 부자를 죽인 후 목종에게 퇴위를 강요해 대량원군을 보위에 올렸다.

이렇게 폐위당한 목종은 모후와 함께 귀양길에 올랐다. 그리고 1009년 결국 강조의 부하들에게 목숨을 잃었다. 강조의 정변은 거란국 성종의 2차 침공을 초래한 직접적인 원인이 되기도 했다.

천추태후는 목종이 죽은 뒤 섬에 유배되었다가 외가의 고향인 황주로 내려와 21년을 더 살다가 1029년 65세를 일기로 세상을 떠났다.

자주적이고 강한 고려를 꿈꾸었던 여걸, 치정에 사로잡혀 나라를 위기에 빠뜨린 요부, 그녀에 대한 상반된 평가는 아직 논란의 중심에 있다.

3장

마황후
[馬皇后]

떠돌이 승려를 황제로 만들다

간추린 중국사

1234년 칭기즈칸이 세운 원나라는 주변국을 줄기차게 압박하며 중원의 새로운 강자로 부상했다. 나라의 부강이 절정에 오른 건 1279년 남송을 멸망시킨 후부터였다.

그러나 몽골지상주의를 표방하며 약 100년간 이어온 원나라 정부는 끝내 한족의 지지를 얻는 데 실패했다. 후기로 접어들면서 황실 내부의 권력 다툼과 조정의 부패는 극에 달했다. 각지에서 농민 봉기가 연달아 일어났는데 한족에 의한 민족적 반란으로까지 확대되었다. 이 무렵 주원장이라는 걸출한 인물이 등장하여 명조 정권의 기초를 닦는 사이 원나라는 결국 쇠퇴의 길을 걷게 된다.

그녀의 프로필

명(明) 태조 주원장의 유일한 황후. 본명은 마수영(馬秀英).

명나라 건국의 실질적인 조력자. 건국 후에는 명나라가 유학을 근본이념으로 정하는 데 결정적인 역할을 했다. 그녀는 열등감에 사로잡혀 폭정을 일삼는 주원장에게 죽는 날까지 직언을 멈추지 않았던 유일한 아내였고 평생의 동지였다.

일자무식에 가난한 탁발승 출신인 남편을 정상의 자리에 올려준 그녀는 중국 역사상 가장 인자한 국모로 추앙받고 있다.

떠돌이 승려를 황제로 만들다, 마황후

✦못생긴 남자와 발이 큰 여자

1351년, 곽자흥이 이끄는 농민군이 부패한 원나라 조정에 항거하여 봉기를 일으켰다. 그들은 머리에 붉은색 두건을 썼다 해서 '홍건적'이라 불렸다. 조정은 막대한 포상금을 내걸고 홍건적 소탕령을 내렸다. 반군의 규모는 10만 명이 넘었다. 그러나 관군은 불과 3,000여 명뿐이었다.

관군의 우두머리는 성문 안으로 진입할 엄두를 내지 못하고 꼼수를 부렸다. 포상금을 타내기 위해 무고한 농민들을 붙잡아 머리에 붉은 수건을 두르게 하고 봉기군 포로로 위장한 것이다.

관군의 비열한 행위는 수많은 농민의 분노를 샀다. 그동안 관군이 무서워 숨죽이고 있던 농민들이 곽자흥의 부대가 있는 호주성으로 삼삼오오 몰려들기 시작했다. 그 가운데는 훗날 명 태조가 된 주원장도 있었다.

주원장은 봉양의 가난한 농민 가정에서 태어났다. 17살 되던 해에 고아가 되어 의지할 곳이 없게 된 그는 황각사라는 절에 들어가 중이 되었다. 하필 그 무렵 봉양 일대는 황충(메뚜기의 일종) 피해가 극심했다. 황충은 당시 농민들이 가장 두려워하는 곤충이었다. 황충이 한 번 훑고 지나가면 논밭에 곡식이 남아나질 않았다. 게다가 가뭄이 들고 전염병까지 창궐하는 바람에 굶고 병들어 죽은 시체가 온 마을에 차고 넘쳤다. 마을에 사람이 없으니 절에 곡식이 있을 리 없었다. 당시 중국 전역에 걸쳐 재해와 기근으로 목숨을 잃은 사람이 무려 700만 명이 넘었다.

주원장은 말 그대로 집도 절도 없는 처지였다. 살기 위해 탁발승으로 나섰지만 굶기를 밥 먹듯 하는 생활이었다. 그렇게 몇 해 동안 문전걸식하며 살아온 덕에 그는 어떤 환경에서도 살아남을 수 있는 끈질긴 생명력을 길렀다. 반군 대열에 합류한 그가 누구보다도 용감히 싸울 수 있었던 것도 그때의 경험 덕분일지 모른다. 그는 마치 당장 죽어도 미련이 없는 사람처럼 늘 앞장서서 적진을 향해 몸을 던졌고 닥치는 대로 관군의 목을 베었다.

곽자흥은 주원장을 처음 보았을 때 묘한 기분을 느꼈다. 돼지 코에 말상, 툭 튀어나온 이마, 얼굴에는 곰보 자국까지 있어서 호감이 가는 인상은 아니지만, 어딘가 모르게 이끌리는 구석이 있었다. 무엇보다도 전투에 천부적인 기질이 있었으며 충성심도 대단했다.

"용맹한 데다 험악한 인상이 적에겐 두려움에 떨게 할 무기가 될 수도 있겠군."

　주원장을 긍정적으로 바라보기 시작한 곽자흥은 1년 후 자신의 수양딸과 혼인시켰다. 그녀의 이름은 마수영, 죽은 곽자흥의 친구이자 동료 장수의 딸이었다.

　어린 나이에 어머니를 여의고 부친 손에 자란 수영은 일반적인 중국 여성보다 발이 컸다. 부모가 그녀의 발을 감아 전족할 때를 놓쳤기 때문이다. 그래서 어릴 때 별명이 마대각(馬大脚)이었다.

　첫날밤에 주원장은 신부의 발을 보고 경악했다. 수영은 애교가 찰찰 흐르는 목소리로 이렇게 말했다.

　"저는 당신 얼굴에 불만 없으니 당신도 제 발이 크다고 나무라지 마세요. 우리 서로 생긴 대로 살아가요."

　그녀는 다정다감하며 활달하고 화통한 면도 있었다. 또한 시와 문장에도 능했다. 주원장은 지혜로운 여자를 아내로 맞게 해준 곽자흥을 장인으로 모시고 홍건군의 우두머리로 성장했다.

　농민군 생활은 몹시 고달팠다. 해마다 재해가 들었고 장기간의 전쟁으로 식량 부족에 시달렸다. 수영은 자신은 굶더라도 전선에서 싸우고 돌아와 지친 병사들을 위해 음식을 내주곤 했다. 병사들에게 그녀는 어머니 같은 존재였다.

　주원장은 부하들 사이에서 신망이 높았다. 다른 장수들은 전리품으로 획득한 물자 중 일부를 곽자흥에게 바치고 나머지는 자신들이 챙겼다. 그러나 그는 곽자흥에게 보낼 것도 굶주린 병사들과 그 식솔에게 모두 나눠주었다.

농민군 사이에 인기가 높아지면서 그를 시기하는 장수들도 많았다. 특히 곽자흥의 두 아들은 틈만 나면 부친에게 달려가 그를 모함하는 말을 했다.

"주원장 저자는 몹시 음흉한 자입니다. 병사들에게 뇌물을 써서 은밀히 세력을 모으고 있습니다. 언젠가는 아버지를 배신하고 말 것입니다."

처음에는 곽자흥도 반신반의했으나 집요한 모함에 점차 마음이 흔들렸다. 마침내 그의 두 아들은 주원장을 은밀히 납치하여 굶겨 죽이려는 음모를 꾸몄다. 사흘 동안 물 한 모금 마시지 못한 그는 나흘째 되던 날에야 가까스로 아내에게 소식을 알렸다.

수영은 직감적으로 일이 잘못 돌아가고 있음을 느꼈다. 그러나 이것이 곽씨 형제의 농간인지 아니면 곽자흥의 지시인지 알 수가 없었다. 그녀는 매일 사람들의 눈을 피해 몰래 남편에게 음식을 갖다 주고는 신신당부했다.

"절대 섣불리 행동하면 안 됩니다. 당분간 여기서 죽은 듯 숨어 지내면서 때를 기다리세요."

"대체 뭘 잘못했는지는 알고 죽어야 할 것 아니오."

주원장은 분해서 길길이 뛰었지만, 아내의 조언을 받아들였다.

그러던 어느 날, 수영은 금방 쪄낸 떡을 남편에게 가져다주려다 곽자흥의 부인과 맞닥뜨렸다. 당황한 그녀는 황급히 떡을 옷 속으로 집어넣었다.

"무슨 일인데 그리 허둥지둥하는 게냐?"

"어머니……."

수영은 양모의 다그침에 눈물만 흘렸다. 그 사이 가슴에서 더운 김이 솟구쳐 나왔다. 이를 수상하게 여긴 양모가 그녀의 옷자락을 열어젖혔다.

"이 뜨거운 떡을 왜 가슴에 품고 있느냐?"

수양딸의 가슴에서 커다란 떡이 떨어지자 양모의 눈이 휘둥그레졌다. 그녀는 할 수 없이 자초지종을 털어놓았다. 놀란 양모는 남편에게 주원장이 납치되었다는 사실을 전했다.

"천하에 못난 놈들 같으니!"

모든 게 두 아들의 소행임을 알게 된 곽자흥은 병사들이 보는 앞에서 곤장을 때렸다. 수영의 가슴에는 말발굽 크기의 떡 모양 화상 자국이 남았다.

마수영은 현명하고 어진 여인이었다. 곽자흥이 은근히 질투심이 많은 성격이라는 것도 알고 종종 남편 모르게 자신의 장신구를 양부모에게 가져다주며 사위가 보낸 것이라 둘러댔다. 그러나 주원장에 대한 곽자흥의 의심이 완전히 가신 건 아니었다.

1354년, 주원장은 저주성 공략을 준비했다. 그를 따르겠다고 나선 병사들은 순식간에 3만여 명으로 늘어났다. 이때 곽자흥은 또다시 그를 경계하기 시작했다. 봉기군 내부에서 주원장을 시기하는 무리도 끈질기게 둘 사이를 이간질했다. 곽자흥은 주원장과 수하들을 떼어놓는 것으로 병권을 약화하려 했다. 이에 주원장이 반발하자 옥에 가두기까지 했다. 자칫하다간 목숨이 위태로운 판국이었다.

사정이 다급해진 건 주원장뿐만이 아니었다. 수영은 하루에도 몇 번씩 양부모를 찾아가 남편의 충성심을 전하며 부모로서 자비를 베풀도록 호소했다. 그녀의 눈물겨운 노력 덕분에 결국 의심을 거두게 된 곽자흥은 주원장에게 봉기군 최고 지도자 자리를 물려주고 이듬해 눈을 감았다.

✦ 명나라 건국의 일등공신

수영은 봉기군 수장이 된 주원장의 참모 역할을 톡톡히 했다. 1355년 6월에 주원장 부대는 장강 이남의 태평성을 일거에 함락했다. 관군은 장강을 봉쇄한 뒤 전방의 봉기군이 화주 후방과 연계하지 못하도록 길을 차단하고 그들의 가족을 인질로 잡았다. 전방의 병사들은 이 일로 사기가 땅에 떨어졌다.

이때 수영은 첫아들 주표의 해산을 앞두고 있었다. 그녀는 병사들이 불안해한다는 소식을 듣고 과감히 용기를 냈다. 만삭의 몸으로 그들의 가족을 데리고 장강을 건넌 것이다. 가족이 무사하다는 것을 알게 된 병사들의 사기는 다시 하늘을 찔렀다. 그녀는 장강을 건너 배에서 내리자마자 주표를 낳았다.

1356년 3월, 주원장은 남경 공략에 성공했다. 이때 주원장은 휘하에 이미 50만 군민을 거느리고 있었다. 그는 남경을 근거지로 전선을 확장하기 위해 군사, 정치, 경제 분야의 행정기구를 조직했다. 농민 봉기가 절정을 이룬 이 무렵에는 유복통, 진우량, 장사성 등의 부대가 각지에서 관군과 맞붙어 승전고를 울렸다. 봉기가 점차 확대되고 원나라 붕괴의 조짐이 보이자 봉기군 내부에서도 최후의 패권을 다투는 조짐이 나타났다.

수영은 남편 주원장이 패권의 주인공이길 바랐다. 주원장은 전쟁터에서는 유능한 지도자였으나 민심의 향방에는 크게 관심을 두지 않았다.

어느 날 그녀는 백성들로부터 충격적인 이야기를 전해 들었다. 주원장 부대가 지나가는 곳마다 곡식 한 톨 남아나질 않는다는 것이었다. 봉기군이 점령군 행세를 하며 약탈을 자행했기 때문이다. 그녀는 주원장에게 시중의 민심을 전하며 뼈 있는 말을 던졌다.

"저는 고난 속에 허덕이는 백성을 진심으로 위해줄 수 있는 사람만이 천하를 얻을 수 있다고 믿습니다. 병사들이 제멋대로 백성의 재산을 빼앗거나 무고한 사람을 마구 해치게 내버려둔다면 필연코 민심을 잃게 되고, 제아무리 뛰어난 영웅이라 해도 천하를 얻기는커녕 자신의 목숨마저 부지하지 못할 것입니다. 장군께서는 부디 이 점을 간과하지 말아주십시오."

주원장은 아내의 조언을 진지하게 받아들였다.

어느 날 한 병사가 유부녀를 납치하여 아내로 삼았다는 이야기가 들려왔다. 그는 즉시 군대를 집합시켜 물의를 일으킨 병사를 가차 없이 사형에 처했다.

"우리가 봉기한 건 부패한 조정을 응징하기 위해서인데 너희들 중에 여염집 여인을 빼앗아 아내로 삼은 자가 있다면 저들과 다른 게 무엇이냐? 이런 못된 짓을 하는 자는 내 자식이라도 용서치 않겠다!"

주원장의 단호한 경고에 군대는 빠르게 기강이 잡혔다.

1360년 5월, 진우량이 수십만의 병사를 이끌고 남경을 공격했다. 주원장 부대는 남경의 한 나루터에서 진우량 부대와 혈전을 벌였으나 중과부적이라 고전을 면치 못했다.

수영은 후방의 가족들과 함께 열심히 군수품을 모아 전선으로 보냈다. 자신의 금붙이와 옷가지들도 아낌없이 내놓았다. 덕분에 주원장은 진우량 군을 이기고 남경 정권을 지켜낼 수 있었다.

주원장은 성미가 급하고 과격한 면이 있었다. 특히 군율을 위반하거나 도리에 어긋나는 짓을 한 장수들에게 가혹한 형벌을 내렸다.

한번은 화주를 지키고 있던 봉기군 장수 곽경상에 관한 해괴한 소문이 돌았다. 곽경상의 아들이 부친을 죽이려다 미수에 그쳤다는 것이다. 주원장은 조사관의 말만 듣고 즉시 그 아들을 처형하라는 명령을 내렸다. 수영은 사람 목숨이 달린 문제이니만큼 신중하게 일을 처리하도록 남편을 설득했다.

"곽경상은 아들이 하나뿐인데 잘못했다가는 대가 끊어지지 않겠습니까. 한 번 더 상황을 알아본 다음에 처분을 내려도 늦지 않을 것입니다."

다시 조사해보았더니 누명을 썼다는 사실이 밝혀졌다.

얼마 후에는 또 누군가 엄주를 지키고 있는 이문충이 반란을 책동하고 있다고 밀고했다. 격분한 주원장은 당장 그를 소환하라는 명령을 내렸다. 평소 이문충의 정직하고 충성스러운 면을 알고 있던 그녀는 남편의 노여움을 무릅쓰고 끝까지 그를 변호했다.

"엄주는 적진 가까이 있는 중요한 지역인데 장수를 함부로 소환하는 것은 위험한 일입니다. 그리고 이문충은 장병들로부터 신임을 받고 있는데 뚜렷한 증거도 없이 징벌을 내린다면 틀림없이 뒤탈이 생길 것입니다."

주원장은 결국 소환 명령을 취소했다. 이문충은 훗날 항주를 칠 때 큰 공을 세웠다. 매사에 사리가 분명하고 올곧은 신념을 가진 수영의 조언은 주원장이 부하 장수와 백성의 신임을 얻는 데 지대한 역할을 했다.

1368년 1월, 주원장은 마침내 새 왕조를 세우고 나라 이름을 명(明)으로 고쳤다. 비렁뱅이나 다름없이 살던 그가 봉기군 대열에 합류한 지 15년 만의 일이다. 창업의 일등공신은 누구나 인정하는 봉기군의 어머니 마수영이었다.

✦ 포악한 황제의 조강지처

명나라 초대 황제로 등극한 자리에서 주원장은 아내의 공로를 극찬했다.

"황후는 평민 출신으로서 나와 고락을 같이했다. 나라를 세우는 위업을 달성하는 과정에서 그녀의 협조가 매우 컸다. 지난날 나와 함께 전쟁터에 있을 때는 굶주림을 참고 나와 병사들을 먹였다. 그녀의 이런 행위는 풍이(후한 광무제 유수의 심복)가 광무제에게 팥죽에 보리밥을 대접한 것보다 훨씬 고귀한 것이다.

내가 곽자흥의 의심을 받고 위험에 처했을 때 그녀가 양쪽으로 뛰어다니며 화해시킨 덕분에 나는 봉변을 면하게 되었고 군대도 분열되지 않았다. 이것은 당 태종의 장손황후보다 더 어질고 착한 행위가 아닐 수 없다.

나는 오늘 마씨를 황후로 책봉하려 한다. 그녀는 황후가 되기에 조금도 손색이 없다."

즉위식을 마친 후 그녀는 황후로서 태조 주원장에게 바라는 바를 솔직하게 전했다.

"부부간에는 영원히 사랑하기 쉬우나 임금과 신하 사이는 그렇게 오래가기 어렵다고 하더군요. 폐하께서는 저보다도 고락을 같이한 부하들과 고생 속에서 허덕이는 백성들을 잊지 말아주십시오.

어찌 저를 장손황후에게 비할 수 있겠습니까? 저야 당연히 해야 할 일을 한 것뿐이고, 그 정도는 공이라고 할 수도 없습니다. 저는 부디 황제 폐하께서 요순을 본받아 천하를 잘 다스리시기만을 바랍니다. 저에겐 그 이상 더 기쁜 일이 없으니까요."

"당신처럼 어질고 착한 아내가 있는데 무슨 걱정이오? 나라를 다스리는 일은 내가 잘 알아서 할 테니 당신은 전처럼 내조만 잘하면 돼오."

태조의 말에는 뼈가 있었다.

얼마 지나지 않아 명나라 조정은 새로운 법령을 반포했다. 과거 옛

왕조가 외척과 환관의 득세로 망했다는 선례를 들어 황후를 막론하고 궁내의 여인과 환관이 국정을 논하지 못하도록 한 법령이었다.

그런데도 마황후는 남편이 정치를 잘하고 있는지 늘 궁금했다. 하루는 그녀가 조정에서 돌아온 남편에게 물었다.

"폐하께선 백성을 다 편안하게 해주고 계십니까?"

주원장이 정색을 하고 대답했다.

"그건 여자가 물을 일이 아니잖소?"

마황후의 안색이 굳어졌다. 그녀도 정색을 하고 말을 꺼냈다.

"폐하께서 아버지시라면 아내인 저도 이 나라의 어머니가 됩니다. 그러면 이 나라의 백성은 우리의 자식이 되는 거고요. 그런데 어미가 돼서 제 자식이 잘 있는지 물어서는 안 된단 말씀인가요?"

주원장은 그녀의 조리 있는 항변에 말문이 막혀버렸다. 그는 신하들 앞에선 독선적인 군주였지만 황후 앞에서만큼은 크게 화를 내지 않으려고 애썼다.

황제가 된 뒤로 그는 개국공신들에 대해 지나치게 경계심을 품었다. '금위의'는 일종의 사찰기관이었다. 그는 금위의 관리를 시켜 수시로 대신들을 감시하게 했다. 의심스러운 데가 있으면 감옥에 가두거나 목숨을 빼앗는 일도 서슴지 않았다. 과거 부하들을 잘 챙기던 모습은 간데없고 모든 사람을 적으로 만드는 남편을 대할 때마다 마황후는 불안하기 짝이 없었다.

새 왕조를 운영하려면 인재가 절실했다. 그러나 황제가 툭하면 사람을 잔인하게 죽이는 걸 보고 유능한 선비들은 지레 겁을 먹고 숨어버렸다. 그러니 조정에 쓸 만한 인재가 남아나질 않았다. 사태가 이 지경인데도 황제의 태도는 좀처럼 달라지지 않았다. 그는 여전히 주위 사람들을 의심했고 근거 없는 모함에도 쉽사리 마음이 흔들렸다.

얼마 후 명나라는 원나라 수도 북경을 공략하여 황실 금고를 통째로 가져왔다. 마황후는 짐짓 아무것도 모르는 체하고 황제에게 물었다.

"원나라 국고에서는 무엇을 좀 가져왔던가요?"

"진귀한 보물을 좀 얻었소."

"원나라 임금은 왜 그런 걸 도망칠 때 가져가지 않았을까요? 가져가면 꽤 요긴하게 쓰였을 텐데요?"

황제는 뜬금없는 눈길로 그녀를 쳐다보았다. 잠시 사이를 두었다가 황후가 다시 입을 열었다.

"원나라 임금은 금은보석 따위는 보배로 치지 않았던 게 분명합니다. 그에게는 다른 보배가 있었던 게지요."

주원장은 그제야 그녀의 말뜻을 알아차리고 얼굴을 붉혔다.

"인재가 보배란 말을 하려는 거요?"

"네, 맞습니다. 재물을 좀 가진 사람들이 잘났다고 우쭐거리며 남을 함부로 대하는 것만큼 어리석은 일은 없습니다. 그저 제 잘난 맛에 살다 보면 주위에 남아 있는 사람은 한 명도 없고 가진 재물조차 쓸 곳이 없어집니다. 결국 외톨이가 되는 것이지요.

나라와 가정은 물론 다르겠지만 이치는 같은 것 아닐까요? 사람은 항상 자신을 경계해야 합니다. 나라가 망하는 것은 사소한 것들이 무너지는 것에서 비롯된다고 합니다."

주원장은 묵묵히 듣고만 있었다. 그녀는 부드럽게 말을 이었다.

"우리가 전에는 다른 사람들과 마찬가지로 가난한 처지에 있었지만 이제 갑자기 천하가 존중하는 부자가 되었습니다. 그래서 저는 늘 걱정입니다. 속담에도 '정교한 패물은 나라를 잃게 하는 도끼요, 진귀한 주옥은 마음을 휘게 하는 독주'라고 하지 않습니까?

저는 폐하가 매사에 신중하고 훌륭한 인재를 많이 청하여 나라를 잘 다스리기에 힘쓰시며 천하를 길이 보존하여 후세에 이름을 남기시기 바랍니다. 그리고 이것이 세상에서 제일 귀한 보배라고 믿습니다."

무신 계급인 주원장은 문신들에 대해 본능적인 경계심을 갖고 있었다. 마황후는 이 점을 지적한 것이었다. 얼마 후 그는 유생들을 복권하고 널리 인재를 구하는 조서를 내렸다.

"크나큰 이 나라를 혼자서는 잘 다스리기 어려우니 천하의 인재들을 모집하여 함께 다스리려 한다."

이로써 유생들이 속속 조정에 들어오기 시작했다. 마황후는 몹시 기뻐하며 이렇게 말했다.

"폐하의 인재가 많으니 저는 더없이 기쁩니다. 하지만 세상에 완전 무결한 사람은 없고 저마다 특성이 있으니 각자의 장점에 근거하여 쓰기를 바랍니다."

주원장은 그녀의 조언을 따르기로 약속했다. 학자들은 일과를 마친 뒤 늘 궁 안에서 황제와 식사를 함께 하며 시국을 논했다.

어느 날 마황후는 학자들이 먹는 음식을 가져오도록 해서 직접 맛을 보았다. 그들의 음식은 황제 것보다 맛이 없었다. 그녀는 즉시 남편에게 달려갔다.

"조정에 인재만큼 귀중한 보배는 없습니다. 만약 형편이 좋지 않다면 폐하의 식사에는 돈을 적게 들이더라도 학자들은 후하게 대접하는 게 옳습니다. 그런데 식사를 책임진 관리는 오직 폐하께만 좋은 요리를 대접할 줄 알았지 인재들은 잘 섬기지 않는 것 같군요. 설마 폐하께서 이렇게 푸대접하라고 명령하신 건 아니겠지요?"

난처해진 주원장은 하는 수 없이 식사를 책임진 관리를 문책했다. 마황후의 조언은 한동안 군신 간의 유대를 공고히 하는 역할을 했다. 즉위 초에는 독선적인 면이 강했던 황제가 종종 유생들의 충고를 받아들여 조정이 비교적 원만하게 돌아갔다.

외척의 권력 남용을 사전에 방지한다는 이유로 측근 관리에 엄격했던 주원장은 황후의 친정 식구한테만은 벼슬과 작위를 내려 선심을 쓰려고 했다. 그녀는 일언지하에 호의를 사절했다.

"벼슬이란 재간 있고 덕성이 높은 사람에게 주어야 한다고 들었습니다. 저희 친척은 그런 인재가 못 됩니다. 외가가 황제의 총애를 믿고 분수도 모르고 날뛴다면 벼슬을 주는 것이 도리어 그들을 해치는 일입니다."

황후가 한사코 사양하는 바람에 주원장도 더 우기지 않았다. 인재를 등용할 때 재능만을 중시하도록 간언한 황후의 이런 태도는 조정 대소 신료의 존경을 얻었다. 그녀는 국모의 자리에 올라서도 항상 가난하게 살았던 옛 시절을 잊지 않았다.

주원장은 궁궐 안의 시종들이 조금만 눈에 거슬려도 가혹한 형벌을 내렸다. 그때마다 황후는 바른말을 서슴지 않았다.

"폐하께서는 우리가 예전엔 비천한 인간이었다는 것을 잊으셨나요?"

황후가 냉정하게 한마디 하고 난 뒤에는 주원장의 광폭한 성질도 다소 수그러들곤 했다. 한번은 그녀가 군주의 책임에 대해서 말했다.

"옛사람들은 임금이 모든 책임을 한몸에 지고 있다고 했습니다. 한 사람의 백성이라도 고향을 등지고 떠돌아다니거나 굶주림과 추위에 떨면 그것이 곧 임금의 책임이라고 말했대요. 또한 정치가 잘되는가, 잘 못 되는가 하는 것은 임금의 마음이 바른가, 아닌가에 달려 있고, 나라의 존망은 또한 백성들의 생활이 어려운가, 행복한가에 달려 있다고도 합니다."

황후의 말은 과거 굶주림을 참지 못하고 집을 떠나 거지와 다름없는 생활을 했던 주원장의 뼈아픈 기억을 떠올리게 했다. 그는 황후의 조언에 감동한 나머지 사관에게 그 말을 기록하도록 했다.

마황후는 세상 돌아가는 이치를 아는 지혜로운 내조자였다. 원나라의 폭정과 억압에 시달리면서 해마다 계속되는 재난을 겪어온 백성들은 안정된 시국과 너그러운 정부를 원했다.

명나라 초창기에는 법률이 자주 바뀌는 통에 백성들은 많은 불편을 겪었다. 가난한 하층 농민 출신인 황후는 이 점을 직시하고 있었다.

"법률이 자주 바뀌면 폐단이 생기게 마련이고 법률에 폐단이 생기면 범죄가 생기게 마련이지요. 만일 백성들이 자신도 모르게 불법적인 행위로 제재를 받게 되면 고난 속에서 허덕이게 되고, 백성들이 가난해지면 조정을 원망하게 되는 게 당연한 이치입니다. 그러니 개혁을 하더라도 백성들 형편을 보아가며 속도를 조절하는 게 옳습니다."

주원장은 황후의 건의를 받아들여 법률을 개선할 때도 당장 필요한 경우가 아니면 완급 조절을 하도록 명했다.

어려운 시절에 보여준 헌신적인 사랑 때문이었을까. 그는 이상하리만치 아내한테만큼은 관대하고 너그러운 남편이었다. 그러나 다른 사람들 앞에선 날이 갈수록 잔인하고 포악해졌다.

✦ 진정한 정치적 내조자

태조 주원장은 콤플렉스 덩어리였다. 그는 누구든 자신의 권위를 부정하는 낌새를 느끼면 병적인 증오심을 표출하곤 했다. 더구나 변덕이 죽 끓듯 해서 사람을 죽이고 살리는 것도 일시적인 기분에 따라서 결정했다.

'심수'라는 백만장자에 관한 일만 해도 그렇다. 그는 명나라 정부를 도와 각종 건설공사에 자금과 인력을 공급했다. 남경의 성벽도 3분의 1은 그의 돈으로 쌓았다. 어느 날 심수가 군대를 위해 기부금을 내겠다는 청원서를 조정에 올렸다. 그런데 청원서를 읽어본 주원장은 부들부들 떨면서 욕을 퍼부었다.

"그놈이 감히 재물을 가지고 천자의 군대를 위로하겠다고? 이건 나를 욕보이려고 하는 짓이 아니고 무엇이냐? 그 방자한 놈을 당장 잡아 죽여라!"

주원장은 일개 평민인 심수가 조정을 대신해서 군대를 위로하겠다고 한 말에 심한 모멸감을 느꼈다. 병사들은 곧 그를 잡아다 옥에 가두었다. 조만간 황제를 능멸한 죄로 사형이 집행될 예정이었다. 이 일은 뒤늦게 황후전에 알려졌다.

"비록 말실수를 했어도 의도만큼은 불순한 게 아니니 죽이는 것은 너무 잔인하지 않은가!"

마황후는 황급히 대전으로 향했다. 이미 사형 명령이 떨어진 뒤라 자칫하면 그녀 역시 황제의 권위를 업신여긴다는 오해를 살 수도 있는 상황이었다. 그녀는 최대한 예의를 갖춰 자기 생각을 밝혔다.

"법률이란 불법한 자를 제재하는 것이지 불길한 사람을 처분하는 것이 아니라고 들었습니다. 한낱 평민이 나라와 비길 정도로 재물을 많이 가진 것은 그 자신의 불행이지만 법을 위반한 것은 아닙니다. 불길한 자에 대해서는 하늘이 기필코 재난을 내리실 터인데 폐하께서 굳이 죽일 필요가 있겠습니까?"

황제의 자존심을 배려하면서 부드럽게 사면을 청하는 황후의 절묘한 설득에 주원장은 심수의 목숨만은 살려주었다.

마황후는 정치 감각이 뛰어난 여사관들을 늘 곁에 두었다. 여사관들은 민심의 향방을 파악하고 정국의 흐름을 진단할 수 있도록 충실한 조언자 역할을 했다. 조정에 중대한 문제가 있을 때면 황후는 여사관들에게 그에 대한 의견을 묻고 토론을 벌였다. 전문가들의 이야기를 귀담아듣고 객관적인 입장에서 황제에게 조언하기 위해서였다. 그녀의 이런 노력은 명나라가 유학을 근본이념으로 정하는 데도 영향을 끼쳤다.

개국 초기 일부 대신들 사이에선 도교의 전신인 '황로지학'을 국가의 이념으로 정해야 한다는 논의가 있었다. 황로지학의 핵심은 자연의 순리에 따르는 것을 국정의 근본이념으로 삼는다는 것이다. 이는 '인의'를 강조하는 유교의 사상과는 정면으로 대치되었다. 어려서부터 유학의 가르침을 받고 자라온 마황후는 황로지학에 기울어진 주원장에게 이에 대한 자신의 견해를 밝혔다.

"군주와 백성은 어버이와 자식의 관계입니다. 군주가 자애로써 나라를 잘 다스리면 백성들은 그에게 효를 다할 것입니다. 효성과 자애 자체가 인의적인 행위인데 인의를 떠나 효성이니 자애니 하는 것을 말할 수 있겠습니까? 인의는 나라를 다스리는 근본입니다. 그런데 황로학에서는 그것을 버려야 한다고 주장하니 너무나 어리석은 일입니다."

"나도 나라를 다스리는 데는 인의가 중요한 원칙이라고 생각하고 있소. 진나라가 망한 것도 인의를 저버렸기 때문이 아니오? 그런데 문관 중에는 송나라가 지나치게 너그러웠기 때문에 기울었다는 의견도 있더구려."

황후는 그 말에 소스라치게 놀랐다.

"너그러운 것이 박정하고 부덕한 것보다는 좋지 않습니까? 지나치게 너그러운 것이 나라와 백성에게 무슨 해로운 점이 있겠습니까? 인의를 나라를 다스리는 근본으로 삼는다면 천만년 길이길이 천하를 이어 나가는 것은 어렵지 않을 것입니다."

주원장은 한동안 골똘히 생각에 잠겼다.

이튿날은 신하들과 원나라가 멸망하게 된 원인에 관해 토론을 벌였다. 대신 중 한 사람이 원나라는 너그러웠기 때문에 천하를 얻었으며 천하를 잃은 것도 지나치게 너그러웠기 때문이라는 궤변을 늘어놓았다. 주원장은 전날 황후와 나누었던 이야기를 떠올리며 이렇게 반박했다.

"원나라가 인의로 천하를 얻었다고는 할 수 있겠지만 지나치게 인의를 베풀었기 때문에 천하를 잃었다는 말은 어리석은 소리요. 원나라가 멸망하게 된 것은 바로 너그럽지 못했기 때문이오!"

주원장은 곧 유교를 국가의 근본이념으로 정한다는 조서를 내리고 각급 지방행정 단위 지역에 학생들을 양성하기 위한 교육기관을 세우도록 지시를 내렸다. 학생들에게는 국가의 교육보조금이 지급되었고 한림원에 입학할 수 있는 특혜를 베풀었다.

그 결과 중국 역사상 가장 많은 학교가 명대에 설립되었다. 주원장은 또 황후의 권고를 받아들여 군대가 민간에 폐를 끼치지 않고도 자급자족할 수 있도록 평화 시에 경작용 토지를 병사들에게 나눠주는 제도를 시행했다.

그녀는 황후로서 건국의 기초를 다지도록 황제를 돕는 한편, 궁궐 안의 일을 보살피고 자식을 교육하는 일도 게을리하지 않았다. 매일 아침 일찍부터 저녁 늦게까지 궁궐 안의 후궁과 공주는 마황후로부터 이런 훈시를 듣곤 했다.

"공로도 없이 국록을 받는 것은 죄를 짓는 것과 같은 일이다. 하는 일도 없이 산해진미를 먹고 비단옷을 입고 진종일 빈둥빈둥 놀고 있으

면 조물주의 뜻을 거역하는 게 아니겠느냐? 그러니 너희는 항상 부지
런히 일해서 나라의 은총에 보답해야 한다."

황후가 되기 전에 그녀는 언제나 무명옷을 직접 만들어 그 옷이 다
해지도록 입었다. 옷을 짓고 남은 자투리들도 버리지 않고 따로 모아
서 이불이나 포대기를 만들었다. 황후가 된 뒤에도 그런 알뜰한 습관
은 조금도 달라지지 않았다.

"아무리 작은 물건이라도 나라의 재물을 아껴야 한다. 형편이 나아
졌다고 해서 물건을 함부로 버리거나 파손하는 것은 나라에 죄를 짓는
일이다."

궁녀들은 늘 귀에 못이 박이도록 황후의 잔소리를 들어야 했다. 그
녀는 옷감을 짜는 궁녀들이 끊어진 실을 버리는 것을 보면 언제나 그
것을 모아두게 했다가 천을 짜서 여러 후궁과 공주들에게 옷을 지어
주면서 이렇게 말했다.

"너희는 농촌 여인들이 뽕을 심고 누에를 치기가 쉽지 않다는 것을
알아야 한다."

하루는 한 궁녀가 황후에게 물었다.

"황후께서는 이 세상에서 가장 부유하고 존귀한 분이신데 어째서
옷감 조각 같은 이런 자그마한 물건들을 버리길 아까워하십니까?"

"옛날 황후나 왕비들은 부유했으나 아껴 썼고 부귀했으나 부지런했
다 하더라. 그러니 영광스럽게 사서에 올랐지. 사람은 지위가 높아질
수록 근검하게 살아야 한다는 것을 절대 잊지 말고 절대 교만해지지
말아야 하느니라. 근검하고 겸손하게 살려는 마음이 흔들리면 재난이

뒤따른다. 나는 이런 것을 생각할 때마다 사소한 일들을 흘려보지 않게 된다."

궁녀들은 황후의 말에 탄복하지 않을 수 없었다.

그녀가 왕자들에게 항상 강조하는 것은 정직하고 유용한 사람이 되도록 가르치는 것이었다.

"너희는 항상 부지런히 공부하고 너그럽고 어진 마음으로 백성을 사랑해야 한다. 너희 부친인 폐하께서 만민의 존경을 받는 군주로서 나라를 다스릴 수 있도록 너희가 효성과 충성을 다해야 한다. 가난한 농민이 얼마나 고생스럽게 살아가는지 안다면 절대 교만해지지 말아야 한다."

마황후는 황실과 백성이 편안하고 평화롭게 살기를 원했다. 그러자면 황제인 남편은 물론 그 자손도 너그럽고 겸손한 자세를 갖춰야 한다고 믿었다. 그러나 그녀의 노력에도 불구하고 조정 분위기는 갈수록 흉흉해졌다. 건국 초부터 그녀가 우려했던 일이 끝내 발생하고야 말았다.

✦ 명태조 주원장의 평생 하나뿐인 황후

마황후의 간곡한 설득에 힘입어 주원장의 포악한 성격은 한동안 수그러드는 듯했지만, 통치 기간이 길어짐에 따라 그 천성은 다시금 드러나게 되었다.

1380년 재상 호유용이 역모를 꾀했다는 고발이 들어왔다. 호유용은 주원장을 도와 나라를 일으킨 개국공신이었다. 주원장은 일고의 여지도 없이 호유용의 구족을 멸하고 사건에 연루되었다고 의심받는 공신들을 무차별 학살했다. 이 일로 창졸간에 목숨을 잃은 사람이 1만 5,000여 명이나 되었다. 남편의 잔인무도한 성격으로 인해 그토록 많은 공신이 살해된 것을 목격한 황후는 큰 충격을 받았다. 누구든 황제의 눈 밖에 나면 목숨을 보전할 도리가 없는 상황이었다.

황궁의 요리사 역시 음식이 조금이라도 주원장의 구미에 맞지 않으면 죽음을 면치 못했다. 마황후는 무고한 이들의 목숨을 구하기 위해 모든 음식을 자신이 직접 맛을 본 후 내가게 하고 문제가 생기면 자기 잘못이라며 용서를 빌었다.

한번은 황후전에서 일하는 궁녀가 황후가 가져오라는 물건 대신 엉뚱한 물건을 가져왔다. 옆에 있던 주원장은 벌컥 화를 냈다. 티끌만 한 잘못으로도 사람 죽이기를 서슴지 않는 황제였다. 마황후는 그가 또 사람을 죽일까봐 일부러 자기도 성난 척하면서 그 궁녀를 옥에 가두게 했다. 이렇게 하면 그 궁녀는 처벌은 받더라도 죽음은 면할 수는 있었다.

호유용 사건이 있고 난 뒤 주원장은 손자인 태자가 호유용 일당이라는 밀고를 받았다. 이에 주원장은 손자의 스승인 송렴 일가를 죽이려고 했다. 저명한 학자이며 명나라 첫 개국문관인 송렴은 10여 년 동안 태자의 스승으로 있었다. 주원장은 그가 68세가 되어 벼슬을 그만두고 고향으로 내려갈 때 비단을 하사하며 100세가 되면 옷을 지어 입으라고 할 정도로 신임이 두터웠다. 또한 자신의 입으로도 "송렴은 19년 동안 내 앞에서 한 번도 거짓말을 하거나 남을 험담한 적이 없는 진정한 현인"이라며 극찬을 아끼지 않았다.

그러나 태자가 호유용 사건에 연루되었다는 소리를 듣고 주원장은 송렴의 고향으로 군대를 보내 그를 잡아들였다. 결국 화가 송렴에게까지 미치자 마황후는 근심이 태산 같았다. 일반 백성도 자녀에게 스승을 공경하라고 가르치는데 하물며 황실의 스승을 역적으로 몰아 죽게 할 수는 없는 일이었다.

"그토록 어질고 정직한 분이 어찌 법에 어긋나는 일을 할 수 있겠습니까? 게다가 그분은 70살도 넘는 노인으로 여태껏 시골에 묻혀 살았는데 이 일을 어떻게 알겠습니까?"

마황후는 하루빨리 송렴을 석방하도록 수도 없이 애원했으나 주원장은 기어이 그를 죽이려 했다. 낙심한 그녀는 남편과 함께 식사할 때 자신의 밥상에는 절대로 술과 고기 요리는 놓지 말라고 시켰다. 주원장은 밥상을 앞에 두고 젓가락도 들지 않은 채 슬픈 얼굴을 한 아내에게 그 이유를 물었다.

"송렴 선생님의 명복을 비는 겁니다. 그분은 저의 아들에게 글을 가르쳐주었지만 결국은 그로 인해 목숨을 잃게 되었군요."

주원장은 황후의 눈물을 보고 젓가락을 내려놓으면서 짜증스럽게 말했다.

"그럼 그 사람을 사면하리다!"

이튿날 특별사면을 받은 송렴은 사천으로 귀양살이를 떠나게 되었다. 그러나 그가 유배지로 가는 도중 결국 객사했다는 비보가 날아들었다. 마황후는 극심한 충격을 받았다. 여기에 또 아들과 딸들까지 방탕하고 사치스러운 생활에 빠져드는 것을 보고는 마음의 병이 더욱더 깊어졌다.

"우나라 순임금도 오막살이에서 살았고, 하나라 우왕과 주나라 문왕도 해진 옷을 입고 살았다. 그런데 너희는 무엇이 부족해서 황실의 자손이 사치와 향락에 젖어 산다는 소리가 들리는 것이냐? 사치와 행락은 못난 자들이나 추구하는 나쁜 버릇이다. 너희들은 스승과 가까이 지내며 좋은 친구들을 널리 사귀고 성현의 도를 따라 배워 큰 뜻을 품어야 한다."

마황후는 자식들을 불러놓고 엄격하게 다그치며 학문에만 힘쓰도록 신신당부를 했다. 그러나 이미 남부러울 것 없는 권력과 지위를 누리며 호화로운 생활에 젖어든 자손의 행동은 그녀 뜻과는 어긋나기만 했다.

1382년 8월 마황후는 피로와 근심이 쌓이고 쌓여 병들어 누운 후 다시는 일어나지 못했다. 주원장은 온 나라에 이름이 알려진 명의들을 불러다 어떻게든 그녀의 병을 고쳐보려고 했다. 그러나 마황후는 한사코 치료를 거부했다.

"죽고 사는 것은 천명에 달렸으니 제아무리 명의라 한들 죽어가는 사람의 병을 어찌할 수는 없을 것입니다. 그리고 저를 치료했다가 효과가 없으면 당신이 또 그들을 죽일 게 뻔한데 그러면 저는 죽어서도 눈을 감지 못할 것입니다."

마황후의 말 한마디 한마디는 주원장의 돌 같은 마음에 비수가 되어 꽂혔다. 그녀의 병세가 악화하자 주원장은 죽기 전에 소원이 있으면 들어주겠다고 했다. 마황후는 힘없이 남편의 손을 잡고 간절하게 말했다.

"폐하께서 현인과 신하의 충고를 귀담아들으시고 밝은 정치를 시행하여 나라가 부강해지게 하고, 우리 아들딸의 품성을 잘 살피시어 폐하의 업적을 계승하도록 잘 가르쳐주시기를 바랍니다. 당신이 신중하게 나라를 다스리고 자식을 선량한 사람이 되게 교육하시며 백성이 편안히 살 수 있게 하신다면 저는 죽어서도 당신과 함께 사는 것 같을 것입니다."

며칠 후 황후는 51세를 일기로 세상을 떠났다. 주원장과 결혼한 지 31년째 되던 해였다. 그녀가 죽자 신하는 물론 백성까지도 어머니를 잃은 비통함에 잠겼다. 그토록 잔인하고 냉혹한 성격의 주원장도 조강지처를 잃은 슬픔을 이기지 못했다. 그는 죽는 날까지 다른 황후를 책봉하지 않았다.

"황후는 줄곧 궁궐의 모범이었고 세상 모든 여인의 본보기였다. 그녀는 나를 도와 나라를 다스리고 나의 자손들을 가르쳤다. 황후는 품성이 아름답기로 세상에 둘도 없는 여인이었다. 그 품성과 정신은 영원히 남으리라."

마황후가 죽은 뒤 주원장이 사서에 기록하게 한 말이다. 다소 과장된 표현일 수는 있지만, 그녀를 향한 주원장의 사랑이 여실히 느껴지는 대목이다.

오늘날에도 많은 중국인은 그녀를 진정한 국모의 이미지로 기억하고 있다.

비운의 킹메이커,
원경왕후

원경왕후는 태종 이방원이 왕좌를 차지하는 데 결정적인 역할을 했다. 그녀의 동생 민무질, 민무구 형제도 1, 2차 왕자의 난에서 큰 공을 세웠다.

정도전은 태종 이방원의 최대 숙적이었다. 그녀는 정도전이 사병 혁파를 내세워 왕족의 무기를 압수하여 불태울 것을 예측하고 집 안에 있던 무기를 은밀히 숨겼다. 이방원은 이 무기를 이용하여 정도전을 살해하고 태조를 무력화시킨 후 마침내 정종에게서 보위를 넘겨받았다.

좋은 날은 여기까지였다. 태종이 왕권을 차지하게 된 데는 처가인 민씨 가문의 도움이 절대적이었다. 장인 민제는 그가 정치적인 세력을 구축하기까지 물심양면으로 후원을 아끼지 않았다. 그러나 태종은 즉위 초부터 외척을 견제하려는 의도를 노골적으로 내비쳤다.

원경왕후는 자존심이 매우 강한 여성이었다. 그녀는 민씨 일문에게도 일정한 권력 지분을 요구했으나 태종은 이를 무시했다. 정치적으로나 인간적으로나 그녀는 철저히 버림받은 신세였다. 게다가 하필 태종이 가장 총애하는 후궁이 그녀의 여종이었던 효빈 김씨였다. 태종은 이에 강한 불만을 표출하는 그녀에게 보란 듯이 11명의 후궁을 들여 8남 13

녀를 낳게 했다.

부부간의 갈등이 극에 달한 건 민무구, 민무질 형제의 옥사 사건이었다. 태종은 민무구 형제와 세자 양녕대군의 관계를 의심하고 있었다. 어린 시절 외가에서 자란 양녕대군은 외삼촌들에 대한 애착이 각별했다. 태종은 돌연 양위를 선언하고 민무구 형제의 반응을 살피도록 은밀히 사람을 보냈다. 그러자 형제가 몹시 기뻐했다는 보고가 들어왔다. 격분한 태종은 그들을 제주도로 귀양 보낸 뒤 자진을 명하기에 이른다. 원경왕후에게는 친정과 연을 끊도록 엄명을 내렸다. 그녀의 친정아버지도 이 와중에 병을 얻어 세상을 떠났다.

처가에 대한 태종의 경계심은 끝이 없었다. 몇 년 후에는 원경왕후의 남은 두 동생마저 억울한 누명을 쓰고 옥에 갇혔다. 이때 양녕대군이 외숙들의 편을 들고 나서자 태종은 그들을 더욱더 의심하게 되었다. 장차 세자가 보위에 오르면 외척의 농간에 휘둘려 정사를 그르칠지도 모른다 생각한 것이다.

태종은 민씨 형제가 과거 효빈 김씨 소생의 왕자들을 죽이려고 했다는 죄를 씌워 그들을 잔혹하게 고문하고 원주와 청주로 귀양 보냈다. 원경왕후는 식음을 전폐하고 친정에 대한 무자비한 탄압에 항의했으나 태종은 요지부동이었다. 그는 결국 두 처남에게도 자결을 명했다. 그 충격으로 친정어머니까지 세상을 떠나자 원경왕후는 거의 넋이 나갔다.

태종은 아예 그녀를 폐출시킬 계획까지 세웠으나 중신들의 반대로 뜻을 접었다. 1420년(세종 2년) 7월, 원경왕후 민씨는 수강궁 별전에서 끝내 울화를 이기지 못한 채 눈을 감았다. 향년 56세였다. 그녀가 세상을 떠난 지 2년 후에 태종도 숨을 거두고 헌릉에 합장되었다.

2부

황제의 배우자에서
절대군주로

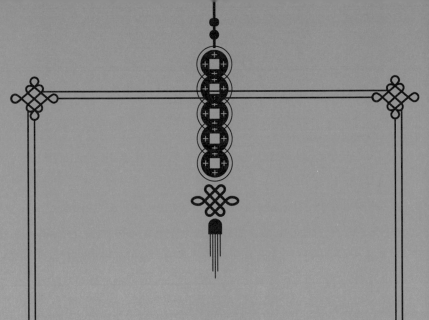

4장

풍태후

[馮太后]

탁월한 리더십을 지닌 가면의 정치가

간추린 중국사

서기 304년 남흉노의 족장인 유연이 5부를 통합하여 한나라를 점거하면서 중국은 흉노, 선비, 갈, 저, 강 등 북쪽 변방의 이민족과 한족이 세운 크고 작은 왕조가 충돌하며 흥망성쇠를 거듭하는 이른바 '5호16국시대'로 접어들었다.

북위의 태무제 탁발도가 장강 이북 지역을 통일한 439년까지 135년간 지속된 이 혼란기에는 경제가 심각하게 파탄 나고 수많은 유민이 발생했다. 또한 강성한 국가가 약소국을 정복한다 해도 야만적인 통치를 했기 때문에 백성의 저항이 극심하여 그 세력을 오래 지탱할 수가 없었다.

150년간 존속한 북위는 북연을 멸망시키고 선비족이 세운 나라로 한때 고구려와 세력을 다투기도 했다.

그녀의 프로필

북위 문성제 탁발준(440~465)의 황후. 본명은 풍유(馮有).

그녀는 탁월한 리더십을 가진 정치가였다. 중국의 역사학자들은 집권 후 35년간 북위의 실질적인 통치자로서 나라를 다스리며 정치, 경제, 문화면에서 눈부신 발전을 일궈낸 그녀의 개혁정신을 높이 사고 있다. 그러나 이러한 정치적 업적 뒤에는 치정과 권모술수가 난무했고, 이는 그녀의 오점으로 남았다.

여자의 몸으로 최고의 자리를 지키기 위해 그녀는 수시로 가면을 바꿨다. 때로는 피를 부르는 잔인함으로, 때로는 여성 특유의 포용력으로 자신의 세력 기반을 확장하며 마침내 승자가 된 보기 드문 정치 감각의 소유자였다.

그녀가 바로 북조 역사상 가장 유명한 황후 문성문명태후 풍(馮)씨다.

탁월한 리더십을 지닌 가면의 정치가,
풍태후

✦ 황태후는 스물네 살

서기 432년, 북연(北燕) 왕 풍홍의 아들들이 북위(北魏)의 제3대 황제인 태무제에게 나라를 통째로 바치고 투항했다. 이로써 북위는 중국 역사상 가장 극심한 혼란기였던 5호16국시대를 마감하고 화북 일대를 평정한 강국으로 부상하게 된다.

태무제는 투항한 북연 왕의 세 아들에게 작위를 주고 영지를 내리는 등 융숭하게 대접해주었다. 북연은 한족이 세운 나라였고 북위는 선비족의 나라였다. 2대 왕 풍홍이 즉위하면서 쇠퇴일로를 걷던 북연은 북위의 침공을 감당하기에는 역부족이었다. 풍홍은 북위와 군신 관계를 맺고서라도 나라의 안전을 보장받기 원했지만, 거절당하는 수모를 겪었다. 그러자 그는 궁궐에 불을 지르고 고구려로 망명해버렸다. 태무제는 즉각 정벌에 나섰고 남아 있던 풍홍의 아들들이 변변한 저항도 못 해보고 투항하는 바람에 북연은 완전히 패망하게 된 것이다.

 이 무렵 고구려 장수왕은 송나라와 북위와의 사이에서 등거리 외교를 펼치며 승승장구하던 중이었다. 장수왕은 당장 북연 왕을 내놓지 않으면 고구려로 군대를 끌고 쳐들어오겠다는 북위 조정의 협박에도 굴하지 않고 그를 보호해주었다. 그러나 그가 은밀히 송나라와 내통하고 있다는 사실을 알고는 가차 없이 처단해버렸다.
 이듬해 풍홍의 둘째 아들인 풍랑의 아내가 장안에서 세 번째 딸을 낳았다. 그런데 얼마 후 풍랑이 반역죄로 몰려 살해당하면서 가족에게도 재앙이 닥쳤다. 당시 북위의 제도에 의하면 죄인의 남자 가족은 몰살을 당하고, 여자 가족은 궁궐의 노비가 되는 게 관례였다. 풍랑의 어린 딸은 다행히도 이런 액운에서 벗어나 고모와 함께 후궁에서 살게 되었다.
 그녀의 고모 풍소의는 북연이 멸망하기 전 태무제의 후궁으로 바쳐진 공녀였다. 풍소의는 한족 문화에 대한 지식이 풍부한 데다 성품이 선량하고 인자했다. 태무제는 그녀를 특별히 총애하여 무고한 어린 조카에게 사면령을 내려준 것이다. 풍씨는 그녀의 알뜰한 보살핌 속에서 한족의 전통적인 문화 교육을 받으며 궁중 생활에 적응해갔다. 이 아이가 바로 훗날의 풍태후다.

 어린 풍씨는 세상과 동떨어진 궁궐 안에서 서로 물고 뜯고 속이는 권력의 온갖 비리와 술수를 보면서 자랐다. 또한 그 복잡한 환경에서 자신을 보호하고 살아남는 법을 배웠다.

452년, 문성제가 태무제의 뒤를 이어 북위의 제4대 황제로 즉위할 때 풍씨는 열다섯의 나이로 귀인이 되었다. 문성제는 태무제의 장손이다. 풍씨가 문성제의 후궁으로 봉해진 것은 고모인 풍소의의 영향력이 크게 작용했다.

문성제는 무척 총명하고 영민한 군주였다. 그는 즉위 후, 오랜 전쟁으로 인해 국력이 쇠약해진 태무제 시기의 혼란을 수습하고 경제를 살리는 데 주력했다. 또한 조세와 부역을 감면하며 백성의 생활을 안정시키는 과감한 정책을 시행했다. 그 결과 비교적 짧은 기간에 민심의 폭넓은 지지를 얻었다.

문성제는 귀인 풍씨보다 나이가 한 살 위였다. 두 사람은 여러모로 통하는 게 많았다. 문성제의 아버지는 태자 시절 모종의 정치적 사건에 휘말려 사형을 당했다. 풍씨는 그 설움과 공포가 어떤 것인지를 너무나 잘 알고 있었다. 아픔을 공유한다는 건 크나큰 위안이었다. 두 사람은 마치 친남매처럼 서로 의지하며 살았다. 3년 후, 풍씨는 귀인에서 황후로 책봉되었다. 풍황후와 문성제는 이후 10년 동안 더없이 행복한 세월을 보냈다.

465년 5월, 문성제는 갑자기 병이 들어 시름시름 앓다가 결국 세상을 뜨게 되었다. 그의 나이 불과 25세 되던 해였다. 풍황후에게는 청천벽력이나 다름없는 일이었다.

국왕이 사망한 뒤 3일이 지나면 생전에 입던 옷과 물품을 모두 불태워버리는 풍습이 있었다. 풍황후는 이때 문성제가 생전에 쓰던 기물을 불태우는 것을 보며 통곡하다가 불 속에 뛰어들어 죽으려고 했을 정도로 그를 사랑했다.

　시련은 때로 엉뚱한 방향으로 사람의 운명을 바꿔놓는다. 문성제가
세상을 뜬 후 12세의 황태자 탁발홍이 헌문제로 즉위하고 황후 풍씨
는 24세에 황태후가 되었다. 어린 황제의 등극으로 북위 조정이 강렬
한 정치 폭풍에 휘말릴 것은 자명했다. 젊은 황태후의 정치적 역량이
서서히 윤곽을 드러내기 시작한 것도 바로 이 정치 폭풍 속에서였다.

✦ 위기에 대처하는 그녀의 놀라운 순발력

　문성제의 갑작스러운 죽음으로 풍태후가 실의에 빠져 있을 때 북위
정권의 실세로 등장한 사람은 을불족 출신의 망명 정객 을혼이었다.

　북위가 세워진 후 을불 부족의 추장들이 대거 투항했는데 을혼의 일
족들이 언제 북위에 귀속했는지는 사료에 분명히 기록되어 있지 않다.
분명한 것은 이미 문성제 때 을혼은 차기대장군과 태원왕으로 발탁되
는 등 정치적 세력 기반을 구축하고 있었다는 사실이다.

　을혼은 성질이 광폭하고 권력욕이 강한 인물이었다. 그는 어린 헌문
제가 즉위하고 황태후가 조정의 정권을 장악하지 못한 틈을 타서 북위
정권을 전복시키려는 음모를 꾸몄다. 우선 거짓 조서를 꾸며 자신의
앞길에 방해가 되는 조정 대신 제거에 나섰다. 국상으로 조정이 어수
선할 때 유력한 대신들이 차례로 을혼의 심복에게 목숨을 잃었다.

　을혼은 반대파를 모두 살해한 뒤 어린 황제를 위협하여 일단 군권부
터 손아귀에 넣었다. 다음으로 그가 원한 것은 조정의 전권을 휘두를

수 있는 승상 자리였다. 양손에 칼을 쥔 을혼은 갈수록 횡포해졌다. 자기에게 아첨하는 자들은 수족으로 삼아 조정의 핵심 요직에 배치했으며 그렇지 않으면 적으로 간주해 무참한 보복을 가했다. 그의 폭정은 근 6개월 동안 이어졌고 사람들은 공포에 떨었다.

황태후 풍씨는 이때 뭘 하고 있었을까? 섣부른 행동은 죽음으로 가는 지름길이었다. 그녀는 별궁에 틀어박혀 일체의 움직임을 보이지 않았다. 사람들은 그녀가 겁에 질린 나머지 바짝 엎드려 있다고 여겼다.

"나는 아무것도 모르는 여자의 몸이고 황제는 어려서 아직 세상 물정을 깨우치지 못했소. 경은 부디 우리 황실과 조정을 위해 힘써주시오."

황태후 풍씨는 문안 인사를 온 을혼을 태연히 맞이하며 그의 노고 아닌 노고를 위로하는 척했다. 그런 한편으로는 은밀히 조정의 동향을 살펴가며 때가 오기만을 기다렸다. 위기에 대처하는 비상한 침착성은 일찍이 궁중생활을 하면서 터득한 그녀 나름의 생존법이었다.

얼마 후, 황족인 순양공 탁발욱이 을혼의 만행에 불만을 품고 그를 죽이려다가 기밀이 누설되어 오히려 살해당하는 일이 벌어졌다. 황태후 풍씨는 이에 대해서도 겉으로는 전혀 아무런 내색을 하지 않았다.

"을혼이 함부로 사람을 죽여 조정 여론이 갈수록 악화하고 있습니다. 이럴 때 황실의 웃어른이신 태후마마께서 태도를 분명히 밝히시지 않으면 또 다른 반란 세력이 나타날지도 모릅니다."

신하 중 몇몇이 황태후의 결단을 요구했지만, 그녀는 여전히 묵묵부

답이었다.

문성제가 죽은 이듬해 2월, 마침내 을혼이 반란군을 일으켜 황궁으로 쳐들어오고 있다는 급보가 전해졌다. 그러나 조정 대신들은 이 긴급한 사태에 어떻게 대처해야 할지 몰라 우왕좌왕할 뿐이었다. 풍태후는 시중 탁발비가 별궁으로 찾아와 상황을 알리자 신속히 대응에 나섰다.

"민심이 그를 떠났으니 하늘은 우리 편이다. 반란군의 수괴를 즉각 처단하여 황제의 안위를 도모하라!"

풍태후가 직접 조정에 나아가 탁발비를 진압군 대장으로 임명하며 단호한 의지를 표명하니 궁궐 안은 이를 지지하는 함성으로 가득했다. 인심을 잃고 날뛰던 을혼의 반란은 쉽사리 진압되었다. 풍태후는 을혼을 제외한 동조 세력에게는 죄를 추궁하지 않았다. 을혼이 판치던 시절에는 그 기세가 워낙 등등했기 때문에 누구라도 제 목소리를 내긴 힘들었으리란 걸 충분히 짐작할 수 있는 상황이었다. 풍태후는 일일이 그들을 단죄하는 것보다는 국정의 안정이 시급한 문제라고 판단하여 사소한 비리는 눈감아주기로 했다. 국정의 혼란과 공백을 가중하지 않으려면 그들을 정치적으로 끌어안는 행동이 필요하다고 본 것이다.

이때부터 약 1년 반 동안 풍태후의 섭정이 시작되었다. 일단 그녀는 과거 문성제를 옹립하는 데 공로가 있는 원로 대신 원하에게 군권을 일임하고, 을혼의 회유에도 불구하고 북위 황실에 충성했던 한족 관리들을 조정에 등용하는 등 조정의 요직을 개편하고 대폭적인 물갈이에 나섰다. 이로써 정국은 점차 안정을 되찾았고 북위 황실은 존폐 위기에서 벗어나게 되었다.

다음 해인 467년 8월에 헌문제의 부인 이씨가 아들을 낳았다. 아이의 탄생으로 황궁은 축제 분위기였다. 특히 풍태후의 기쁨은 이만저만이 아니었다. 그녀는 황손이 태어나자 마치 자신의 아이를 얻은 듯이 즐거워했다. 황손 탁발굉은 죽은 풍태후의 남편인 문성제를 쏙 빼닮았다. 그녀는 아이가 점점 자랄수록 지극한 모성애를 느꼈다. 이때부터는 아이를 돌보는 재미에 푹 빠져 나랏일을 돌보는 데도 별 관심을 두지 않았다.

"앞으로는 황제께서 직접 정사를 주관하도록 하세요. 조정의 일이야 충성스러운 여러 대신이 있으니 염려될 게 없으니, 나는 손자 키우는 일에나 전념하며 보람을 얻을까 합니다."

마침내 풍태후는 정권을 헌문제에게 넘기고 별궁으로 물러앉았다. 표면적으로는 적절한 시기에 당연하게 이루어진 정권이양이었다. 그러나 풍태후는 정치에서 완전히 손을 놓은 게 아니었다.

헌문제는 문성제의 장자로, 풍씨를 어머니로 모셨지만 풍씨의 친아들은 아니었다. 그를 낳아준 생모는 돈구왕 이준의 누이동생인데 아들이 태자로 책봉되자 법규에 따라 사사되었다. 후비가 낳은 아들이 황태자로 책봉되면 그 생모를 죽이는 악법이 시행된 것은 북위의 초대 황제인 탁발규 때부터였다. 헌문제는 외척의 정권 장악을 방지한다는 명목으로 정해진 이 법에 따라 세 살 때 생모를 잃고 줄곧 할머니 품에서 자랐다.

억울하게 죽은 생모에 대한 비통함 때문이었을까. 헌문제는 강력한 군주가 되기를 원했다. 그는 직접 정사를 주관하게 되자 조정의 물갈이부터 시작하여 세력 규합에 나섰다. 강력한 왕권을 행사하려면 무엇보다도 먼저 풍태후의 그늘에서 벗어날 필요가 있었다.

일단 섭정 시절 풍태후의 신임을 받았던 중신을 배척하고 재야로 밀려나 있던 사람들을 그 자리에 앉혔다. 문성제 시절부터 권력의 핵심인 내행장을 역임했던 설호자라는 사람은 풍태후가 섭정을 하면서 원외로 밀려난 비리대신이었다. 그는 집권 후 남쪽 지방 순행 길에 오른 헌문제를 따라가서 자신의 억울함을 호소했다.

"선대의 충신이 오랫동안 애석한 처지에 놓여 있었으니 실로 가슴 아픈 일이다."

헌문제는 설호자의 말을 듣고 즉석에서 수행시종으로 삼았으며 얼마 지나지 않아 조정의 요직에 앉혔다. 풍태후와 한마디 상의도 없이 이루어진 일이었다. 이때까지만 해도 풍태후는 크게 언짢은 기색을 내비치지 않았다. 그러나 이것은 어디까지나 표면적인 평화일 뿐이었다.

✦ 보복은 잔혹하게, 포용은 관대하게

헌문제 즉위 4년째 되던 해 가을, 상주자사 이기가 뇌물을 받았다며 그를 탄핵하는 고발장이 접수되었다. 이기는 북위의 고위 관리 집안 출신인 남부상서(국가의 기밀을 관리하고 왕명을 직접 수행하는 직책) 이부의

절친한 친구였다. 이부는 사건의 진상을 밝히라는 왕명을 받고 친구의 죄상을 은폐하는 보고서를 올렸다. 그는 자신이 헌문제가 쳐놓은 그물에 걸려든 것이란 사실은 꿈에도 몰랐다.

이때 헌문제가 노린 것은 이부의 동생 이혁이었다. 당시 풍태후가 젊고 잘생긴 궁중 남자를 '면수'로 삼고 있다는 소문이 궁궐 안팎에 은밀히 퍼져 있었다. 면수란, 귀족 부인의 노리개란 뜻이다. 이부의 동생 이혁은 풍태후가 가장 총애하던 면수였다.

헌문제는 이부가 이기와는 둘도 없는 친구 사이란 점을 알고 그를 조사관으로 기용했다. 그는 이부가 쓴 보고서의 내용을 신뢰할 수 없다며 즉각 그를 조사관직에서 해임했다. 교체된 사건 담당관은 황제의 의중을 간파하고 한편으론 이기를 회유하면서 이부의 죄상을 크게 부풀렸다. 털어서 먼지 안 나는 사람 없다고 했다.

이기는 이부와 그 친척들의 비리 20여 가지가 담긴 자술서를 쓰고서야 풀려났다. 제 한 몸 살겠다고 친구를 사지로 내몬 것이었다. 그해 겨울, 이부와 이혁은 감옥에서 살해되었으며 이혁의 사촌 동생 이현덕과 매부 송숙진도 동시에 목숨을 잃었다.

풍태후는 이 와중에도 신중함을 잃지 않았다. 그녀는 헌문제가 자신을 압박하기 위해 이혁을 살해했다는 사실을 알면서도 보복을 서두르지 않았다. 대신에 교묘하게 황제를 정치적으로 고립시켰다. 풍태후를 지지하는 세력들은 곳곳에 깔려 있었다. 그들은 사사건건 황제의 뜻을 반대하며 정사에 비협조적인 태도로 일관했다. 자연 조정에는 되는 일도 없었고 안 되는 일도 없었다. 헌문제는 이 모든 게 풍태후의 배후 조종 때문이란 것을 알고 있었다. 이제 남은 것은 정면승부밖에 없었다.

즉위 5년째 되던 해, 헌문제는 숙부인 경조왕 탁발자추에게 제위를 양도하겠다는 뜻을 밝혔다. 그러나 이것은 황제로서 자신의 역량을 재신임받겠다는 일종의 정치적 도발이었다. 그런데 막상 그가 양위의 뜻을 밝히자 조정 여론은 엉뚱한 방향으로 흘러갔다. 군신들은 저마다 탁발자추에게 제위를 양도하는 것에는 반대하면서도 아버지가 아들에게 선위하는 것이 순리라는 주장만을 내세웠다. 그러니까 황제는 물러나도 상관없지만, 그 자리를 이어받을 사람은 태자가 아니면 안 된다는 논리였다.

471년 8월, 한창 일할 나이의 젊고 패기 있는 황제가 5살도 채 못 되는 어린 아들 탁발굉에게 자리를 내주고 태상황으로 물러앉는 중국 역사상 초유의 사건이 벌어졌다. 이로부터 5년간 풍태후와 태상황의 치열한 권력 다툼은 불가피한 현실이 되고 말았다.

헌문제는 태상황이 된 후에도 모든 국사에 참여하려 했다. 칙령을 내려 정치, 경제 등의 국가대사를 직접 처리했을 뿐만 아니라 군대를 거느리고 변방의 외적들을 토벌하러 나가는가 하면 평화 시에는 수시로 남쪽을 순행하며 민심을 살폈다. 어차피 6대 황제로 즉위한 효문제 탁발굉은 꼭두각시였기 때문에 태상황의 섭정에는 확실한 명분이 있었다.

그러나 이러한 그의 행동은 풍태후의 집권 야욕에 불을 지피는 결과를 초래했다. 475년 10월, 태상황은 평성 북쪽 교외에서 대대적인 열병식을 했다. 이로써 자신의 위세를 만방에 과시하고 풍태후의 기를 꺾어보겠다는 심산에서였다. 마침내 위기의식을 느낀 풍태후는 태상황을 살해하려는 결심을 굳히고 8개월간의 치밀한 준비에 들어간다.

476년 6월, 풍태후는 태상황이 순행에서 돌아오는 때를 맞춰 궁중 안팎에 군사들을 매복시켰다. 태상황 헌문제는 궁궐 문을 들어서는 순간 자객의 손에 목숨을 잃었다.

다음날, 풍태후는 대사면령을 내리고 연호를 승명 원년으로 고쳤다. 이어 태상황의 최측근인 대장군 안성왕 만안국을 자결시켰다. 또 이 정변에서 공을 세운 정서대장군 안악왕 탁발장악과 남평공 목신을 주축으로 하는 개각을 단행하여 다시금 조정의 대권을 장악하는 데 성공한다.

정변의 마무리는 신속하게 이루어졌어도 사회는 극심한 혼란에 빠졌다. 태상황이 풍태후에 의해 살해되었다는 소식이 퍼지자 민심은 뒤숭숭해졌고 헌문제를 따르는 세력의 저항도 만만치 않았다. 그러나 풍태후는 여성 특유의 너그러운 기질을 발휘하여 민심을 안정시켰다. 일례로 누제라는 사람은 당시 내삼랑의 벼슬을 하고 있었는데 헌문제의 측근이었다. 그는 정변이 일어난 후 사람들 앞에서 대성통곡하며 검을 뽑아들었다.

"군주가 승하하셨는데 살아서 무엇하랴!"

누제는 죽음으로 충성을 다하겠다며 그 검으로 자신을 목을 찔렀으나 다행히 죽지는 않았다. 풍태후가 이 이야기를 전해 듣고는 친히 칙령을 내려 그를 표창하면서 상으로 비단 200필을 하사함으로써 헌문제의 남은 세력을 감복시켰다.

또 항주 사람 왕현위는 태상황이 살해되었다는 말을 들은 후 주성문 밖에 초가집을 짓고 상복을 입은 채 수시로 곡을 했다. 헌문제의 기일에는 재산을 팔아 백승도량을 차려놓고 불사를 올리기까지 했다. 풍태후는 이 사실을 알고 3년 상이 끝날 무렵 흰 비단으로 만든 관복을 그에게 하사하여 상복을 벗게 했다.

풍태후의 이런 행동은 정치가로서의 도량을 보여주었을 뿐만 아니라 민심을 안정시키는 작용도 했다. 그녀는 정국을 신속히 안정시키고 민심을 다독거리기 위해 헌문제가 살해된 지 두 달 후에는 직접 망령을 제도하는 성대한 법회까지 연출했다.

역사상 대부분의 황태후가 집권한 후에는 환관을 자기의 심복으로 삼았다. 풍태후도 예외는 아니었다. 환관은 그 직무상 늘 황제와 후비 주위에서 생활하는 사람이었다. 풍태후는 조정을 통제하기 위해서 후한 재물로 환관들의 충성심을 끌어냈다. 그런 한편으로는 환관의 방종을 경계하려 사소한 잘못이 있어도 볼기를 쳤다. 이렇듯 엄한 단속에 환관들은 감히 권세를 이용해 제멋대로 행패를 부리지는 못했다.

충성스러운 환관 외에 풍태후가 자신의 권력을 확고히 다지기 위해 심복으로 삼은 대상은 면수였다. 그녀는 재능과 학식이 뛰어난 미남자들을 자신의 면수로 삼아 조정으로 끌어들였다.

북위에서 손꼽히는 정치가 중 한 사람이었던 이충도 풍태후가 총애하는 면수였다. 이충은 외모뿐만 아니라 재능과 학식도 비범한 인물이었다. 풍태후 시절 단행된 여러 가지 개혁제도는 대부분 이충의 작품이다. 그 대표적인 예로 '반록제'와 '균전제'를 들 수 있다.

✦ 부드러운 듯 강하고, 강한 듯 부드럽게

이전까지 북위는 중앙관리와 지방관리에게 별도로 봉급을 주지 않았다. 북위 정권을 세운 선비 탁발족은 여기저기로 옮겨다니면서 수렵을 업으로 삼던 유목 민족이었다. 그들은 약탈 전쟁을 통해 부족한 물자를 조달해왔다.

전쟁이 끝나면 북위 황제는 신하들에게 전공에 따라 약탈한 전리품을 상으로 주었다. 그러나 북위가 중원 이북을 통일한 뒤부터는 전쟁이 줄었고 자연히 관리의 수입도 줄어들었다. 관리는 그렇게 줄어든 수입을 뇌물과 수탈로 챙기려 들었다.

풍태후는 정부에서 일률적으로 관리의 봉급을 정해줌으로써 탐관오리의 횡포로부터 백성을 보호했다. 구체적 방법은 원래의 호세 외에 천 3필과 좁쌀 2섬 9말을 더 받아들여 정부에서 관품의 고저에 따라 정기적으로 관리들에게 봉록을 내리는 것이었다. 북위 정부는 이와 함께 뇌물을 받고 나라의 법률을 위반한 자는 무조건 사형에 처한다는 규정을 발표했다.

반록제의 실시는 당시로선 획기적인 개혁 조치였다. 이를 둘러싸고 보수와 진보 세력 간의 갈등이 빚어지는 것은 당연한 일이었다. 회남왕 탁발타를 비롯한 일부 선비족 대신들은 구풍을 그대로 유지할 것을 강력히 주장했다. 그들에게는 나라에서 주는 봉급만으로 살아가는 것보다는 부정한 수단으로 잇속을 채우는 게 훨씬 더 편안하고 풍족하게 생활을 영위하는 방법이었다.

그러나 한족 출신의 개혁파는 이 새로운 제도에 대해 민간의 열띤 호응과 관심이 집중되고 있다는 사실을 강조하며 풍태후 편에 섰다. 그녀는 조정 대신을 한자리에 모아놓고 이 문제를 공개토론에 부쳤다.

"만일 관리들에게 녹봉을 주지 않는다면 물욕에 눈이 어두운 자들은 갖은 행패를 부리게 되고 청렴한 관리들은 기본 생활도 유지하기 어렵게 될 것입니다. 반록제를 실시하면서부터 온 백성의 원성이 사라졌는데 자꾸 반대하는 이유가 무엇입니까?"

한족 대신이며 중서감인 고려는 반록제를 지지하는 발언을 하며 그 증거를 조목조목 제시했다. 그러자 많은 대신이 고려의 주장에 공감의 뜻을 나타냈다. 결과는 풍태후의 승리였다.

"각지에 사람을 파견하여 법을 위반한 관리들을 적발하도록 하라!"

곧 풍태후의 엄명이 떨어졌다. 이해 가을에만 뇌물을 받은 죄로 사형당한 자사와 군수가 40여 명이나 되었다. 그중에는 진주와 익주 자사로 있던 헌문제의 외삼촌 이홍지도 포함되어 있었다. 그는 외척의 권세를 믿고 뇌물을 받았다가 제일 먼저 적발되었다. 이홍지가 평성으로 압송되었을 때 효문제는 친히 그를 심문한 후 사약을 내렸다. 이후부터는 함부로 뇌물을 탐하며 백성을 괴롭히는 탐관오리가 고개를 들지 못하는 세상이 되었다.

반록제가 성공하자 풍태후는 또 한 가지 중요한 개혁을 단행한다. 바로 균전제의 시행이다. 균전제는 중국 봉건사회의 틀을 깨는 혁신적인 토지제도였다. 이 제도는 북위로부터 시작되어 북제, 북주, 수, 당에 이르기까지 근 300년 동안이나 중국의 경제정책에 큰 변수로 작용하게 된다.

균전제란, 성인이 된 15세 이상의 남녀에게 국가가 일정한 양의 토지를 나눠주는 제도였다. 이 시기는 북위가 유목경제에서 농경사회로 진입한 초기였기 때문에 주인 없는 황무지가 국토의 상당 부분을 차지하고 있었다. 풍태후는 관청 소유인 황무지를 직접 농사를 지을 수 있는 농민에게 나눠줌으로써 국가 경제를 활성화하고 사회적 안정을 이루었다.

그 무렵 해마다 계속되는 기근과 재해로 신음하던 농민 중에는 집과 처자식까지 팔아먹고 산적이 되거나 유랑민으로 떠돌아다니는 사람이 많았다. 정부의 혹독한 조세와 부역에 항거하는 농민의 폭동도 심심찮게 일어나던 때였다. 바로 이러할 때 균전제의 시행은 농토를 이탈한 농민의 감소로 인한 국가 경제의 손실을 회복하는 것은 물론 정권의 안정을 도모하는 일거양득의 효과를 가져왔다.

풍태후는 이와 함께 호적제도를 실시하여 호적에 따른 토지 분배를 시행하고 인구의 정확한 통계와 국가의 재정 수입을 확보하는 방안을 마련하는 등 여러 가지 획기적인 조치를 잇달아 단행하여 조정 안팎의 내실을 다졌다.

14년간의 집정 동안 풍태후는 사회 곳곳에 남아 있는 구태와 악습을 몰아내는 데 주력했다. 사상 문화면에서의 개혁도 예외는 아니었다. 북위 초기에는 전쟁이 빈번하여 역대 황제들은 영토를 확장하고 나라를 다스리는 데만 주력하고 교육이나 문화 사업은 중시하지 않았다. 헌문제가 즉위한 후에는 중앙의 관학만 있고 지방에는 별다른 교육제도가 없었다.

풍태후는 집정 초기부터 교육을 매우 중시했다. 을혼의 반란을 평정한 후 오래지 않아 지방 곳곳에 향학을 세우도록 하라는 풍태후의 칙령에 따라 대규모 교육 사업이 펼쳐졌다. 또 황궁 안에는 황자학을 설치하여 황족 자제들 교육을 전담시켰다.

풍태후가 집정하기 전까지만 해도 북위에는 무당들이 판을 치고 있었다.

"미신은 나라에 혼란을 일으키는 근거가 된다. 상서롭지 못한 책들을 모조리 불태워버려라. 앞으로는 이런 미신 서적을 가지고 있는 자를 사형에 처하도록 한다."

풍태후는 무술(巫術)과 참위(讖緯)를 금지하는 조서를 내리고 탁발족의 원시적인 혼인 풍습 개선에 나섰다. 당시 탁발족은 아버지가 죽으면 아들이 그 계모를 아내로 삼고 형이 죽으면 동생이 그 형수를 아내로 삼았으며 동성통혼도 성행했다.

"이제부터 낡은 혼인의 풍속을 모조리 금하니 그것을 고집하는 자는 엄하게 벌한다."

탁발족의 혼인 풍속을 금지한 풍태후의 조서는 훗날 효문제가 실시한 일련의 한족화 정책의 기초가 되었다. 풍태후가 죽은 뒤 효문제는 탁발족의 복장인 호복을 금지하고 탁발족의 성씨까지 원(元)으로 고쳐 북위에 한족 문화가 뿌리내리도록 했다.

비록 그 방법은 옳지 않았고 사생활이 문란했다는 비난을 면키는 어럽겠지만 풍태후의 재집정 시기는 북위 역사상 최고의 전성기로 꼽힌다. 그녀는 부패한 관리들을 철저하게 처단했으며 청렴한 관리들에게는 후한 상을 아끼지 않았다. 또한 대의를 위해서는 인정에 흔들리지 않는 단호한 면을 보여주기도 했다.

문성제의 두 동생이 직권을 남용하여 재물을 긁어모은 죄로 고발당했을 때의 일이다. 법률에 의하면 마땅히 사형에 처해야 했다.

"두 왕이 나라의 법규를 어겼으니 법에 의하면 응당 엄벌을 가해야 합니다. 사사로운 정을 돌보고 나라의 법규를 돌보지 않는 것이 좋은지, 아니면 국기를 바로 세우는 것이 좋은지 말씀들 하시기 바랍니다."

풍태후는 효문제와 함께 황실 종친 회의를 소집하여 의견을 물었다. 황친들은 대부분 죽은 문성제의 위신을 보아서라도 그들의 죄를 너그럽게 용서하도록 청했다. 그러나 풍태후는 두 왕의 사형은 면해주지만 그들의 작위를 삭탈하고 서민으로 만들어 평생 옥에 가둔다는 명령을 내렸다.

풍태후가 탐관오리들을 엄벌하고 사사로운 정을 돌보지 않은 사실은 조정 내외에서 커다란 반향을 불러일으켰다. 이후로 관리들의 부정부패는 거의 찾아볼 수 없게 되었다.

사람을 등용하는 면에서도 풍태후는 공정함을 잃지 않았다. 친인척이라 해서 그릇이 모자란 사람을 임용하지도 않았고 관계가 소원하다고 하여 인재를 버리지도 않았다.

예를 들면 풍태후의 오빠 풍희는 어릴 때부터 말타기와 활쏘기를 즐기며 사소한 일에 매이지 않는 사람이었다. 풍태후가 두 번째로 집정하고 있을 때 효문제는 특별히 그를 존중하여 시중, 태서, 중서감으로 있으면서 비서 일을 맡아보게 했다. 풍희는 자기가 이런 중임을 감당할 수 없다는 것을 알고 외직으로 바꿔달라고 청했다. 풍태후는 두말 없이 그를 낙주자사로 보냈다.

풍태후는 인재를 잘 골라썼을 뿐만 아니라 신하들의 의견도 귀담아 들었다. 어느 해 겨울 회주성에서 반란이 일어났다. 반군은 낙주자사 풍희에 의하여 곧 진압되었다. 이때 풍태후는 회주성의 백성을 모조리 죽여버리겠다고 소리칠 만큼 격분한 상태였다. 옹주자사 장백택이 바른말을 했다.

"이미 반란은 평정되었습니다. 성내의 백성 중에는 충직하고 선량한 사람들도 많습니다. 그런데 어찌 흑백을 가르지 않고 무고한 사람들을 마구 죽이겠습니까!"

풍태후는 장백택의 말에 더는 토를 달지 않았다. 그전에 정준이란 대신이 시를 써서 풍태후의 공적을 칭송한 적이 있었다. 그는 이 시를 통해서 나라의 번영을 기원하는 동시에 해마다 계속되는 전쟁이 백성에게 가져다준 재난도 심각하게 비평했다. 시를 보고 난 풍태후는 화를 내지 않고 다음과 같이 말했다.

"조상의 공덕을 찬양한 것은 높이 살 만하지만 나 개인에 대한 칭송은 과분하다고 본다. 비평한 그 일에 대해서는 교훈으로 삼아 앞으로 삼가겠다."

부드러운 듯 강하고, 강한 듯 부드러운 여성 정치가로서 면모가 엿보이는 대목이다.

✦ 풍태후의 개혁 정치가 남긴 역사적 성과

북위는 형벌이 가혹하기로 유명했다. 예를 들면 형벌을 집행할 때 범인의 옷을 모두 벗겨놓고 심문을 하게 되어 있었다. 풍태후는 칙령을 내려 그 규정을 없애버렸다. 그리고 범인이 자백하지 않으면 목에 큰 칼을 씌운 다음 무거운 돌을 범인의 목에 걸어 놓고 장사들이 번갈아 곤장을 치게 하는 혹형이 가해졌다. 이 때문에 억울한 사람이 고문에 못 이겨 없는 죄를 인정하게 되는 경우도 있었다.

풍태후는 집정 후 비록 이 법을 완전히 폐지하지는 못했지만 확실한 증거가 있는 자를 제외하고는 큰 칼을 씌워서는 안 된다는 규정을 덧붙임으로써 혹형의 남용을 제한했다.

이 밖에도 북위 전기에는 문방지주라는 주련법이 있었다. 문방지주는 문주와 방주를 합친 말이다. 문주는 온 가문의 사람들을 죽이는 것이고, 방주는 한집의 사람들을 죽이는 것이었다. 사서에는 한 사람이 죄를 지으면 집안 전체가 화를 당한다고 기록되어 있다. 이 주련법이 폐지된 것도 풍태후 때였다. 이러한 개혁 정책들은 관리들의 법률 남용을 방지하는 데 큰 영향을 미쳤다.

풍태후는 효문제가 성년이 되자 모든 일을 그와 상의하여 결정했다. 두 사람은 할머니와 손자이기 전에 서로 손발이 잘 맞는 정치적 파트너였다. 그만큼 국정 운영의 큰 틀을 짜는 데 있어 서로 통하는 데가 많았다.

어느덧 세월은 흘러 풍태후의 나이 49세, 효문제와 함께 평성 북쪽에 있는 방산을 유람하던 중 아름다운 산등성이에 눈길을 주고 있던 그녀가 문득 입을 열었다.

"내가 죽으면 깨끗한 나무로 관을 짜서 이곳에 묻어주오. 도자기나 비단 따위는 필요 없으니 장례식도 간편하게 치르고 황제께서는 나라를 잘 다스리는 일에만 신경 쓰세요."

"갑자기 왜 그런 말씀을 하십니까?"

효문제의 표정에 당혹스러운 기색이 스쳤다. 예전의 그 아름답고 위엄이 넘치던 모습은 간데없고 병색이 짙어진 풍태후의 모습이 세월의 무상함을 느끼게 했다.

491년 9월, 문성문명태후 풍씨는 49세를 일기로 평성에서 병으로 죽는다. 효문제는 슬픔을 이기지 못하여 5일 동안 식음을 전폐하고 두문불출했다. 10월에 효문제는 풍태후를 방산의 영고릉에 안장했는데 능묘의 규모로 보나 장례의 성대함으로 보나 국왕의 예를 갖춘 것이었다. 효문제가 직접 쓴 조서 일부는 다음과 같다.

"이 산릉은 만세에 걸쳐 받들어모실 산릉이므로 역대 선황들의 능묘보다 60보를 더 넓히기로 한다. 나는 소박하게 이 땅에 묻히기 원했던 황태후의 유지를 어겼는데 이 점에 대해선 뼈저리게 생각한다."

한 나라의 통치자로서 풍태후의 일생은 극단적인 양면성을 띠고 있다. 특히 헌문제를 살해한 것은 북방의 경제와 정치 안정, 문화 부흥,

민족 융합 등 긍정적인 성과에도 불구하고 치명적인 정치적 오점으로 남았다.

시동생과 야합하여 권력을 거머쥔
우왕후

고구려 제10대 왕인 산상왕은 고국천왕의 동생으로 왕위에 올랐다. 고국천왕은 슬하에 자식이 없었다. 후사를 이을 아들이 없을 때 형제간의 왕위 상속은 당시의 자연스러운 풍습이었다. 산상왕의 경우는 그 과정이 매끄럽지가 못했다.

죽은 고국천왕에게는 '발기'라는 이름을 가진 손위 형과 동생 둘이 있었다. 발기는 무슨 문제가 있었던지 동생한테 왕위를 빼앗기고 요동 땅을 방랑하다 돌아와 궁 밖 사저에서 울분에 찬 세월을 보내고 있었다.

그러던 중 한밤중에 갑자기 우왕후가 그를 찾았다. 우씨 가문은 발기를 제치고 고국천왕을 보위에 올린 가문이었다. 그녀를 대하는 발기의 감정이 좋을 리 없었다.

왕비가 야심한 시간에 시아주버니를 찾아간 건 그럴 만한 이유가 있었다. 그녀는 아이를 낳지 못하는 몸이었다. 고국천왕은 후궁을 따로 두지 않았으므로 자연 왕위를 물려줄 아들이 없었다. 그런데 이날 밤 그가 갑작스레 죽음을 맞이한 것이었다.

우왕후 입장에서는 하늘이 무너질 노릇이었다. 당장 남편을 잃은 슬픔은 둘째 치고 장차 자신의 처지가 어떻게 될 것인지 암담했다. 그녀는 아직 젊고 아름다웠다. 생각해보면 길이 전혀 없는 것도 아니었다. 우 왕후는 자신이 궁에서 쫓겨나지 않고도 전처럼 왕비로 살 방법을 택하기로 했다.

우왕후는 아무에게도 국상을 알리지 않은 채 곱게 몸단장을 했다. 그러고는 은밀히 궁궐을 나와 우선 발기를 찾아갔다. 일단 상대의 의중을 떠보려는 속셈이었다.

"대왕께서 아직 후사가 없으니 자나 깨나 걱정입니다. 만약에 무슨 변고라도 생기면 시숙께서 보위를 이어야 하지 않겠습니까?"

발기는 어안이 벙벙했다. 한밤중에 뜬금없이 찾아와 불경스러운 이야기를 꺼내는 왕후의 심중이 의심스러웠다. 그는 그녀가 자신을 역모로 엮으려는 수작이라 여겨 싸늘하게 내뱉었다.

"하늘의 뜻은 정해져 있는 것이니 함부로 입에 올리지 마십시오. 하물며 살아 계신 대왕을 두고 보위를 운운하다니요? 왕비께서 그런 일로 밤거리를 돌아다니다니 참으로 이해할 수 없는 일이군요."

고구려에는 형이 죽으면 아우가 형수를 책임지는 형사취수제라는 제도가 있었다. 면전에서 일언지하에 타박을 당한 왕비는 속으로 콧방귀를 뀌었다.

'흥! 저 아니면 그 자리에 앉힐 사람이 없을까 봐? 나중에 땅 치고 후회나 하지 마셔.'

그녀는 그 길로 시동생 연우를 찾아갔다. 연우는 그녀를 반갑게 맞이하며 술까지 대접했다. 그제야 왕비는 왕이 죽었다는 사실을 전하며 그를 유혹했다.

"시동생과 시숙이 세 분이나 계시지만 부족한 저를 왕비로 맞아줄 분은 당신뿐인 것 같아요."

"동생이 돼서 형수를 잘 보살펴드리는 건 당연한 일이지요."

야합은 극적으로 이루어졌다. 그날 새벽 연우의 호위를 받으며 궁으로 돌아온 왕비는 이튿날 국상을 선포하고 시동생 연우에게 왕위를 잇게 하라는 거짓 유언을 전했다.

뒤늦게 두 남녀의 농간으로 또다시 보위를 빼앗긴 사실을 알게 된 발기는 반란을 일으켜 연우의 아내와 아이들, 노비들까지 모두 죽였다. 그러나 반란은 결국 실패로 끝나고 발기는 스스로 목숨을 끊었다.

산상왕 연우는 발기의 장례를 후하게 지내주어 그의 영혼을 위로했다. 그리고 약속대로 우씨를 왕비로 맞아들였다. 우왕후는 산상왕을 보위에 올려준 대가로 죽는 날까지 권력을 누렸다. 그녀는 죽음이 임박하여 다음과 같은 유언을 남겼다.

"내가 도의에 어그러진 행동을 했으니 장차 무슨 면목으로 지하에서 고국천왕을 뵙겠는가? 만일 여러 신하가 차마 구렁텅이에 빠뜨리지 못하겠다고 여긴다면 나를 산상왕릉 옆에 장사지내주기 바라오."

유언대로 그녀는 산상왕 곁에 묻혔다.

《삼국사기》에는 어느 날 무당이 고국천왕에게 계시를 받고 조정에 알렸다는 기록이 있다.

"왕께서 저에게 내려와서 말씀하기를 '어제 우씨가 산상왕에게 가는 것을 보고 분하고 화가 나는 것을 이길 수 없어 결국 함께 싸웠다. 돌아와 생각해보니 내가 차마 나라 사람들을 볼 수 없다. 네가 조정에 알려 물건으로 나를 가리게 하라'고 하셨습니다."

이에 사람들은 고국천왕의 무덤 앞에 일곱 겹의 소나무를 심어 산상왕과 우왕후의 무덤이 보이지 않도록 배려했다.

이는 고국천왕이 죽어서도 아내와 동생의 불륜으로 빚어진 형제간의 비극을 애통해할 거라 여긴 당시 사람들의 상상력이 만들어낸 인지상정의 발로라고 할 수 있다.

5장

무측천

[武則天]

중국 최초의 여성 황제

간추린 중국사

439년 북위가 화북을 통일하면서 장강 이북의 혼란은 일단락되는 듯했지만 북위는 그 후 100년도 못 되어 동위와 서위로 갈라지고 만다. 550년 동위는 멸망하여 북제가 되고, 7년 후인 557년에는 서위를 멸망시킨 북주에 의해 북제 시대도 막을 내린다.

한편, 이 무렵 장강 이남에서는 송나라와 양나라가 차례로 멸망하고 진나라가 들어서는데, 장강 북쪽에는 북위-동위, 서위-북제, 북주의 다섯 왕조가, 남쪽으로는 송-제-양-진의 네 왕조가 난립했던 439년부터 수나라 양제가 천하를 통일한 589년까지를 '남북조시대'라 한다.

수나라는 대규모 운하 사업과 고구려 원정 실패 등 심각한 정치 · 경제적 후유증을 극복하지 못하고 40년 만에 멸망하고 이후 중국은 당나라 시대로 접어들게 된다.

그녀의 프로필

무측천은 당나라 황실을 50년 가깝게 다스린 통치자로서 많은 사람에게 공포와 증오의 대상이었다. 그러나 그녀는 뛰어난 정치가이기도 했다. 유능한 인재를 적재적소에 앉히는 한편 탐욕스럽고 무능한 관리는 단호하게 내쳤다. 그로 인해 황실 귀족과 관료들의 반발을 사기도 했지만, 그녀가 한 시대를 풍미할 수 있었던 것은 광범위한 민중의 지지가 있었기 때문이다.

악의 화신, 희대의 음녀, 신비주의자에서 여성 해방론자에 이르기까지 일반적인 상식의 범주를 뛰어넘는 천의 얼굴로 당대를 호령했던 피의 권력자, 그녀가 바로 중국 역사상 전무후무한 여성 황제로 나라를 통치했던 무측천이다.

중국 최초의 여성 황제,
무측천

✦ 용의 눈과 봉황의 목을 가진 소녀

서기 624년, 당나라의 대부호이자 이주도독을 지낸 무사확(武士彠)의 집안에서 한 여자아이가 태어났다. 소녀의 이름은 무조(武照). 생모는 무사확의 두 번째 부인 양씨였다. 무사확은 전처가 죽은 뒤 고조 이연의 중매로 양씨를 맞아들였다. 양씨는 초기 당나라 정권의 대표적인 군벌 가문 태생으로 교양이 풍부하고 지혜로운 여자였다.

무사확과 양씨 사이에서 낳은 세 딸 중 둘째인 무조는 부모의 영향을 골고루 받으며 어린 시절을 보냈다. 무사확은 목재상으로 출발하여 도독 자리에까지 오른 입지전적인 인물이었다. 무조는 그런 아버지 밑에서 야심과 배짱을 키웠고 목적을 이루기 위해서는 상대를 잔인하게 밟고 일어서야 하는 야생의 법칙을 터득했다.

무사확은 여러 자식 가운데 유독 그녀를 아꼈다. 무조는 얼굴만 예쁜 게 아니라 하는 짓마다 귀엽고 야무진 데가 있었다. 때때로 그는 무조를 바라보며 '이 아이가 사내였으면 얼마나 좋을까' 하며 한숨을 내쉬기도 했다.

하루는 원천강이라는 유명한 역술가가 황궁의 부름을 받고 가는 길에 이주를 지나게 되었다. 무사확은 그를 집으로 청해 자식의 사주를 보아달라고 부탁했다.

"뭐, 아드님들은 별로 남다른 데가 없습니다."

원천강의 시큰둥한 대답에 언짢아진 무사확은 그를 떠볼 심산으로 무조에게 남자 옷을 입혀서 방으로 데려왔다. 순간 원천강의 눈빛이 달라졌다.

"얘가 정말 사내요? 용의 눈에 봉황의 목을 가졌는데 계집애라면, 장래에 임금이 될 상이구려!"

기색을 보니 일부러 없는 말을 하는 것 같지는 않았다. 무사확은 흥분을 가라앉히려 애썼다. 여자가 임금이 된다니 황당하기 그지없지만, 상상만으로도 가슴이 벅찼다.

'황제는 그렇다 치고, 황후라도 되면 그게 어딘가!'

무사확은 그런 꿈같은 얘기가 진짜 현실이 되는 경험을 해본 장본인이었다.

원래 산서성에서 목재상을 했던 그는 투기로 한몫 크게 잡았다. 수양제가 나라를 말아먹기 전 사방에 궁궐을 짓고 대운하를 파는 등 미친 짓을 하는 틈새를 파고들어 많은 돈을 긁어모은 것이다. 일개 장사꾼이 졸부가 되었으니 권력의 단맛에도 한 번 취해보고 싶었다. 무사확은 돈을 주고 영양가 없는 무관직을 산 다음 적당한 연줄을 찾았다.

그 무렵 수양제의 이종사촌인 이연이 은밀히 군대를 일으킬 준비를 하고 있다는 소리를 듣게 되었다. 수나라는 이미 가망이 없는 나라였다. 왕은 사치와 낭비를 일삼으며 무능하고 부도덕한 생활에 찌들어 있었고 백성의 분노는 폭발 직전이었다.

'난세에 군벌과 친하게 지내는 것만큼 확실한 연줄은 없겠지! 더구나 그는 왕족이니 알아둬서 나쁠 건 없잖은가!'

무사확은 상황 판단이 빠른 사람이었다. 그는 막강한 자금력과 장사를 하며 익힌 수완을 밑천으로 이연과 친분을 쌓아 집으로 종종 마실을 다닐 만큼 가까운 사이가 되었다.

얼마 후, 마침내 이연이 군사를 일으켰다. 전투에 따라 나가 공을 세운 무사확은 당나라 조정의 공부상서에 등용된다. 공부상서는 지금의 건설부 장관 정도에 해당하는 요직이다. 무사확은 이후에도 계속해서 이연의 신임을 얻어 부귀영화를 누렸다. 그에게는 정말이지 꿈같은 얘기가 현실이 된 것이나 마찬가지였다.

서기 638년, 무조는 열네 살의 나이로 당 태종 이세민(李世民)의 후궁 간택 후보자에 올랐다. 무사확이 그 소식을 들었다면 한바탕 춤이라도 추고 싶었을 테지만 그는 이미 세상을 떠난 뒤였다.

✦ 당태종을 긴장하게 만든 예언

한족의 명문가에서 소양을 쌓아온 양씨는 딸들을 기품 있는 요조숙녀로 키우기 위해 큰 노력을 했다. 둘째 무조는 세 딸 가운데 가장 미색이 뛰어났다. 성격도 자매 중에서 제일 오만하고 도도한 편이었다. 그녀가 자라면서 명문가의 자제들이 수도 없이 혼담을 청했지만 눈 하나 깜빡하지 않았다.

양씨는 딸들이 평범한 인생을 살아가기를 원했다. 그런데 어느새 소문은 황궁에까지 퍼져 관리들이 무조를 데리러 온 것이었다.

"나는 전쟁 중에 혼기를 놓치고 청춘을 외롭게 보냈다. 하지만 늦게나마 좋은 남편을 만나 10년 남짓 다정하게 살아온 세월이 있어 젊은 날의 고독을 잊을 수 있었다. 하지만 네가 후궁으로 들어가 운 좋게 비빈으로 뽑힌다 한들 평생 수천 명의 궁녀 사이에서 외롭게 늙어갈 일밖에 더 있겠니?"

양씨는 무조를 평범한 가문에 시집보내려고 했지만 어떤 말도 통하지 않았다.

'잊지 마라. 너는 언젠가 세상 사람들 꼭대기에 서게 될 것이다.'

무조의 뇌리에는 임종 직전 아버지의 유언이 너무나 또렷하게 각인되어 있었다. 세상 사람들 꼭대기에 설 팔자라는데 고관대작이 청혼한들 귀에 들어올 리 없었다. 그녀는 한번 고집을 피우면 누구도 꺾을 수 없을 만큼 자기주장이 강한 성격이었다.

"걱정하지 마세요, 어머니! 입궁하면 절대로 외롭게 살진 않을 거예요. 난 왕자를 낳을 거니까요!"

무조는 뒤도 돌아보지 않고 태감을 따라나섰다. 그녀는 자신감에 차 있었다. 마치 과거에 무사확이 원천강의 예언을 듣고 그랬던 것처럼.

바로 다음 날 무조는 재인(才人) 책봉을 받았다. 이미 그녀의 아름다운 자태는 황궁에까지 소문이 자자했던 터라 입궁하자마자 특별 대우를 받게 된 것이다. 당 태종은 그녀의 미끈한 몸매와 부드러운 살결, 애교 넘치는 자태에 반해 '무미(武媚)'라는 이름을 내렸다. 미(媚)는 '애교 있다, 아름답다, 아양 부리다'의 뜻을 가졌다. 사람들은 그녀를 '무미랑'이라 불렀다. 아버지의 염원이 현실로 다가오고 있었다.

미랑은 기회를 잡기 위해 최선을 다했다. 후궁의 궁녀들은 태반이 적막한 생활을 해야 했다. 태종은 밤마다 미랑의 처소를 찾았다. 그야말로 하늘 아래 부러울 게 없는 처지였다.

그런데 뜻밖의 일이 그녀의 앞길을 망칠 뻔했다. 어느 해 태백금성이 자주 나타났다. 별을 관찰하며 나라의 운명을 점치는 태사 이순풍은 그것이 여자 임금이 나타날 징조라며 걱정했다. 공교롭게도 그 무렵 민간에는 《비적》이라는 책이 유행하고 있었는데, 그 책에 '당조 3대 후에는 여왕 무씨가 세상을 다스리리라'는 말이 쓰여 있었다.

"미랑이 바로 무씨 아닌가!"

태사의 말에 태종의 표정이 굳어졌다. 아무래도 찜찜한 노릇이었다. 태종은 그때 얼마나 겁을 먹었던지 미랑을 포함하여 무씨 성을 가진 여자는 모조리 죽여 없앨 생각까지 했다.

"하늘의 뜻이 이러할진대 죽인다고 해서 해결되는 게 아니옵니다."

이순풍의 진언으로 일단 마음을 돌리긴 했지만, 그녀를 대하는 태종의 태도는 점차 달라지기 시작했다.

태종이 미랑을 경계하게 된 또 한 가지 사건이 있었다. 황궁에는 '사자총'이라는 이름의 사납고 난폭한 말이 있었다. 한번은 말을 다루는 조련사가 별의별 방법을 다해도 준마가 말을 듣지 않자 태종이 혼잣말로 중얼거렸다.

"어떻게 해야 저걸 길들일 수 있을지 모르겠군."

옆에서 시중을 들던 미랑이 불쑥 한마디 했다.

"쇠로 만든 채찍, 망치, 그리고 날카로운 칼 한 자루만 있으면 저걸 길들일 수 있답니다!"

"어떻게?"

"먼저 채찍으로 후려갈기고, 그래도 듣지 않으면 망치로 대가리를 치고, 그래도 안 되면 비수로 목줄을 끊어버리면 되죠?"

이제 겨우 열다섯 살밖에 안 된 소녀가 재롱 삼아 했을 수도 있는 말이었다. 그런데 태종은 사색이 되었다. 미랑의 얼굴을 보면 볼수록 무씨 성을 가진 여인 이야기가 떠오르는 것이었다.

황제의 총애를 잃은 후궁의 하루는 초라하기 짝이 없었다. 태종의 발길이 뜸해지자 미랑은 몹시 자존심이 상했다. 그러던 중 태종이 무씨 성을 가진 여자를 모조리 죽이려 했다는 사실을 알게 되었다. 생각만 해도 가슴이 섬뜩하게 내려앉았다. 이제 그녀는 황제가 마음만 먹으면 언제든지 살해당할 수 있는 운명이었다.

'나 또한 평생을 후궁에 갇혀서 늙어갈 신세일까?'

비로소 그녀는 세상이 무섭다는 것을 깨달았다. 다른 사람의 은총에 의지해 살아간다는 것이 얼마나 위험한 일인가.

'이제 더는 미랑으로 살지 않겠다. 내 이름은 무조다!'

남의 처마 밑에서 비를 피하기보다는 자기가 우산이 되어 운명을 장악하고야 말겠다는 의지가 그녀의 내면을 뒤흔들었다.

궁에서 살아남기 위해서는 정보 수집에 능해야만 했다. 무조는 재물로 환관과 궁녀를 포섭했다. 매일 궁중에서 일어나는 일과 황제의 동태를 알아보기 위해서였다. 또 틈틈이 궁내 문학관에서 경전을 읽고 역사와 법령, 그리고 서예와 궁중예절 등을 열심히 공부했다. 그렇게 이를 악물고 10년을 살았다.

무조는 그동안 완전히 달라졌다. 만약 또다시 기회가 찾아온다면 절대로 놓치지 않을 자신이 있었다. 환관과 궁녀들이 전해준 정보 중 가장 흥미로웠던 것은 황태자 책봉을 둘러싸고 벌어진 왕자들 간의 암투였다.

태종의 장남 이승건은 방탕한 사생활을 이유로 진작부터 부왕의 미움을 샀다. 태종은 넷째 아들 이태를 그 자리에 앉히려고 했다. 그런데 위정 등 원로대신들이 보위는 장자가 계승하는 게 옳다고 강력히 반대하고 나섰다. 그로 인해 두 왕자를 사이에 두고 세력 다툼이 생겼다.

태종은 고조의 둘째 아들이었다. 그는 이른바 '현무문의 변'을 일으켜 형인 이건성을 죽이고 태자 자리를 빼앗은 왕위 찬탈자였다. 승건은 자신의 태자 자리가 위태로워지자 부왕이 그랬던 것처럼 무력으로 왕위를 탈취하려는 음모를 꾸몄다. 그러나 사전에 발각되는 바람에 쫓겨나고 말았다.

이태 역시 장손무기의 반대로 태자 책봉은 받지 못했다. 이태가 왕위를 이어받게 되면 과거의 일이 화근이 될지도 모른다는 우려에서였다. 장손무기는 황후의 친오빠로 위정이 세상을 뜬 후 태종이 가장 신임하는 대신이었다.

장손무기가 태종의 후계자로서 주청한 왕자는 아홉 번째 아들 이치였다. 649년, 무조가 궁에 들어온 지도 11년의 세월이 흐른 어느 날이었다. 고구려 원정에서 패하고 돌아온 53세의 태종은 중병에 걸려 병석에 앓아눕고 말았다. 이른바 '정관의 치'를 열었던 당태종도 안시성 싸움에서 고구려의 연개소문에게 혼쭐이 나고는 완전 넋이 나가버렸다.

무조는 이때 태종의 부름을 받고 간호사 노릇을 하게 된다. 25세, 한창 물오른 복숭아처럼 피어날 나이에 늙은 황제의 병시중이나 드는 처지였지만 무조의 표정에는 하루하루 생기가 넘쳤다.

"짐을 이렇듯 정성껏 시중들어온 그대를 두고 가려니 한없이 슬프구나. 짐이 죽은 후 그대는 어떻게 살아갈 작정인고?"

죽을 날이 얼마 남지 않은 태종이 물었다. 무조는 잠시도 주저함이 없이 무릎을 꿇고 대답했다.

"신첩은 머리 깎고 중이 되어 부처님을 모시는 것으로 황은에 보답하겠습니다."

태종은 묵묵히 머리를 끄덕였다. 만약 이 상황에서 그녀가 계속 황궁에 남아 있겠다고 했다면 살아남기 어려웠을 것이다. 그는 11년 동안 그녀를 완전히 잊고 있었던 게 아니었다. 죽음이 임박해서야 점성가의 예언을 다시 떠올리며 그녀를 죽여야 할지 살려야 할지 고민하고 있었다.

무조라고 해서 그 사실을 모를 리 없었다. 사지나 마찬가지인 그곳에서 지금껏 버텨온 그녀가 아닌가. 태종은 그녀가 머리 깎고 중이 되겠다는 말에 안심한 듯 스르르 잠을 청했다. 그 순간 무조의 눈길은 재빠르게 미래의 황제인 태자 이치한테로 옮겨가고 있었다.

당시 태자의 나이 21세, 부왕의 병문안을 빌미로 하루도 빠짐없이 태종의 침상을 찾는 그를 사람들은 천하에 둘도 없는 효자라고 믿었다. 그러나 그 나약하고 청춘의 환상에 들떠 있던 젊은 태자의 마음이 온통 아버지의 여자를 향해서만 열려 있었다는 것은 오직 절세미인 무조만이 아는 사실이었다.

그해 5월 26일, 중원의 영웅호걸 이세민은 끝내 자리에서 일어나지 못했다. 태자 이치는 고종으로 즉위하고, 무조는 태종과의 약속대로 머리를 깎고 감업사로 떠났다. 이치와 무조 두 사람 모두 그것이 마지막 작별이라고는 믿지 않았을 것이다.

✦ 비구니의 인생 역전

고종은 군주의 자질이 떨어지는 황제였다. 국사를 돌보는 일에는 도통 관심이 없었다. 그나마 조정의 일은 장손무기와 저수량 등 유능한 대신에게 맡겨 처리하여 큰 무리는 없었다. 나라가 어찌 돌아가든 고종의 마음은 늘 감업사의 무조에게로 가 있었다.

그러나 국상이 끝나는 3년 후까지는 그녀를 찾아갈 수가 없었다. 그 대신 후궁 소숙비에게 잠시나마 위안을 얻는 중이었다. 황실의 안주인은 왕황후였지만 아이를 낳지 못했다. 소숙비는 아들딸을 연이어 낳은 뒤, 마치 제 세상이라도 된 것처럼 교만하게 굴었다. 자연 황후와의 마찰이 끊이질 않았고 고종은 두 여자 사이에서 골머리를 앓아야 했다.

어느덧 태종의 3년 탈상 일이 다가오고 있었다. 고종은 제사를 구실로 감업사에 가서 법의 차림의 무조를 만났다. 3년 동안 얼굴이 다소 창백해진 듯했지만, 정념에 불타오르는 성숙한 여인의 자태는 숨길 수가 없었다. 고종은 자기도 모르게 그녀를 끌어안았다.

"그대가 그리워 오늘이 오기만을 기다렸소. 내 꼭 그대를 궁으로 데려갈 테니 조금만 참고 기다려줄 수 있겠소?"

고종은 지금 그녀에게 자신의 '미랑'이 되어달라고 청하는 것이었다. 무조는 말없이 고개를 끄덕이며 어린아이처럼 천진한 미소를 지어 보였다. 그 옛날 당태종의 정신을 혼미하게 만들었던 살인 미소의 진가가 여지없이 발휘되는 순간이었다.

한편, 소숙비 때문에 약이 올라 미칠 지경인 황후는 시종을 통해 고종과 무조 사이의 로맨스를 알게 되었다. 그녀는 소숙비만 아니라면 상대가 누구라도 상관없었다.

"3년 국상도 치렀으니 승려가 될 게 아니라면 후궁도 머리를 기르도록 하는 게 좋겠습니다."

그녀는 무조가 죽은 시아버지의 여자였다는 사실도 아랑곳없이 노골적으로 고종을 흔들었다. 소숙비가 버림받고 처량하게 눈물짓는 꼴을 볼 수만 있다면 무엇이든 다 참을 수 있었다.

"과거에는 민간에서도 아들이 사망한 부친의 후첩을 취한 일이 있다고 들었습니다. 대신들과 의논하여 순리대로 처리한다면 큰 탈은 없을 것입니다."

마침내 황후 입에서 이런 말까지 나왔으니 고종으로서는 불감청이나 고소원, 더 망설일 까닭이 없었다. 그는 곧 감업사로 사람을 보내 무조를 환속시켜 궁으로 데려왔다. 후궁 돌아가는 일을 꿰뚫고 있던 그녀는 윗사람을 녹이는 능력으로 황후의 환심을 샀다. 조정 안팎의 비난 여론에도 불구하고 무조는 당당하게 소의로 봉해졌다.

소숙비는 즉시 찬밥 신세로 전락했다. 왕황후는 비로소 10년 묵은 체증이 내려가는 것 같은 기분으로 무조에게 많은 보물을 상으로 주었다.

"황후마마의 은혜를 다 갚으려면 머리카락으로 베개를 만들어 바쳐도 부족할 텐데, 선물은 가당치도 않습니다."

말은 이렇게 했어도 무조는 황후를 비웃고 있었다. 황제의 총애를 독차지하는 순간부터 황후에게 그녀는 제2의 소숙비가 될 것이다. 황실에 뿌리를 내리자면 힘을 길러야 했다. 필요하다면 황후도 차버려야한다. 아직은 때가 되지 않았을 뿐이다. 그동안 궁궐 안팎을 맴돌며 무조가 깨우친 생존의 법칙은 참는 것과 모진 것, 그 두 가지였다.

궁중으로 돌아온 지 1년도 채 안 되어 무조는 고종과의 사이에서 첫 아들 이홍을 낳았다. 이홍은 고종의 다섯 번째 아들이다. 무조는 아들을 낳자 고종에게 부친 무사확을 응국공으로 추증해줄 것과 모친 양씨와 언니를 궁중으로 데려와 함께 지내게 해달라고 청했다. 고종은 흔쾌히 허락하며 그녀의 이복형제인 무원경, 무원상 그리고 사촌인 무유량, 무회운까지 크고 작은 벼슬에 앉혔다.

✦ 잔혹한 모정

빈틈없는 정보망 구축은 무조의 특기였다. 그녀는 아들을 낳은 기념으로 왕황후와 고종에게서 받은 재물을 아낌없이 뿌렸다. 이로써 궁궐 내에서 생기는 크고 작은 일들이 하나도 빠짐없이 그녀의 레이더망에 걸려들었다.

고종의 총애가 깊어질수록 무조의 지위는 날로 높아만 갔다. 이제는 소숙비뿐만 아니라 무조를 궁중에 데려오라고 고종을 부추긴 왕황후까지도 신경을 곤두세우게 되었다. 특히 황후의 생모 유씨와 외삼촌인 중서령 유석은 저러다 장차 아이를 낳지 못한 황후에게 화가 미치지 않을까 전전긍긍했다.

그들은 조정의 제1대신 장손무기를 찾아가서 고종의 장자인 진왕 이충을 태자로 봉할 수 있게 해달라고 졸랐다. 진왕 이충은 황후의 양아들이었다. 비록 친아들은 아니지만 왕황후 입장에서는 이충을 태자로 봉하는 게 다른 비빈의 아들, 그중에서도 고종이 사랑하는 옹왕 이절보다는 나았다. 이절은 소숙비가 낳은 세 번째 아들이었다.

653년 7월 고종은 장손무기, 유석의 간청에 따라 할 수 없이 진왕 이충을 태자로 봉했다. 그러면서도 황후를 대하는 냉담한 태도에는 변함이 없었다. 왕황후는 마지막 수단으로 연적이었던 소숙비를 찾아갔다. 어차피 이제는 똑같은 처지에 물어뜯고 말고 할 것도 없었다. 두 여인은 힘을 합쳐 무조와 맞서기로 하고 손을 잡았다. 불행하게도 이것은 두 여인의 운명을 단축하는 최악의 선택이었다.

처음부터 무조는 소의 자리 따위는 안중에도 없었다. 자신의 운명이 남의 수중에 있는 것은 더욱 원치 않았다. 비록 당장은 황제의 총애를 독차지한다는 이유로 다른 여인의 시샘과 부러움을 사고 있지만, 그것이 영원하리라고 믿지도 않았다. 언젠가 그 마음이 다른 사람한테 옮겨지면 자신도 왕황후 소숙비처럼 처량한 신세가 될 수밖에 없다는 것을 이미 알고 있었다.

죽기 아니면 살기, 무조의 악독한 참모습이 세상에 드러난 것은 이때부터였다. 이듬해 봄에 무조는 두 번째 아이를 낳았다. 딸이었다. 고종은 공주가 엄마를 닮아서 타고난 미인이라며 무척 귀여워했다. 무조는 이 아이를 보복의 제물로 삼았다.

어느 날 아침 왕황후가 공주를 보러왔다. 고종이 하도 공주를 예뻐한다고 하니 호기심이 발동한 것이다. 마침 무조는 그 자리에 없었다. 황후는 공주의 얼굴을 한 번 만져보고는 곧 자리를 떴다. 황후가 떠나자마자 무조는 아기 침실에 살며시 숨어들었다. 이제 곧 고종이 올 시간이었다. 무조는 그 연약한 아이에게 이불을 덮어씌워 질식사시키고는 다시 아무도 모르게 방을 나왔다.

이윽고 황제가 아기를 보러왔다. 무조는 후원을 거닐다 온 척하며 웃는 낯으로 고종을 아기방으로 안내했다.

"아악!"

포대기를 젖히는 순간 무조는 비명을 지르며 땅에 쓰러져 통곡하기 시작했다. 놀란 고종이 다가가 보니 아기는 입술이 검푸르게 변한 채 숨져 있었다.

"누가 왔다 갔느냐!"

고종이 시녀들을 향해 소리쳤다.

"방금 황후께서……."

"그 사악한 계집이 내 딸을 죽이다니!"

고종은 이성을 잃고 마구 욕을 퍼부으며 눈물을 흘렸다. 그러나 인간으로서, 한 어머니로서 차마 못할 짓을 저지르고도 무조는 황후가 되지 못했다. 고종은 이때 황후를 폐하려고 했으나 황후가 아이를 죽이는 것을 직접 목격한 사람이 없다는 대신들의 반대에 부딪혀 뜻을 이루지 못했다.

그렇다고 물러설 무조가 아니었다. 655년 6월, 그녀는 악랄한 음모를 다시 행동에 옮겼다. 그해 겨울에 그녀는 두 번째 아들 이현을 낳았다. 당태종 때부터 조정에서는 무술(巫術)을 엄금했다. 당시 오동나무로 인형을 만들어 이름을 새긴 다음 사지에 못을 박아놓으면 얼마 안 있어 그 이름이 적힌 상대가 죽는다고 믿는 무술이 성행하고 있었다.

"황후전에서 무술에 정신이 팔렸다는 소문이 돌고 있는데 이번엔 별 탈 없을까 불안합니다."

무조는 넌지시 공주의 일을 상기시키며 고종의 심기를 건드렸다. 고종은 즉시 사람을 보내 후궁을 수색하도록 했다. 그 결과 황후의 침대 밑에서 고종의 이름이 새겨진 나무 인형이 나왔다. 이를 본 고종은 노발대발하여 황후 모녀를 앞에 놓고 욕설을 퍼부었다. 더 말할 것 없이 이것도 무조의 작품이었다. 황후 침대 밑에 있던 나무 인형은 그녀가 사람을 시켜 숨겨둔 것이었다.

고종은 당장에 황후를 궁중에 유폐시켰다. 황후의 생모 유씨에게는 금족령이 내려졌다. 며칠 후에는 황후의 외삼촌 유석을 변경으로 유배를 보냈다.

이제 황후와 그 일족은 파리 목숨이나 마찬가지라고 생각하는 사람이 하나둘씩 권력의 해바라기가 되어 무소의 곁으로 몰려들기 시작했다. 이름하여 황후당과 소의당으로 조정의 세력이 양분되기 시작한 것이다.

✦ 황후당과 소의당의 한판 대결

황후당의 수장은 원로대신 장손무기였다. 그들은 무소의가 명문 가문 출신이 아니라는 이유를 들어 황후 책봉을 반대하고 나섰다. 황후당의 반대편에는 이의부, 위어경, 허경종, 원공유 등이 있었다. 대부분 군벌이나 귀족 가문 태생이 아닌 신진 관료 세대였다.

그전에 장손무기는 평소 돌출 행동을 잘하는 이의부를 멀리 사천성으로 보내 조정과 격리하려고 했다. 중서사인 왕덕륜이 그 사실을 알고는 이의부에게 교지가 내리기 전에 밤중에라도 황제를 찾아가 무소의를 황후로 봉하는 문제에 찬성한다고 하면 화가 복으로 될 수도 있다는 계책을 일러주었다. 그는 무조의 심복이었다.

이의부는 즉각 행동에 옮겼다. 한창 황후 책봉 때문에 골머리를 앓고 있던 고종은 몹시 기뻐하며 그를 장안에 계속 남아 있도록 했을 뿐만 아니라 중서시랑으로 승직시켰다. 무소의도 특사를 보내어 그에게 고마움을 표시했다.

며칠 후 황후당의 저수량, 배행검 등이 장손무기의 저택에서 비밀회동을 했다. 회동의 목적은 무소의가 황후가 되지 못하도록 힘을 합쳐 저지하자는 것이었다. 이번에도 무조의 심복 원공유가 곧바로 이사실을 알렸다.

상황을 전해 들은 고종은 배행검을 사천도독부장사로 쫓아버렸다. 사천은 당나라의 서쪽 변경이었다. 유석이 경질된 후 황후당은 유력한 인물을 또 하나 잃게 되었다.

655년 9월의 어느 날 고종은 장손무기, 우지녕, 저수량, 이적 등의 황후당 대신들을 내전으로 불렀다.

"만약 황제가 끝까지 무씨를 황후로 봉하려고 한다면 내 목숨을 내걸고 싸우겠소!"

저수량은 대전으로 가기 전에 비장한 결의를 드러냈다. 이적은 몸이 불편하다는 핑계를 대고 참석하지 않았고 장손무기와 저수량, 우지녕 세 사람만 황궁으로 향했다.

"황후가 죄를 지었으니 그 자리를 대신할 만한 후궁은 무소의가 적격이라고 생각하는데 경들의 생각은 어떻소?"

"무소의는 절대로 황후가 될 수 없습니다."

저수량은 고종의 뜻을 일언지하에 무시해버렸다. 고종은 불쾌한 기색으로 잠자코 있다가 그들을 내보냈다. 이튿날 고종은 그들을 재차 설득하기 위해 내전으로 불렀다. 저수량은 어제와 마찬가지로 뻣뻣하기 짝이 없었다. 심지어 그는 머리를 벽에 짓찧으며 소리를 지르기까지 했다.

"신이 폐하의 뜻을 거역했으니 백 번 죽어 마땅하옵니다!"

내전 바닥에는 삽시간에 선혈이 낭자했다. 이 모양을 본 고종은 충격과 분노에 휩싸여 그를 밖으로 끌어내라고 외쳤다. 그러자 용상 뒤편, 가려진 주렴 안에서 노여움에 찬 여인의 목소리가 들려왔다.

"어찌하여 저 화상을 잡아치우지 못하나이까!"

그 말에 고종은 당장이라도 사형을 내릴 것처럼 저수량이 끌려나가는 모습을 노려보았다. 급기야 사태의 심각성을 깨달은 장손무기가 황급히 앞으로 나섰다.

"수량은 선왕의 명을 받들고 폐하를 보좌하는 대신입니다. 언짢으시더라도 그 충정을 헤아려주십시오."

고종은 결국 장손무기의 설득에 밀려 저수량을 죽이지는 못했다. 이를 본 우지녕은 겁에 질려 아무 말도 하지 못했다. 얼마 후 저수량은 담주도독으로 좌천되었다.

이런 상황에서 이적의 한마디는 중요하게 작용했다. 이적의 본명은 서세적이다. 당조를 세우는 데 혁혁한 공을 세웠다고 해서 태종이 그에게 이씨 성을 내렸다. 서세적은 이세민과 이름의 글자 수가 같아 서세적의 중간자인 세를 빼고 이적이라 부르게 된 것이다.

저수량의 사건이 있은 며칠 후 고종은 이적을 불렀다. 이적은 견해를 묻는 고종의 말에 천연덕스럽게 대답한다.

"이 일은 폐하의 집안일인데 굳이 신하들에게 물으실 필요가 없다고 생각합니다."

이적이 이렇게 말했으니 결론은 이미 난 것이나 다름없었다. 이튿날 조회가 시작되기 전 무조의 추종자인 예무상서 허경종이 일부러 큰 소리로 떠들었다.

"농부도 수확을 많이 하면 여편네 바꿀 생각을 하는데, 천하를 가지신 황제께서 황후를 바꾸는 게 뭐가 이상한 일이라고 남의 말을 꺼리시는지 모르겠어."

"그러게 참 이상한 일이군!"

이의부 등 소의당 사람들이 맞장구를 치자 나머지 조정 대신들은 더할 말이 없었다. 침묵은 바로 묵인을 뜻하는 것이다. 어쨌든 고종과 무소의가 바라던 바였다. 고종은 10월에 왕황후와 소숙비를 폐하고 그일족을 변방으로 내치라는 교지를 내리는 동시에 무소의를 황후로 맞이했다.

전쟁은 무조의 승리였다. 그녀는 고종에게 재상 한원과 래제에게 상을 내릴 것을 청했다. 황후 책봉이 있기 전에 고종은 무소의에게 4비(귀비, 숙비, 덕비, 현비로서 관작이나 직위가 황제에 버금감)에 해당하는 진비 칭호를 주려고 했다. 그녀를 사랑하는 마음에서 나온 고종의 과한 행동이었다.

이럴 때 단호히 나서서 고종의 흥분을 가라앉힌 사람이 한원과 래제였다. 아무리 그래도 정해진 규범이나 제도를 벗어나서는 안 된다는 게 그 이유였다. 결국 고종은 진비 칭호를 포기할 수밖에 없었지만 무조는 이를 알고 있는 세인에게 자신의 도량이 넓다는 것을 보여주기 위해 그들에게 상을 내리도록 수를 쓴 것이다.

11월 초하룻날, 전례 없이 성대한 황후 책봉식이 거행되었다. 무황후는 예복을 입은 채 숙의문에 올라 조정의 문무 관원과 외국 사절의 절을 받았다. 중국 역사상 이것은 전대미문의 놀라운 사건이었다. 그녀는 모든 상식과 관례를 과감히 타파하는 여인이었다. 황후로서 숙의문에 오른 것은 자신이 황제라는 한 남자에게 예속된 보통 여인이 아니라는 것과 정치에 참여하겠다는 뜻을 세인에게 공포한 것이나 다름없었다.

마침내 황후가 된 무조는 자신의 지위를 튼튼히 다지기 위해 세 가지 일에 착수했다.

맨 먼저, 폐위된 황후와 숙비를 몽둥이로 때려죽였다. 그들에 대한 고종의 그리움을 단절하기 위함이었다.

두 번째로는 자신의 이복형제인 원경, 원상을 변경의 관리로 좌천시켰다. 그들이 권세를 등에 업고 설치지 못하게 방지하려는 의도였다. 그나마 이것은 민심의 지지를 얻었다.

마지막으로 자신의 큰아들 이홍을 태자로 봉했다. 모든 일이 순조롭게 풀리자 무황후의 선심 공세가 펼쳐졌다. 그녀는 태자 책봉식을 기념하여 대사면령을 내리는 한편 연호를 '현경'으로 고쳤으며 태자 책봉에 공을 세운 허경종, 이의부 등을 재상으로 봉했다.

이의부는 생김새는 선하게 보였으나 마음씨는 음험하기 짝이 없어 '고양이'라는 별명을 갖고 있었다. 무황후도 그가 신임할 만한 위인이 아니라는 것을 알고 있었지만, 전권을 틀어쥔 장손무기파와 겨뤄야 하는 상황에서는 중용하지 않을 수 없었다.

657년 2월, 무황후는 세 번째 아들 이철을 낳은 뒤 낙양으로 휴양을 떠나자고 고종에게 청했다. 그녀는 장안에 대해 혐오감을 느끼고 있었다. 그 후 그녀와 고종은 대부분의 나날을 낙양에서 보냈다. 그곳에서 심신의 건강을 되찾은 무황후는 장손무기파에 대한 최후의 일격을 준비했다.

그해 8월, 이의부와 허경종은 무황후의 지시로 시중 한원과 중서령 래제가 외지의 저수량과 결탁하여 반란을 꾀한다고 모함하는 상주문을 올렸다. 고종은 그 말을 듣고 즉시 한원을 진주로 귀양 보내고 저수량을 지금의 베트남 남부로 유배시켰으며 유석은 더더욱 먼 곳으로 보냈다.

국가의 크고 작은 일들이 죄다 무황후의 뜻에 따라 실행되었기 때문에 이때의 고종은 그녀의 하수인이나 다름없었다. 마침내 최후의 재난은 태위 직에 있던 장손무기에게 떨어지고야 말았다.

일찍부터 음모를 꾸며 오던 허경종은 장손무기에게 누명을 씌워 반역을 도모하고 있다고 모함했다. 고종은 처음에는 믿지 못했지만 허경종이 워낙 그럴듯한 말로 사건을 꾸며낸 데다 무황후의 압력까지 있고 해서 장손무기를 양주도독으로 내려보내 그 지역을 벗어나지 못하도록 했다. 장손무기의 장남 및 사촌들도 뿔뿔이 흩어져 귀양을 갔다.

무황후는 이참에 화근을 송두리째 뽑아버릴 심산으로 양주 땅에 밀정을 보내 장손무기를 죽여 없앴다. 당의 창건과 건설을 위해 큰 공로를 세운 장손무기는 이렇게 비참하게 생을 마쳤다. 10년이나 조정의 실질적인 지배자였으며 태종 때부터 황제도 함부로 대하지 못했던 그였다. 고종을 태자로 봉하도록 힘써준 사람도 장손무기였다.

✦황실의 꽃으로 살기를 거부하다

660년, 황제 부부는 황후의 고향인 산서성으로 향했다. 무황후는 고향 사람을 초대하여 연회를 크게 베풀었다. 연회석상에서는 특히 여성을 우대하여 좌석을 내전에 잡아놓고 식사를 함께했다. 그뿐 아니라 80살 이상의 노부인들에게는 정4품의 관직을 수여하기까지 했다. 사상 유례가 없는 파격적인 연회 소식이 알려지자 수많은 백성이 감동을 했다. 무황후는 민심의 중요성과 그것을 얻는 방법을 잘 알고 있었다.

얼마 후 고종은 중풍에 걸려 조정대사를 무황후에게 위임했다. 그녀의 첫 번째 섭정 역사가 시작된 것이다. 천성적으로 총명하고 기민하며, 과단성 있는 성격에 일찍이 태종 이세민의 정사를 지켜본 그녀로서는 원래 해왔던 일처럼 익숙했다.

그녀가 직접 나서기 시작하면서 고종 때의 어둡던 분위기는 사라지고 조정에 활기가 넘쳤다. 유가 사상에 물든 대신의 눈에는 애교 섞인 음성으로 호령하는 여인이 낯설기 그지없었지만, 그 탁월한 정치 재능에는 탄복하지 않을 수 없었다. 이듬해 무황후의 건의로 고종은 연호를 '룡소'로 바꾸었다. 무조는 황후로 있을 때나 그 뒤 황제가 되었을 때도 툭하면 연호를 고쳤는데 글자를 몹시 따져가며 골랐다. '룡소'란 아주 웅장하고 위엄을 띤 기세를 나타내는 연호이다.

한편으로는 후궁에 대한 개혁을 시행했다. 황후를 제외한 나머지 4비, 9빈 및 미인, 재인 등의 직위를 없애고 봉사직의 성격을 띤 궁인으로 찬덕, 선의 등을 두었는데 그 수가 많지 않았다. 이러한 개혁은 당시 환경에서 보자면 파격적인 여성해방운동이었다. 수천 명의 여인을 궁에 가둬놓고 오직 황제 한 명의 노리개로 삼는 것은 야만적인 처사임이 분명했다. 물론 그녀가 규칙을 과감히 깨뜨린 것은 다분히 정치적 의도와 계산이 깔려 있었다.

무황후의 독단은 갈수록 고종의 불만을 자아냈다. 무엇보다도 그는 비빈 제도의 개혁에 불만이 많았다. 게다가 고종이 은밀히 총애하는 한국부인(무황후의 친언니)과 위국부인(무황후의 외조카)을 차례로 폐해버려 황후 외에는 다른 여인을 가까이할 수도 없게 되었다.

몇 달 후 병이 나은 고종은 고구려를 치러 나섰다가 별 볼일 없이 패하고 돌아왔다. 그는 전장에서 얻은 화를 털어버리고 싶었지만, 몸과 마음을 풀어줄 여인들을 황후가 틀어쥐고 있으니 마침내 그녀를 폐하기로 마음먹었다.

664년, 무황후는 도사 곽행진을 비밀리에 불러다 무술을 벌였다. 환관 왕복승이 대전으로 달려가 이를 고해바쳤다. 고종은 트집을 잡지 못해 안달하던 차에 쾌재를 불렀다. 그는 즉시 재상 상관의를 불러 무황후를 제거할 방법을 물었다.

"황후가 방자하여 세상에 용납될 수 없사오니 폐하는 게 마땅합니다."

상관의는 황제의 뜻에 따라 조서를 꾸몄다. 그런데 조서의 먹물이 채 마르기도 전에 무황후가 살기등등해서 들이닥쳤다. 고종은 엉뚱하게 상관의를 물고 늘어졌다.

"이건 상관의의 주장이오."

상관의는 불쌍하게도 모반죄로 옥사하고 말았다. 이 일은 무황후에게 큰 자극을 주었다. 비록 황후의 몸이기는 하지만 삶과 죽음의 권리가 여전히 남의 손에 잡혀 있는 자신의 현실을 되돌아보게 된 것이다. 황제의 교지 한 장에 폐서인으로 떨어질 수도 있고 비참한 죽음을 맞이할 수도 있었다. 원천강의 예언이 또다시 귓전에 울렸다.

'여황제는 못될지언정 제왕의 위엄은 갖추리라.'

이때부터 그녀는 조정의 모든 일은 대소사를 막론하고 철저하게 자기 손을 거치도록 했다. 고종은 그저 옆에서 수수방관할 뿐이었다. 대신들은 무황후의 지시에 따라 움직여야만 했다. 세인들은 고종과 무황후를 일컬어 '이성(二聖)'이라 했다. 하늘 아래 두 성인이 있음을 빗댄 말이었다.

666년 봄, 황제와 무황후는 태산에 올랐다.

"자고로 봉선대전은 황제가 장악했고, 여인들은 참여할 여지도 없었습니다. 이번에는 남녀가 다 제전에 참가하도록 허락해주십시오."

무황후는 태산에 오르기 전 고종에게 자신도 제사에 참여하겠다는 의중을 밝혔다. 이 말은 곧 남존여비 전통에 반기를 들겠다는 일종의 선전 포고였다.

✦ 과감한 현실 정치로 민심을 얻다

몇 년 동안 당은 대체로 안정된 상태로 있었지만 동북, 서북, 서남 등 변경 지역에서는 큰 규모의 무력 충돌이 자주 일어나 군비 지출이 날로 늘어났고, 수많은 백성이 병역을 치러야 했으므로 나라의 경제 형편이 어려워졌다. 게다가 몇 해 동안 큰 자연재해가 들어 곡식을 많이 거둬들이지 못했으므로 조정에서는 창고의 양식을 풀어 이재민을 구제해야 했다.

이제 무황후가 바라는 것은 황제를 꺾을 수 있는 황후가 아닌 실질적인 군주가 되는 것이었다. 타고난 약골인 고종은 이미 그녀의 손아귀에 있었다. 문제는 태자 이홍이었다. 모자는 서로 갈 길이 달랐다. 이홍은 어려서부터 유가사상을 교육받았다. 삼강오륜을 깊이 새겨온 그로서는 모친의 강권정치가 불만스러울 수밖에 없었다.

674년 8월 무황후는 고종에게 압력을 넣어 '황제는 천황으로, 황후는 천후'로 칭한다는 교지를 내리게 했다. 이 전례 없는 칭호가 장차 황제가 되려는 그녀의 홀로서기 명분에 힘을 실어주었다.

그녀는 자신의 힘을 과시할 목적으로 12가지 정책을 내놓았다. 그중에는 농민이 생업에 힘쓰도록 세금과 부역을 줄이고, 전쟁을 중지하고 관청의 부역을 줄여 경제발전을 돕도록 하는 정책이 있는가 하면 언로를 적극적으로 개방한다는 내용도 포함되어 있다. 또 여성의 지위를 높이고자 모친이 별세하면 부친이 그를 위해 3년 동안 거상을 해야 한다는 항목도 있었다.

무천후의 새로운 정책들은 모두 시대의 폐단을 날카롭게 찌르고 백성과 나라의 사정을 잘 헤아린 현실 정책으로 민심의 열렬한 호응을 얻었다. 확실히 그녀는 정치가로서 걸출한 재능을 갖고 있었다. 이러한 일련의 개혁 정책들은 경제 발전과 사회적 안정을 추진하는 데 큰 영향을 미쳤다. 그러나 보수적인 관리와 문벌 귀족에게는 반발을 사지 않을 수 없는 상황이었다.

고종의 풍증은 갈수록 심해졌다. 태자 이홍은 24세라 규정대로라면 황제를 대신하여 섭정할 자격이 있었다. 그는 몇몇 보황파 대신을 불러 태자의 섭정 문제를 의논했다. 그러나 이는 즉시 무천후의 첩보망에 걸려들었다. 그녀는 자신의 섭정 지위를 공고히 하기 위해 극단적인 선택을 했다. 현재 가장 큰 위협이 되는 태자를 없애버릴 계획을 세운 것이다.

675년 4월, 이홍은 천황, 천후와 점심을 같이 먹은 후 합벽궁에서 급사했다. 비록 정사에는 무천후의 소행이라고 명백히 밝히지 않았지만, 태자가 너무나 갑작스럽게 죽었으므로 모두 그녀가 독살한 것으로 의심하지 않을 수 없었다. 이 일은 그녀의 정치적 이익에 직접 관련되는 일이었기 때문이다.

같은 해 6월 무천후의 둘째 아들 이현(李賢)이 태자로 책봉되었다. 이현은 이홍과 마찬가지로 어려서부터 사서오경의 영향을 받고 자라 모자간에 조화될 수 없는 모순을 가지고 있었다. 그뿐만 아니라 모친이 형을 독살했다는 소문을 듣고는 언제나 그녀를 피해 다녔다.

모자간의 응어리를 없앤다는 것이 거의 불가능한 일임은 무천후도 잘 알고 있었다. 그녀는 조정의 신하 중에서 유력한 인재를 찾았다. 적인걸, 위원충 등이 그녀의 눈에 들었다. 그때까지만 해도 하급 관료에 불과했지만 무천후는 그들의 비범한 담략과 재능을 알아보았다.

모친에 대한 태자 이현의 공포심과 증오심은 갈수록 심해졌다. 어디서 들었는지 자신이 무천후 언니의 아들이라는 소문을 듣고는 정서 불안 증세까지 보였다.

"이현의 관상을 봐서는 황위를 계승할 수 없나이다."

태자는 우연히 무천후의 전속 역술가 명숭엄이 하는 말을 듣고는 더욱더 두려움에 떨었다. 태자 자리에서 쫓겨나면 다른 왕자들처럼 자유롭게 사는 게 아니라 위험인물로 간주되어 감시당하며 살아야 하기 때문이다. 그는 자객을 시켜 명숭엄을 살해하고는 종일토록 여색에 파묻혀 방탕한 나날을 보냈다. 나중에는 시동과 스캔들까지 있었다. 이 일을 알게 된 무천후는 즉시 동궁을 수색하여 마구간에서 무기 500개를 찾아냈다.

"태자의 신분으로 반란을 꾀하다니 천지가 용납하지 않는다."

그녀는 이현을 서민으로 강등시켜 심궁에 가두어버렸다. 그리고 이튿날 셋째 아들 영왕 이철을 태자로 봉했다. 이철은 본명이 이현(李顯)인데 둘째 아들과 발음이 같아 이철로 불리다 태자로 책봉한 뒤 다시 이현으로 고쳤다.

눈 깜짝할 사이에 3년이 흘렀다. 그동안에도 해마다 큰 재해가 들어 나라 형편이 말이 아니고 백성들은 살길이 막막했다.

683년 12월, 고종은 세상을 떠나고 영왕 이현이 보위에 올랐다. 그가 바로 중종이다. 무조는 황태후가 되어 국가대사는 여전히 그녀가 결정 했다. 중종은 두 형에 비하면 학식이나 재능이 떨어지고 허세가 심한 편이었다. 심지어 나라의 절반을 태자비와 처가에 주겠다는 망발을 일 삼기도 했다. 그 말을 듣고 격노한 황태후는 즉시 근위병들을 이끌고 황제 궁에 들어가 중종을 폐하고 여릉왕으로 강등시켰다. 즉위한 지 2 개월밖에 안 된 때였다.

그러고는 자신의 넷째 아들 이단을 즉위시켰다. 그는 예종이다. 성미 가 온순하고 담이 약한 예종은 순식간에 천변만화하는 궁정의 사건들 에 몹시 혼란스러워했다. 그는 황태후 앞에서 공손하게 굴면서 그녀의 말이라면 무조건 순종했다. 국정은 태후가 직접 챙겼고 예종은 황궁이 아닌 별도의 궁궐에 거주했다.

황제를 몇 번이나 바꾸었어도 국정은 기본적으로 안정된 상태였다. 무태후는 자신의 행차 때 쓰는 깃발을 금황색으로 바꾸게 했으며 관 아의 명칭도 새롭게 고쳤다. 또한 동도 낙양을 나라의 중심으로 만들 었다.

태후가 예종을 별원에 두고 정무를 틀어쥔 데 대해 많은 대신이 불 만스러워했다. 그녀는 조카이며 재상인 무승사의 건의에 따라 무씨 가문의 5대 조상까지 공경으로 추증하고 사당을 지어 받들어 모시게 했다.

이후 무씨 가문의 사람들이 세도 가문으로 부상하자 조정 대신들과의 갈등이 한층 격화되었다. 결국은 무씨로부터 배척을 받아 유주로 유배되었던 이경업(이적의 손자)이 반란을 일으켰다. 이미 폐위된 황제 여릉왕에게 왕위를 돌려주자는 기치를 내걸고 반군 10만 명과 함께 양주를 점령한 이경업은 당대의 대시인 낙빈왕을 기사참군으로 삼고 격문 한 편을 쓰게 했다. 이 격문이 바로 유명한 '무씨를 성토하노라'라는 글이다.

신랄한 필치로 자신을 비판한 격문을 읽어본 무태후의 반응은 뜻밖이었다.

"이런 인재를 왜 초야에 묻어두고 조정에 등용하지 않았소?"

대신들은 오히려 낙빈왕의 재능을 알아보고 자신들을 질책하는 그녀의 대범함에 혀를 내두르지 않을 수 없었다. 반란군은 민심을 얻지 못한 데다 내부에 분열이 일어나 곧 소멸하고 말았다. 이경업과 낙빈왕은 혼란한 전장에서 살해되었다.

이 사건이 무태후에게 준 자극은 자못 컸다. 그녀는 대신들 가운데 여전히 무씨를 반대하고 이씨를 옹호하는 세력이 있다는 것을 알게 되었다. 재상 배염마저 예종에게 정권을 돌려주라고 요구했다. 무태후는 그에게 모반죄를 덮어씌워 파직하고 그에 동조하는 세력들도 없애버렸다.

685년, 무태후는 조정 앞에 등문고를 설치하고 조정에 상소할 자는 등문고를 두드리게 하며 어사가 친히 그들을 접대하게 했다. 그리고 관리나 보통 백성을 막론하고 조정의 크고 작은 관직에 자신을 스스로 추천할 수 있게 했다. 민심이 동요할 때마다 등장하는 그녀의 과감한 개혁 조치는 신기하게도 하나같이 시대를 앞서가는 것들이었다.

✦반대파를 억누른 공포 정치

이듬해 3월, 무태후는 구리상자 두 개를 만들고 상자의 네 면에다 '정은, 신원, 초간, 통현'이라는 여덟 자를 새기게 했다. 백성이 국가대사, 군사 비밀 등에 대해 직접 의견을 발표하거나, 억울함을 하소연하고 싶을 때, 연줄이 없어 자신을 스스로 관직에 추천하고 싶을 때 사용하라는 상자였다.

실제로 무태후 시기에는 이 상자들을 통해 걸출한 인재가 등용되기도 했다. 그런데 그녀가 기대하는 것은 한 가지가 더 있었다. 이를 통해 이씨 세력을 제거해버릴 수 있는 단서를 잡으려는 것이었다. 그러기 위해 비밀을 고발하는 자에게 대문을 활짝 열어주었다. 순식간에 전국 각지에서 밀고자가 벌떼처럼 몰려들었다.

"관원들은 누구를 막론하고 밀고하러 온 자에게 캐묻거나 방해하지 말 것이며, 밀고 내용이 사실이면 무조건 5품 벼슬에 등용하라. 또한 지방에서 온 자에겐 교통에 불편함이 없도록 역마를 제공하라."

무태후의 엄명은 벼락출세를 바라는 자들에게 달콤한 쥐약이었다. 그녀는 밀고 내용이 사실에 부합되면 작위를 봉하거나 크게 상을 주었으며 사실에 부합되지 않아도 문죄하지 않았다. 그리하여 밀고로 벼슬을 얻은 인물들이 나타났다. 이들은 후에 당종실과 문벌 귀족 세력을 제거하는 데 대단히 유력한 힘으로 작용했다.

이런 인물들을 사서에서는 '혹리'라고 칭했다. 대표적인 혹리로 페르시아인 색원례가 있다. 그는 잔인하기로 소문이 난 자로, 한 사람을 잡고 늘어지기만 하면 수백 명이 그에 연루되어 재난을 당했다. 재앙을 당한 자는 물론 명문 귀족이었다.

무태후는 색원례의 교활한 수법을 효과적으로 활용했다. 평시에는 그다지 큰 인물이 아니었던 중하층 관리들, 예를 들어 상서도사 주흥, 내준신 등이 덩달아서 출세하려고 사람을 모함하고 핍박하는데 그 수법이 색원례보다 더 악독했다.

이 세 사람과 무승사, 무삼사 같은 자 때문에 조정은 무법천지가 되었고 억울한 사건이 꼬리를 물고 일어났다. 몇 년 사이에 당종실의 사람들이 수백 명이나 살해당했고 문무관원 수백 호가 재난을 당했다.

황제가 되기 위한 그녀의 행보에도 가속도가 붙었다. 우선 그녀는 신도 낙양에 고조, 태종, 고종의 사당을 세우고 동시에 무씨 조상을 모시는 승선묘를 지었다. 그러고는 자신의 정치적 권위를 과시할 목적으로 명당을 세웠다. 명당은 천신과 조상에게 제를 지내며 국가의 큰 의식을 거행하는 곳이었다.

명당을 세우는 일은 무태후의 면수 설회의가 책임졌다. 본래 낙양

거리에서 약을 파는 장사꾼이었던 그는 명목상으로 백마사의 승려였지만 실상은 무태후의 음욕을 채워주는 상대였다.

이해 5월 무승사는 태후의 비위를 맞추기 위해 사람을 시켜 흰 돌에다 글씨를 새겼다.

"성모가 세상에 내려왔으니 태국이 영원히 창성하리라."

그는 이 돌을 낙수에서 건져낸 것이라는 거짓말을 지어냈다. 무태후는 크게 기뻐하며 급히 낙수에 제를 올리고 스스로 '성모신황'이라는 명칭을 덧붙였다. 글자 놀음을 좋아하는 그녀가 신황을 칭한 것은 세상에 그녀의 의도를 명백히 보여준 것이었다.

✦ 중국 최초의 여성 황제

689년 1월 무태후는 만상신궁, 즉 명당에서 성대한 연회를 베풀었다. 그녀는 황제의 예복인 곤면을 입고 손에는 황제 전용의 옥진규를 잡고 있었다. 꼭두각시 황제인 예종과 태자, 그리고 만조백관이 모두 그 자리에 나와 머리를 조아렸다.

이윽고 중국 역사상 처음으로 곤면을 걸친 여성이 제를 지낼 때 황제가 행하는 큰절을 올렸다. 이제 그녀는 자신을 '무측천'이란 이름으로 불렀다.

무측천은 비록 피로써 움켜쥔 권력이지만 정치, 문화적인 측면에서도 자신의 입지를 정당화할 여건을 마련했다. 그녀는 성이 무씨였기 때문에 이씨 천하인 당조의 황제가 되기는 불가능했다. 그리하여 북문 학사들을 동원하여 자신이 주(周) 무왕의 후손이라는 여론을 조성하여 당조를 주조로 고치기 위한 준비를 했다. 11월부터 '주나라는 무씨 조상의 나라'라는 것을 명백히 선포하기 위해 한무제 때부터 써오던 역법을 버리고 주나라 역법을 쓰도록 조서를 내렸다.

또한 자신이 직접 낙성전에 나가 공사를 책문하고 과거시험을 참관했다. 황제가 직접 시험장을 참관하는 것은 이때가 처음으로 훗날 이것이 전통으로 되어 청나라 말까지 계속되었다.

690년 9월, 시어사 부유예가 900여 명의 백성을 동원한 것을 시작으로 '무태후 황제 만들기' 작업이 본격적으로 펼쳐졌다. 이후 조정 안팎에서 6만여 명이 연명으로 글을 올려 그녀가 왕위에 오를 것을 청원했다.

9월 7일, 성신황제로 즉위한 그녀는 측천루에 올라 나라 이름을 '주'로 바꾸고 연호를 '천수(하늘이 무씨에게 황위를 수여했다는 뜻)'로 고친다고 선포했다. 예종은 성을 무씨로 고치고 황사, 즉 황태자에 책봉되었다.

성신황제 무측천이 제일 처음으로 한 일은 과거의 피 냄새를 지우는 것이었다. 주흥, 색원례 등이 가차 없이 제거되었다. 이때 그녀의 나이 66세였다. 등극한 이듬해에는 6품 사마에 지나지 않았던 적인걸을 파격적으로 발탁하여 재상에 임명했다. 적인걸은 정직하고 덕 있는 인품으로 많은 백성의 존경을 받았다.

그녀는 또 각급 관부를 충실히 하고자 사람을 파견하여 전국을 순회

하면서 인재를 찾아 추천하도록 했다. 상벌이 분명하고 공정한 등용이 이루어져 이 기간에 걸출한 인재들이 수없이 쏟아져나왔다.

698년 3월, 무측천은 적인걸의 권유에 따라 황제 자리에서 추방당한 지 14년이나 되는 여릉왕 이현을 조정으로 데려왔다. 그녀는 자신의 사후를 염려하고 있었다. 무씨로 보위를 잇게 할 경우 내란이 일어날 것은 불을 보듯 뻔하고 이씨 중에서 후계를 정하려니 마땅한 인물이 떠오르질 않았다. 비록 군신 관계였으나 그녀는 평소 적인걸을 특별히 존중하여 칠순이 가까운 그를 '국로'라 칭했다. 이현을 조정으로 데려온 것은 적인걸의 의사를 존중해서 내린 결정이었을 뿐이었다.

700년 9월, 적인걸은 끝내 세상을 뜨고 말았다. 비보를 접한 무측천은 그 자리에서 대성통곡하며 이렇게 외쳤다.

"조정이 다 비어버렸구나!"

적인걸은 죽기 전에 형주자사 장간지를 재상으로 추천했다. 무측천도 이제 칠십 고령에 들어섰다. 적인걸은 무측천이 세상을 떠나면 여릉왕 이현을 보좌하여 천하가 혼란에 빠지지 않게 하려는 의도에서 장간지를 추천한 것이었다. 그러나 장간지가 이씨 왕조 옹호파라는 사실이 그녀에게는 별다른 호감을 주지 못했다.

심신이 점차 쇠약해진 무측천은 장창종, 장역지 형제에게 조정 일을 맡겼다. 그러나 그들은 제대로 할 수 있는 일이 거의 없었다. 재상 위원충은 장씨 형제의 미움을 사서 영남으로 유배를 갔다. 무측천에게는 이제 믿고 의지할 만한 사람이 없었다.

"이 두 역신들이 언젠가는 큰 사달을 일으킬 것입니다."

위원충이 귀양지로 떠나면서 마지막으로 남긴 충고였다. 그마저 가 버리고 나면 조정에는 더더구나 쓸 만한 인재가 없었다.

결국 무측천은 생전에 적인걸이 추천한 장간지를 재상으로 임명했다. 그리고 이듬해 81세의 그녀는 중병에 걸려 병석에서 일어나지 못하게 되었다. 국가대사는 재상들이 틀어쥐고 곁에는 장씨 형제만 남아 있었다.

장간지는 재상에 오른 후 당조 복원 운동을 벌였다. 황제까지 중병에 있으니 절호의 기회였다. 그는 황제의 근위병 500명을 거느리고 태자 이현과 함께 무측천의 거처인 영선궁으로 들어갔다. 장씨 형제는 비명 한 번 지르지도 못하고 죽었다. 놀란 무측천이 침대에서 일어나 앉으며 물었다.

"누가 반란을 일으켰느냐?"

"장역지, 장창종이 모반을 했기에 소신들이 태자의 명령을 받고 그들을 죽였사옵니다."

무측천은 방 한쪽에 서서 부들부들 떨고 있는 태자에게 다시 물었다.

"네가 한 짓이냐?"

장간지와 함께 왔던 신하가 대신 입을 열었다.

"선제께서 태자마마를 황제께 맡겨두셨고 태자마마께서도 이젠 성인이 되었사온데 어찌 그냥 동궁에 둘 수 있나이까? 지금 하늘의 뜻도 백성의 마음도 모두 이씨를 황제로 모시길 바라고 있나이다. 소신들은 선황 폐하의 인덕을 잊지 않고 있사옵기에 간신을 처단한 것이옵니다. 폐하께서 즉시 황위를 태자마마께 물려주시어 하늘의 뜻을 받드소서!"

대세는 이미 기울어진 판이었다. 무측천의 심신은 철저히 허물어졌다. 그로부터 사흘 뒤 그녀는 정식으로 태자 이현에게 황위를 이양했다.

역사상 전례 없는 여황제의 통치는 15년 만에 막을 내렸다. 그녀가 황후로서 섭정한 시기부터 따지자면 꼭 50년 세월이다. 당 제국의 복원을 선포함과 동시에 무씨의 주나라는 막을 내렸다. 그녀는 황제라는 칭호 대신 '측천대성황후'라는 칭호를 받았다.

모든 정치제도가 고종 시대로 되돌아왔다. 705년 11월 26일, 82세의 무측천은 낙양 상양궁에서 눈을 감았다. 그녀는 죽기 전에 다음과 같은 유언을 남겼다.

"나의 황제 칭호를 없애버리고 측천대성황후라고 하라. 왕황후, 소숙비의 두 가족과 저수량, 한원, 유석의 가족을 특사하라."

이 유언은 자신이 일생 수많은 사람의 피를 뿌려가며 얻었던 모든 것을 근본적으로 부정한 것이나 다름없었다. 아무리 봐도 무측천의 성품에 부합되지 않는 이 유언은 위조된 것으로 의심하는 사람도 있다.

그렇다면 그는 무엇 때문에 이런 짓을 했을까? 사서에는 중종 이현이 즉위 후 무삼사가 무측천의 유서를 위조해 위원충에게 갖다 주었다는 기록이 있다. 위원충은 이에 감동의 눈물을 흘리며 무삼사에게 상을 내렸다고 한다.

조정에서는 무측천이 이미 황제의 명칭을 버렸으므로 황릉을 따로 짓지 않고 고종과 합장하기로 했다. 반대하는 사람이 있기는 했지만,

무측천은 엄연히 중종의 생모였다.

죽은 지 1,000년의 세월도 더 지난 지금도 그녀에 대한 세상 사람의 평가는 생전에 수도 없이 바뀌었던 그녀의 호칭만큼이나 다양하다. 많은 사람이 우러러보았으나 사랑받지는 못했던 권력자, 무측천이라는 여인의 인생을 바라보는 또 하나의 시각이다.

무측천보다 50년 먼저 신라의 왕이 된 선덕여왕

한반도 역사에서 여성이 직접 통수권자로서 국정을 운영한 것은 선덕여왕, 진덕여왕, 진성여왕뿐이다. 공교롭게도 모두 신라의 여왕이다. 부권이 강했던 왕조 시대에 여성이 나라를 다스린다는 것은 매우 이례적이고 충격적인 사건이었을 것이다. 중국 최초의 여성 황제로 기록된 당나라의 측천무후도 선덕여왕보다 50년 늦게 모습을 드러냈다.

당태종이 모란도 한 점으로 신라와 선덕여왕을 모욕한 사건은 여성 통치자에 대한 양국의 시각을 그대로 드러낸다.

어느 날 신라 조정에 사신이 당도했다. 그는 당태종의 하사품이라며 활짝 핀 세 가지 색깔의 꽃 그림 한 점과 꽃씨 석 되를 들고 왔다. 그런데 신라인들은 도무지 이 꽃의 정체를 알 수가 없었다.

"그 꽃은 분명 향기가 없을 것이다."

오직 선덕여왕만이 선물의 의도를 알아차렸다. 신하들이 그림만으로 어찌 그것을 알 수 있는지 묻자 여왕이 대답했다.

"꽃 그림에 나비가 없으니 향기가 없다는 것이다."

궁녀들은 꽃씨를 대궐 뜰 안에 심고 꽃이 피기만을 기다렸다. 그런데 정말로 향기 없는 꽃이 피어났다. 입소문을 듣고 대신들도 꽃을 확인하러 왔다.

"대왕께서는 전에 이 꽃을 보신 적이 있습니까?"

대신들이 여왕에게 물었다. 그러자 여왕이 탄식하듯 내뱉었다.

"이것은 당의 황제가 홀로 사는 과인을 희롱한 것이오."

선덕여왕은 일국의 여성 통치자에게 점잖지 못한 수작을 부린 당 태종의 속셈을 훤히 꿰뚫어본 것이다. 그 증거는 고구려, 신라, 백제 삼국의 전쟁이 막바지에 치달을 무렵 신라의 구원 요청을 받은 당태종의 편지에서도 적나라하게 드러났다.

"그대 나라는 여자를 임금으로 삼고 있으므로 이웃 나라의 업신여김을 받게 되고, 임금의 도리를 잃어 도둑을 불러들이게 되고 해마다 편안할 때가 없다. 내가 왕족 중의 한 사람을 보내 그대 나라의 왕으로 삼되, 자신이 혼자서는 왕 노릇을 할 수 없으니 마땅히 군사를 보내 호위케 하고, 그대 나라가 안정되기를 기다려 스스로 지키는 일을 맡기려 한다. 이것이 세 번째 계책이다. 잘 생각해보라. 장차 어느 것을 따르겠는가?"

643년 9월 당 태종이 보낸 이른바 '신라가 편안히 살 수 있는 세 가지 계책' 중 일부다.

한 치 앞을 못 보는 게 인생이다. 틈만 나면 여왕이 통치하고 있는 신라를 모욕하고 한반도를 얕잡아보았던 당태종도 결국은 온 세상의 웃음거리가 되고 말았다. 그는 나당연합군의 협공으로 이루어진 고구려와의 전쟁에서 보기 좋게 패하고 그 후유증으로 중병이 들어 다시는 일어나질 못했다.

그 후 당나라는 그의 수많은 후궁 중 한 명인 무측천의 세상이 되었다. 당태종은 그녀가 아들과 놀아나다 왕권을 독차지한 것으로도 모자라 스스로 황제가 되어 당나라를 지워버린 장본인이 될 줄은 꿈에도 상상하지 못했을 것이다.

6장

어태후

[西太后]

사악한 권력의 화신

간추린 중국사

중국 역사상 마지막 황제의 나라인 청나라는 강희제와 옹정제 시대를 거치며 눈부신 경제적 성장을 이루었으며 건륭제 때에 이르러서는 최고의 전성기를 누렸다. 그러나 60여 년을 황제로 군림했던 건륭제는 측근들의 비리를 단속하지 못했고, 그 결과 나라를 혼란에 빠뜨리면서 점차 국운이 기울기 시작했다.

1840년, 도광제는 영국 상인들이 밀매하려던 아편을 몰수하고 궁문 앞에서 전부 태워버린다. 영국은 이에 보복하기 위해 함대를 몰고 왔고, 수세에 몰린 청나라는 '홍콩을 영국에 할양하고 5개의 주요 항을 완전히 개방한다'는 내용을 골자로 한 '남경조약'을 체결한다. 중국이 외국과 맺은 최초의 불평등 조약으로 기록된 이 치욕적인 조약의 체결을 시작으로 청나라는 영국을 비롯한 서구 열강의 반식민지 상태로 접어든다.

그녀의 프로필

일명 서태후(西太后). 청나라 9대 황제 함풍제의 두 번째 황후이며, 10대 동치제의 모후.

동치제가 6세에 보위에 오르자 황실에는 두 명의 태후가 탄생하게 된다. 동쪽 궁에서 산다고 하여 일명 '동태후'로 불리는 황후 유호록씨는 아들을 낳지 못했다. 동치제는 서쪽 궁에 사는 의귀비 나랍씨, 일명 '서태후'의 소생이었다. 함풍제의 고명대신들은 황제의 생모와 정실 황후를 똑같이 우대한다는 명목으로 동태후는 자안황태후로, 서태후는 자희황태후로 봉하도록 공론을 모은다. 서태후는 이때 정변을 일으켜 여성의 정치 참여를 금지한 청나라 국법을 어기고 동태후와 나란히 수렴청정에 들어간다. 27세의 나이로 태후가 되어 근 50년간 중국의 최고 통치자로서 군림했던 서태후의 등장은 시작부터가 이렇게 극적이었다.

사악한 권력의 화신,
서태후

✦ 제2의 측천무후를 꿈꾼 소녀

서태후는 1835년 10월 10일 만주족의 관료 세가에서 태어났다. 본래 성은 나랍씨(那拉氏)다. 그녀는 강남의 고위 관료인 아버지 덕에 여섯 살 때 이미 만주족과 한족의 언어를 모두 익혔다. 자라면서는 《시경》과 《서경》, 특히 역사 서적을 탐닉했으며 악기를 잘 다뤘고 춤과 노래에도 재능이 뛰어났다.

측천무후는 권력을 꿈꾸는 중국 여성의 최대 우상이었다. 어린 서태후도 그중 한 명이었다. 그녀는 측천무후의 일대기에 관한 책을 모조리 구해 읽으며 인생의 목표를 정했다.

"나중에 크면 나도 황궁에 들어갈 거야!"

어린 서태후가 친구들 앞에서 늘 입버릇처럼 하던 말이었다. 언젠가는 자기도 측천무후처럼 막강한 권력자가 되겠다는 거였다. 그녀의 야심은 27살 되던 해에 마침내 현실이 되었다.

그녀는 북방의 여느 여자처럼 뚱뚱하고 거친 피부 대신에 호리호리한 몸매에 매끈한 피부를 가진 요염하고 매력적인 숙녀로 성장했다. 외모에 대한 자신감은 그녀의 콧대를 한층 높여주었다. 그러나 부모는 내심 딸을 탐탁지 않게 여겼다. 그녀는 성격이 오만하고 숙녀답지 못하다는 이유로 부모에게 자주 야단을 맞아야 했다.

"너는 어째서 늘 몸치장이나 하고 번화가에 나가 경박한 여자애들과 휩쓸려 놀 궁리만 하는 거냐? 점잖은 집 규수라면 네 동생처럼 정숙하게 처신해야 하는 법이다."

그녀는 부모가 동생을 편애하는 말을 할 때마다 속으로 이렇게 외쳤다.

'난 앞으로 동생보다 더 잘되고 말 테야.'

바로 그 여동생이 훗날 순친왕 혁현의 아내이자 동치제의 뒤를 이어 청나라의 황제가 된 광서제의 생모다.

서태후의 나이 16살 때 도광제가 병으로 죽었다. 뒤이어 황제가 된 함풍제는 방탕하고 무능한 위인이었다. 그가 등극하자마자 가장 먼저 한 일은 여관(청나라에는 3년에 한 번씩 미녀를 선발하는 제도가 있었다. 13살부터 18살에 이르는 만주족 여자들을 대상으로 한다. 예선에 합격하면 입궁하여 황제의 후궁이 되거나 황족과 혼인을 하게 된다. 이 여자들을 가리켜 여관(女官)이라고 한다)을 뽑는 일이었다.

훗날의 서태후 나랍씨는 이 무렵 강남 제일의 미녀로 소문이 자자했다. 그녀는 새 황제가 등극했다는 소식을 듣고 하루빨리 여관 선발령이 떨어지기만을 기다렸다. 함풍제는 이미 정비인 황후를 비롯한 여러 명의 후궁을 거느리고 있었지만, 아직 아들을 한 명도 낳지 못했다. 나랍씨의 목표는 황제의 아들을 낳는 것이었다.

마침내 선발령이 내려지자 자청해서 도성에 올라간 그녀는 여관 선발시험에 거뜬히 통과했다. 시험에 붙은 여자 중 몇몇은 한평생 궁에 갇혀 살게 된 자신의 운명을 탓하며 눈물을 흘리기도 했지만, 그녀는 좋아서 어쩔 줄을 몰랐다.

"바보같이 울기는 왜 우니? 잘하면 황후가 될 수도 있는데 그렇게들 자신이 없어?"

그녀는 함께 여관으로 선발된 소녀들을 위로했지만 속으로는 비웃고 있었다. 그녀에게는 여관으로서 궁에 들어간다는 것이 황제의 총애를 받을 수 있는 첫 번째 관문을 통과했음을 의미했다. 그러나 그녀는 입궁한 지 오랜 시일이 지나도록 황제의 그림자도 볼 수 없었다.

여관에게는 다달이 궁내부에서 얼마 안 되는 은전이 지급되었다. 기회는 스스로 만드는 것, 나랍씨는 다른 많은 궁녀와 마찬가지로 매일 신세 한탄이나 하면서 처량하게 시간을 흘려보내기는 싫었다.

"황제께서 자주 다니시는 길목만 알려주면 됩니다."

그녀는 달마다 궁내부에서 내주는 은전으로 환관을 매수하여 중요한 정보를 얻어내는 데 썼다.

함풍제는 점심 식사를 마치면 대전에서 조금 떨어진 수목청각에서 낮잠을 즐겼는데, 항상 일정한 시간에 가마를 타고 오동나무 밑을 지나간다는 것이었다. 나랍씨는 이 말을 듣고 날마다 오후가 되면 그곳으로 나가서 구성지게 노래를 불렀다. 그녀는 특히 강남 속요를 잘 불렀다.

연이어 며칠 동안 어디선가 아름다운 여인의 노랫소리가 들려오자 함풍제는 마음이 싱숭생숭해졌다. 그러다 하루는 노랫소리가 들리지 않자 사뭇 이상한 생각이 들어 내관을 시켜 그 여인을 찾아오도록 했다. 나랍씨는 이때를 기다려 속살이 비칠 듯 말 듯 얇은 춤옷으로 치장하고 있었다. 이윽고 그녀가 앞으로 나아가자 함풍제는 넋 나간 사람처럼 표정이 멍해졌다. 얇은 옷에 살짝 가린 날씬하면서도 곡선이 뚜렷한 몸매, 반달 같은 눈썹, 가을 호수처럼 맑고 영롱한 눈매, 복사꽃 같은 볼과 웃음을 머금은 앵둣빛 입술을 가진 그녀에게서 은은하면서도 세련된 아름다움이 느껴졌다.

그동안 짙은 화장으로 뻣뻣함을 가린 북방 여인들과 어울리는 데 싫증이 날 대로 난 함풍제였다. 그러던 차에 마침 요염한 자태로 춤추고 노래하는 강남 여인을 만나고 보니 황제의 체통이고 뭐고 다 잊어버린 채 정신을 못 차렸다. 함풍제는 그녀의 노래가 끝나기 바쁘게 침소로 데려가 며칠 동안 다른 후궁은 쳐다보지도 않았다.

그러나 그녀는 이렇게 우연한 총애를 받는 것만으로는 자신의 지위를 든든하게 유지할 수 없다는 것을 잘 알고 있었다. 궁궐에서 확고한 지위를 차지하려면 황제를 붙잡고 한시도 놓지 말아야 했다. 그녀는 온갖 수단과 방법을 가리지 않고 함풍제의 몸과 마음을 사로잡기 위해 노력했다.

함풍제는 시간이 흐를수록 그녀와의 육체의 향연에 깊이 빠져들었다. 얼마 후 그녀는 난귀인으로 책봉되었고 함풍제의 유일한 아들 재순(훗날의 동치제)을 낳은 뒤에는 의귀비가 되었다. 마침내 중국을 격변의 회오리 속으로 몰아갈 파괴와 음모의 화신, 서태후가 권력의 초고속 엘리베이터를 타게 되는 순간이었다.

✦ 열하의 정변

측천무후 같은 여황제를 꿈꾸었던 소녀가 수천 명의 후궁을 제치고 황제의 아들을 낳았다. 이제 그녀는 꿈꾸던 2단계 목표를 향해 나아갈 차례였다.

함풍제의 정실 황후인 유호록씨는 자기 주장이 없는 온순한 성격이었다. 그녀는 황제가 의귀비를 총애하여 그 권세가 나날이 높아가는데도 특별한 경계심을 품지 않았다. 황후의 그런 태도는 의귀비의 정치적 운신의 폭을 더욱 넓혀주는 역할을 했다.

함풍제는 유일하게 아들을 낳아준 의귀비에게 재위 초반부터 막강한 권세를 안겨주었다. 그는 섹스 중독증 환자였다. 매일 의귀비와 밤낮으로 노닥거리다 보면 조정이 어떻게 돌아가는지 신경 쓸 겨를이 없었다. 그러다 자신이 결정해야 할 성가신 문제가 생기면 그녀가 시키는 대로 지시를 했다. 이것은 여성의 정치 참여를 허용하지 않던 당시의 규정에 어긋나는 것이었다. 함풍제는 심지어 그녀가 글씨를 잘 쓴다는 이유로 대신들의 상주문이 올라오면 대신 결재를 시키기도 했다.

황제의 신임이 날로 깊어지자 조정 대신들 사이에서도 그녀에게 아부하려는 세력이 하나둘 늘어났다.

아편전쟁 이후 서양의 문물과 사상이 활발하게 들어오던 무렵, 홍수전이라는 사람이 기독교 서적을 읽고 한 가지 아이디어를 얻었다. 1851년 1월 11일, 그는 공자와 맹자의 위패를 부숴버리고 신흥종교단체인 배상제회(拜上帝會)를 결성한다. 만민의 평등과 부패한 조정의 타도를 외치며 시작된 반란은 대규모 농민봉기로 이어졌다. 그들은 봉기가 시작된 지 2년 만에 남경을 함락시키고 '태평천국'의 시대가 왔음을 선포한다. 사람들은 그들을 '태평군'이라 불렀다.

청나라 군대가 양자강 중류와 남경 일대에서 태평군에게 크게 패하고 우왕좌왕하는 사이 1856년에는 영국과 프랑스 연합군이 쳐들어왔다. 제2차 아편전쟁이 발발한 것이다. 전쟁은 4년 동안이나 이어졌다. 연합군은 끝내 북경까지 진격해 들어왔다. 그들은 동양에서 가장 호화롭고 아름다운 궁전으로 손꼽히는 원명원(圓明園)에 불을 지르고 북경을 쑥대밭으로 만들었다. 함풍제는 연합군이 북경으로 쳐들어온다는 소식에 지레 겁을 먹고 열하의 행궁으로 피난을 떠났다.

1년 후, 함풍제는 이복동생인 공친왕 혁흔을 외교사절로 보내 '북경조약'을 체결하도록 했다. 북경조약은 1차 아편전쟁 때 맺었던 남경조약의 유효함을 재차 확인하고 청나라 정부가 영국 정부에 내기로 했던 전쟁 배상금 액수를 400만 냥에서 800만 냥으로 증액할 것, 천진항을 개항하고 영국의 중국인 노동자 모집을 허용할 것 등을 요구하며 청나라의 굴욕적인 항복을 강요하는 조약이었다. 청나라는 이 북경조약을 주선했다는 이유로 대가를 요구하는 러시아 정부에게도 중국 동부의 땅을 내주는 수모를 겪는다. 이때부터 홍콩섬 건너편에 있는 구룡도는 영국의 수중에 들어갔고 황실의 권위는 땅에 떨어지고 말았다.

열하에서 근 1년 동안의 피난살이는 의귀비의 정치적 야심을 실현하게 하는 결정적인 계기가 되었다. 무능한 함풍제는 거듭되는 내우외환으로 혼란에 빠진 국정을 수습하기는커녕 날마다 육욕에 빠져 방탕한 생활을 계속했다. 심지어 영국, 프랑스와 치욕적인 조약을 맺고 외국 군대가 물러간 후에도 조정으로 돌아갈 생각을 하지 않았다. 조정에서는 연일 황제가 돌아오기를 청하는 상주문이 올라왔다. 그러나 황제는 대신들의 상주문조차 읽기 싫어했다. 그 일을 대신해서 처리한 사람이 바로 훗날의 서태후, 의귀비였다.

함풍제는 그녀가 상주문을 읽어주면 대충 의견을 물어 그대로 결재하도록 했다. 간혹 군기대신이 상주문을 가지고 들어오면 황제에게 알리지도 않고 그녀가 직접 결재하는 경우도 있었다. 함풍제도 이 일을 알고는 있었지만, 어차피 정치는 그의 관심 밖이었다. 그때 의귀비의 독단을 경계하는 목소리가 전혀 없었던 것은 아니다.

어전대신으로 협판대학사와 상서를 겸하고 있던 숙순은 여성인 의귀비가 정치에 간섭하는 것은 법도에 어긋나는 일이라며 여러 번 직언했지만 함풍제는 아무런 조치를 하지 않았다.

1861년 7월, 방탕한 생활로 몸이 허약해진 황제는 결국 중병에 걸려 앓아눕고 말았다. 그는 죽기 전에야 비로소 정신이 든 듯 의귀비의 정치적 야심에 눈을 돌리기 시작했다. 이때부터 상황은 무척 긴박하게 돌아간다.

7월 16일, 병이 위독해진 함풍제는 여섯 살 난 외아들 재순을 황태자로 책봉하고 숙순을 비롯한 8명의 고명대신을 임명하여 어린 황제를 보필할 것을 당부한다. 그리고 황후인 유호록씨에게도 비밀리에 황권을 상징하는 옥새를 따로 남긴다.

함풍제가 8명이나 되는 고명대신을 임명한 것은 혹시라도 자신의 이복동생인 공친왕이 딴마음을 품었을 경우 합심하여 대처하라는 뜻이었다. 그렇다면 또 하나의 옥새는 무슨 뜻으로 남긴 것일까? 두말할 것도 없이 그것은 태자의 생모인 서태후 견제용이었다.

함풍제는 생전에 그토록 총애하던 의귀비도 믿지 못했다. 그러므로 자신이 죽은 뒤 그녀가 황제의 생모라는 지위를 이용하여 권력을 탈취하지 못하게, 성품이 원만한 유호록씨에게 황권을 행사할 수 있도록 장치를 해둔 것이었다. 평생 무능하고 방탕했던 황제도 마지막 순간에는 하나뿐인 아들의 보위를 안전하게 지켜주기 위해서 나름대로 꽤 고심한 흔적이 엿보인다.

7월 17일, 함풍제는 재위 11년 만에 열하행궁에서 세상을 떠났다. 숙순 등 8명의 고명대신은 비상시국을 선포하고 의귀비의 아들 재순을 보위에 앉힌다.

얼마 후 그들은 황제의 생모인 의귀비와 양모인 황후를 동시에 황태후로 봉했다. 이제부터 동태후와 서태후의 시대가 열린 것이다.

당시 조정은 숙순을 비롯한 8명의 고명대신과 공친왕 혁흔, 이 양대 세력이 어린 황제를 사이에 두고 치열한 힘겨루기를 벌이는 중이었다. 공친왕 혁흔은 정치적 야망이 큰 인물이었다. 그와는 이복형제지간인 함풍제도 공친왕의 세력이 커지는 것을 원치 않았다.

함풍제는 그가 재능이 뛰어난 것을 알면서도 줄곧 중용하지 않다가 영국, 프랑스 연합군이 북경에 쳐들어오자 난국수습용으로 내세웠다. 그러나 공친왕은 북경조약을 체결하는 과정에서 영국, 프랑스, 러시아 등 외국의 실력자들과 친분을 쌓으며 자신의 세력 범위를 확장했다. 숙순을 비롯한 고명대신은 외국인과 치욕스러운 조약을 맺고도 조정에 남아 있는 공친왕의 존재를 인정하려 들지 않았다. 그러나 공친왕은 난리 통에 수도를 버리고 함풍제를 따라갔던 어전대신들이 오히려 나라를 망친 주범이라며 그들을 몰아붙였다.

두 파의 대립은 갈수록 격화되었다. 서태후는 숙순이든 공친왕이든 자기와는 정치적 대립관계에 있다는 사실을 간파하고 있었다. 또한 그 상황에서 자신이 권력을 장악하는 데 큰 장애가 되는 것은 숙순 일파인 고명대신이라는 것도 잘 알고 있었다. 그간 도성에 남아 있으면서 공친왕이 구축해놓은 세력 기반도 무시 못 할 현실이었다. 생각을 정리한 서태후는 1단계 작전에 돌입했다.

그녀는 먼저 동태후에게 숙순 일파가 황권을 탈취하려는 불측한 의도를 품고 있다는 것을 믿게 한 다음 장안에 있는 공친왕에게 비밀리에 사자를 보냈다.

8월 1일, 공친왕 혁흔은 재궁(황제의 관)을 배알하겠다는 구실을 대고 열하행궁으로 향했다. 공친왕도 태후가 권력을 독차지하는 것을 바라지는 않았다. 그러나 숙순 세력을 제거하고 자기가 조정의 대권을 장악하려면 태후들의 힘을 이용할 필요가 있었다. 일이 성사된 후 두 태후쯤은 쉽게 다룰 수 있으리라고 생각했다. 그는 두 태후가 공동으로 정사를 주관하는 것을 돕는 대신 자신의 미래를 보장받는 조건으로 서태후와 연합 전선을 구축했다.

8월 7일, 공친왕은 서태후가 미리 만들어놓은 조서를 가지고 북경으로 돌아왔다. 숙순 일파의 죄상을 기록한 조서였다. 그가 북경에 가서 대기하고 있는 동안 서태후의 심복들이 2단계 행동을 개시했다. 그들은 황제의 나이가 어리니 황태후 둘이서 잠시 조정의 정치를 맡아 보되 황제가 나이가 들면 정권을 이양하도록 하는 게 합리적이라는 내용의 상주문을 올리게 했다.

8월 11일, 서태후는 황제의 재궁을 모시러 열하행궁으로 들어온 숙순을 불러 은연중에 상주문에 대한 반응을 떠보았다. 아니나 다를까, 숙순은 함풍제가 고명대신들에게 어린 황제를 보좌하라고 지시한 이상 태후들에게 정치를 맡길 이유가 없으며 청 왕조에는 역대로 태후가 정무를 관장한 선례가 없었다면서 상주문의 내용을 일축해버렸다.

"흥! 세상 돌아가는 형편도 모르는 늙다리들 같으니!"

서태후는 코웃음을 치며 그들을 모조리 제거할 결심을 굳힌다. 9월 23일, 그녀는 공친왕과 계획한 대로 숙순에게 함풍제의 재궁을 모시고 큰길을 통해 북경으로 돌아가라는 조령을 내렸다.

9월 24일, 서태후는 함풍제의 이복동생이며 자신의 제부인 순친왕 혁현을 시켜서 그를 뒤쫓게 했다. 숙순은 밀운의 여인숙에서 하룻밤 묵어가려다 서태후의 밀명을 받고 들이닥친 순친왕의 군사들에게 포박당하는 신세가 되었다.

같은 날 서태후와 동태후는 군사의 보호를 받으며 어린 황제를 데리고 지름길을 이용해서 숙순 일파보다 한발 앞서 북경 자금성에 도착했다. 이날 8명의 고명대신 전원이 서태후의 심복들에게 붙잡혔다.

곧바로 함풍제의 재궁을 맞아들이는 의식이 거행되었다. 서태후와 동태후는 어린 황제와 함께 상복을 입은 채 백마가 끄는 마차를 타고 자금성 밖으로 나가 함풍제의 재궁을 맞아들인 뒤 10월 초에는 태화전에서 문무백관의 하례를 받았다.

태후 책봉식이 끝나자 모든 일이 사전에 짜인 각본대로 착착 진행되었다. 8명의 고명대신 중 2명은 자결을 강요당했고 5명은 파직된 뒤 국경 근처로 귀양을 떠났다. 우두머리 격인 숙순에게는 능지처참 형이 떨어졌다. 이로써 숙순 일파는 모두 제거되었고 새 황제는 연호를 동치(同治)로 정했다. 동태후와 서태후가 한마음으로 나라를 다스린다는 뜻이다. 태후들의 수렴청정이 공식화된 것이다.

물론 실상은 서태후가 정권을 틀어쥔 것이나 마찬가지였다. 동태후는 평범하고 말주변이 없었다. 어린 황제 뒤에는 두 명의 태후가 나란히 발을 치고 앉아 있었지만, 항상 대신의 물음에 대답하는 것은 서태후 한 사람뿐이었다.

이때 그녀의 나이 27세, 사람들은 그녀가 8명의 고명대신을 제거하고 중국 최고의 권력자로서 부상하게 된 이 사건을 '열하의 정변' 혹은 신유년에 일어난 정변이라는 뜻에서 '신유정변'이라 부른다.

✦ 생모의 학대로 요절한 동치제

정권을 잡은 초기만 해도 서태후는 한 고조 유방의 아내 여황후나 무측천처럼 과감한 개혁 정치로 조정 분위기를 쇄신하고 흐트러진 민심을 한곳에 모으기 위해 노력하는 등 비범한 정치적 재능을 보여 주었다.

공친왕 혁흔은 그녀의 유력한 정치 파트너였다. 서태후는 총리아문을 신설하여 그에게 외교와 국방의 일을 주관하게 했고, 쇠퇴해진 국방력과 경제를 살리기 위한 대책 마련에 나섰다.

유학생을 영국과 프랑스 등 서양 6개국에 파견하여 신기술을 배워 오게 한 것은 공친왕의 제안을 받아들인 것이었다. 과학기술과 학문의 다양한 발전이 이 시기에 이루어졌다. 유럽에서 대형 군함을 수입하고, 근대식 무기를 제조할 수 있는 군수품 공장을 중국 내에도 설립했다. 한족 출신의 명장 이홍정을 등용하여 북양 함대를 구축한 것도 이 시기의 일이다. 군대에서는 유럽식 군사 훈련이 시행되었다.

서태후는 또 집권한 지 2년 만에 봉기군의 마지막 지도자 격인 석달개를 사로잡아 '태평천국의 난'을 완전히 진압하는 데 성공했다. 석달개는 포로로 잡히기 전 병사들을 사면해서 원한다면 관군에 복속시킬 것을 청했지만, 서태후는 그의 요구를 일언지하에 무시해버렸다. 결국 봉기군 병사 대부분은 야밤에 관군의 기습을 받아 몰살당하고, 석달개는 끝내 조정의 회유를 거부한 채 능지처참을 당했다.

그로부터 3년 후에는 중국 북부를 위협하고 있던 '염군(捻軍)의 난'

을 진압하여, 오랫동안 반군의 지배 아래에 있던 농민들에게 농기구와 종자를 보급하고 토지개간을 장려해 농사를 다시 활성화했다. 농업과 중공업의 발전으로 황실 재정은 점차 복구되었고, 10여 년간 과거시험이 중단되었던 반군 지배 지역에서도 과거시험을 시행했다. 사람들은 덕분에 중국의 내정이 비교적 안정되었다는 뜻에서 서태후의 1차 수렴청정기인 이 11년간을 '동치중흥의 시대'라 부른다. 통치 기간이 오래될수록 서태후는 조정의 정치를 익숙하게 처리했으며, 자신의 세력을 굳건히 하는 일에도 최선을 다했다.

무측천의 경우와 마찬가지로 친아들이 하루하루 커가는 것은 서태후에게 커다란 위협이 되었다. 어린 황제가 성년이 되면 모든 정사를 직접 돌보게 될 테니 조만간 태후가 설 자리를 잃게 되는 것이다. 동치제가 18세가 되면 서태후는 39세의 한창나이에 정권을 이양해야만 했다. 일찍이 과부가 된 것도 서러운데 그 나이에 후궁에 물러앉아서 외롭게 늙어가야 한다는 것은 그녀가 받아들이기 힘든 현실이었다.

서태후는 그때를 대비하여 어린 아들에게 노예처럼 순종하는 습성을 길들였다. 일찌감치 자신의 절대 권력을 확립시켜놓지 않으면 그 끔찍한 현실의 주인공이 될 날도 멀지 않았기 때문이다.

서태후는 심복 환관인 안득해를 시켜 황제의 일거일동을 감시하게 하고 동치제가 조금이라도 순종하지 않는 기미가 보이면 즉시 엄하게 꾸짖었다. 나이는 어리지만, 동치제도 만만한 성격은 아니었다. 그는 안득해가 모후의 심복이란 것을 모르고 그를 함부로 대했다가 서태후로부터 심한 꾸지람을 들었다. 그 후로 동치제는 자신이 생모인 서태후 앞에서는 환관들보다 못한 존재라는 자괴감에 빠져, 인정 많은 동태후에게 심적으로 의지하게 되었다.

1872년 9월, 동치제 재순은 18세의 나이로 황후를 맞아들였다. 황후 간택령이 떨어진 후 최종적으로 물망에 오른 두 명의 후보 중 한 명은 만주족 출신이었고, 또 다른 한 명은 몽골족 출신이었다. 동치제와 동태후는 호부상서 숭기의 19살 된 딸 아로특씨를 마음에 두고 있었다. 몽골족인 아로특씨는 총명하고 덕이 있는 처녀였다.

그러나 만주족 출신인 서태후는 같은 만주족인 시랑 봉수의 14살짜리 딸을 황후로 맞아들이겠다고 했다. 이 일을 두고 동태후와 서태후는 서로 한 치의 양보도 없는 신경전을 벌였다.

동태후는 서태후에게 황제의 뜻에 맡기자는 제안을 했고, 황실 내부의 공론도 동태후의 의견이 합당하다는 쪽으로 흘러갔다. 궁지에 몰린 서태후가 아들의 의향을 물었더니 동치제는 기다렸다는 듯이 아로특씨를 황후로 맞아들이겠다고 선언했다. 이것은 성년을 맞은 동치제가 처음으로 생모와 대결하여 이룬 한판승이었다.

아로특씨는 곧 황후로 책봉되었고, 봉수의 딸은 혜비가 되었다. 황제의 결혼은 곧 그가 성년이 되었다는 것을 뜻한다. 서태후는 일단 수렴청정을 중지한다고 선포하고 아들에게 정사를 맡겼다.

그러나 이미 조정에는 서태후의 막강한 지지 세력이 포진해 있던 상황이었다. 형식상으로는 황제가 정사를 주관하는 것처럼 보였지만 실제 모든 결정은 서태후의 입에서 나왔다. 그녀는 자신이 신임하는 환관에게 동치제와 대신의 언행을 은밀히 감시하게 시켰다.

동치제는 훗날 효철황후로 봉해진 아로특씨를 극진히 사랑했다. 학식과 교양이 풍부하고 예의 바른 황후는 10년 넘게 생모의 억압 속에 살아온 동치제에게 많은 위안을 주었다. 황제 부부는 당시(唐詩)에 대한 조예가 깊었다. 황제가 시를 한 구절 읊으면 황후는 그다음 구절을 술술 외웠다. 동태후는 모처럼 황제가 활짝 웃는 모습에 덩달아 즐거워했다.

유독 한 사람, 서태후만은 황제 부부의 금실이 갈수록 두터워지는 것을 영 달가워하지 않았다. 그녀는 과거 자신이 그랬던 것처럼 황후가 남편을 조종하게 될까봐 한시도 마음을 놓지 못했다. 심지어 부부가 같이 지내는 시간이 많은 것마저 못마땅하게 여겼다.

매일 아침저녁으로 황제 부부가 두 태후의 침전에 가서 문안을 드렸다. 그럴 때마다 서태후는 차가운 얼굴로 황후를 거들떠보지도 않은 채 모욕적인 훈계를 늘어놓았다.

"황제는 아직 나이가 어리고 국가 대사가 막중한데 황후는 어째서 그렇게 철이 없단 말이오? 허구한 날 황후가 황제를 쫓아다니며 교태를 부린다는 소문이 궁궐에 자자하던데, 사람들 보는 눈이 민망하지도 않소?"

또 그녀는 아들인 동치제에게도 노골적으로 황후에 대한 반감을 표했다.

"혜비가 똑똑하니 자주 찾아가서 이야기를 나눠보세요. 황후는 궁중 예절에 익숙하지 못하고 천방지축이라 정무에 방해될 수 있으니 당분간 거리를 두는 게 좋을 것 같소."

서태후는 그래도 황제가 말을 듣지 않으려고 하자 아예 정무에 방해가 된다는 이유로 환관을 시켜 동치제와 효철황후가 자주 접촉하지 못하도록 했다. 한창 신혼의 단꿈을 꾸고 있던 황제 부부는 서태후의 등쌀에 못 이겨 서로 떨어져 지낼 수밖에 없었다. 자기가 사랑하는 황후와는 가깝게 지낼 수도 없고, 서태후가 강권하는 혜비는 보기도 싫은 데다가 명색뿐인 황제 자리에도 염증을 느낀 동치제는 그만 우울증에 빠지고 말았다.

하루가 다르게 의기소침해진 그는 점차 향락에 빠져들어 온종일 술에 취하는 날이 많았다. 그러다 평복을 하고 몰래 기생집에 출입하기 시작했다. 이렇게 2년이 지나는 동안에 동치제는 그만 성병에 걸려 몸까지 망가지기 시작했다.

1874년 12월, 불과 19세의 젊은 황제는 병세가 더욱 악화했고 천연두까지 겹쳐서 병석에 눕고 말았다. 황제가 중병에 걸렸다는 소식을 듣고 황후는 서태후 몰래 문병을 하러 갔다. 오랜만에 만난 두 사람은 서로의 몰골을 마주한 순간 통곡하기 시작했다. 황제는 피골이 상접해 있었고 황후의 얼굴도 말이 아니었다.

"그동안 혼자서 얼마나 힘들게 지냈으면 얼굴이 이렇게 안 되었단 말이오? 서궁에서 당신을 괴롭히진 않았소?"

황후는 서궁이라는 말이 나오자 더욱 설움이 복받치는 듯 흐느껴 울기 시작했다. 어느덧 그 눈물이 동치제의 손등을 타고 흘러내렸다.

이때 심복 환관의 보고를 듣고 분기탱천한 서태후가 문을 박차고 황제의 침소에 들이닥쳤다. 그녀는 끓어오르는 분을 억누르지 못한 채 황후의 머리채를 거머쥐고 뺨까지 때렸다. 겁에 질린 황후는 머리가 산발이 된 채 더욱더 서럽게 울었다. 서태후는 쓰러져 우는 며느리에게 계속 매질을 하면서 욕을 퍼부었다.

"내 아들을 망친 독한 년! 너같이 더러운 년은 내 손으로 때려죽이고야 말겠다. 어디서 함부로 주둥이를 놀리는 거야?"

서태후는 그래도 분이 풀리지 않는지 큰소리로 궁녀에게 외쳤다.

"어서 몽둥이를 가져와!"

불쌍한 동치제는 당장이라도 황후를 때려죽일 것처럼 달려드는 생모의 서슬에 놀라서 실신을 해버렸다. 서태후는 아들이 까무러치는 것을 보고서야 방을 나섰다.

동치제는 이후 병세가 급격히 악화하여 19살의 나이로 요절하고 만다. 그가 친정을 맡은 지 2년째 되던 해였다. 황후는 그로부터 100일도 못 되어 스스로 목숨을 끊었다.

✦ 네 살짜리 코흘리개 황제

동치제가 죽은 뒤 청나라에는 동치제가 보위에 올랐을 때보다 더 어린 나이의 황제가 탄생했다. 광서제는 서태후의 영구 집권을 위해 급조된 두 번째 타자였다.

청나라 왕조의 법도에 따르면 황제에게 아들이 없으면 가까운 황족 가운데 아래 항렬에서 황태자를 선발하여 왕위를 계승하게 했다. 동치제는 아들이 없었다. 동치제의 항렬은 재(載)이기 때문에 그 아들뻘인 부(傅)자 항렬에서 왕위를 계승할 사람을 선발해야 했다. 그러나 그렇게 되면 서태후는 태황태후가 되어 지위만 높아지고 황제와는 거리가 생겨 조정에 간섭할 명분이 서지 않는다는 문제가 있었다.

동치제의 갑작스러운 죽음은 이래저래 서태후에게 큰 타격이 아닐 수 없었다. 그나마 동치제는 마음대로 주무를 수 있는 아들이었고, 덕분에 조정 대신들의 반발을 무마시킬 수 있었지만, 이제부터는 상황이 전과 같지 않으리라는 것을 그녀도 알고 있었다.

훗날 서태후는 당시의 심정을 이렇게 말했다.

"19살밖에 안 되는 아들이 갑자기 요절할 줄은 몰랐다. 황제를 잃은 나의 처지는 크게 변했다. 그래서 나는 희망을 잃어버렸다."

그렇다고 해서 이미 장악한 권력을 쉽사리 내놓을 그녀가 아니었다. 동치제의 병이 위급해지면서 그녀는 차기에 대한 구상으로 바빴다. 일단 부자 항렬은 배제하고 재자 항렬에서 고르자니 대부분 나이가 많아 수렴청정할 수 없었다. 이리저리 궁리하던 끝에 적임자로 떠오른 인물이 순친왕 혁현의 아들 재첨(載湉)이었다.

순친왕은 평범한 사람이고 재첨의 생모는 서태후의 친동생이었다. 서태후는 일단 재첨을 자신의 양자로 입적시켰다. 재첨은 당시 네 살짜리 어린아이였다. 서태후는 이 어린아이를 황제로 내세워 일찌감치 자신의 꼭두각시로 만들어보기로 했다. 생각이 정해지자 서태후는 주저 없이 행동에 들어갔다.

먼저 그녀는 동치제가 임종을 앞두고 만난 사람들과의 대화 내용을 철저히 도청하게 했다. 어느 날 황제가 군기대신 이홍조에게 황실 종친 가운데 부자 항렬을 가진 사람에게 보위를 잇도록 하고 싶다는 말을 했다. 서태후는 곧 이홍조를 위협하여 입을 봉하게 하고는 자신의 심복인 영록을 내무대신으로 승진시켰다.

동치제가 죽은 날, 서태후는 주변에 함구령을 내리고 궁궐 요소요소에 군대를 풀어 철통같은 경비를 세웠다. 그리고 황실 종친들과 조정의 핵심인사들을 상대로 어전회의를 소집했다. 동태후는 여기에 참가시키지도 않았다. 갑작스럽게 소집령이 떨어지자 사람들은 황제가 죽은 줄 알고 부랴부랴 궁궐로 달려왔다.

"황제께선 아직 무사하니 걱정할 것 없소."

서태후는 그들을 안심시킨 뒤 넌지시 의중을 떠보았다.

"그런데 만일 뜻밖의 불행이 생긴다면 종실 가운데 누가 황위를 계승하는 것이 좋겠소?"

태후의 느닷없는 물음에 속 모르는 한 대신이 앞으로 나섰다.

"전례에 따르면 부자 항렬에서 계승자를 선발하는 게 맞습니다."

서태후는 돌연 안색이 변해서 그를 차갑게 노려보았다.

"난 부자 항렬에서 계승자를 뽑는 것에는 절대 동의할 수 없소. 부자 항렬에선 황제 될 만한 사람이 없기 때문이오. 순친왕의 아들 재첨은 황제와 혈통이 제일 가깝소. 난 그가 황제로 적격이라고 보는데 경들의 생각은 어떻소?"

그러자 미리 언질을 받았던 서태후의 심복 대신들이 앞다투어 재첨을 지지하고 나섰다. 다른 대신들은 태후의 서슬에 눌려서 아무 소리도 못 했다. 그러는 동안에 환관 하나가 들어와 태후에게 무슨 말인가를 전했다.

"황제께서 승하하셨다 하오. 경들은 후사 문제를 잘 마무리 짓도록 하시오."

서태후는 비로소 황제의 죽음을 알리며 자리에서 일어났다. 회의는 이렇게 간단하게 끝났다.

순친왕은 서태후의 사람 됨됨이를 누구보다 잘 알고 있었다. 그는 자기 아들을 황위 계승자로 정했다는 말을 듣고 놀라서 이마를 땅에 찧으며 통곡하다가 그 자리에서 실신해버렸다.

그가 지난 10여 년간 겪어본 바에 의하면 황제가 되는 것은 곧 재앙을 뜻했다. 아들이 설사 영특하다 해도 서태후의 손아귀에서는 아무런 보람도 공도 없을 뿐만 아니라 자신의 가문까지도 치명적인 위험에 빠질 수 있는 상황이 닥친 것이다. 이튿날 순친왕은 일체의 관직을 내놓고 조정에서 물러났다.

1875년 1월, 서태후는 네 살밖에 되지 않은 재첨에게 왕위를 계승시킨다고 선포하며 연호를 '광서'라고 고쳤다. 이번에도 역시 두 태후가 수렴청정한다는 조서가 덧붙었다.

"수렴이란 일시적인 조치에 지나지 않는다. 황제가 아직 어린 데다 여러 가지 복잡한 일이 많아 정무를 주관하는 사람이 없어서는 안 된다. 이런 형편에서 대신들이 다시금 정무를 돌봐달라고 부탁하니 어쩔 수 없이 그들의 부탁을 들어주기로 했다. 단, 황제가 성년이 되면 즉각 정무를 이양하기로 한다."

조정 대신들 가운데 누구도 정권이양에 대한 그녀의 약속을 믿는 사람이 없었다.

그녀는 이렇게 또다시 권력을 독차지하게 되었지만, 조정과 재야의 사대부들 사이에서는 황위 계승의 부당함을 성토하는 목소리가 끊이지 않았다. 그 와중에 효철황후 아로특씨가 자결했다. 남편인 동치제가 살았을 때도 피하기 어려웠던 시어머니의 학대가 그녀를 죽음으로 몰아간 것이다. 1875년 2월, 동치제의 백일 상을 치르기도 전이었다.

조정의 대신들은 아로특씨에게 시호를 주고 가족에게 표창을 내려야 한다고 상주했다. 이것은 서태후에 대한 공개적인 반항이었다. 상주문을 받아본 서태후는 분해서 치를 떨었다.

"못된 것들, 감히 나에게 맞서겠다고? 이제야말로 본때를 보여주겠어!"

서태후는 즉각 상주문을 올린 대신들을 파직시켰다. 그렇게 함으로써 조정과 재야의 불만은 일시적으로 수그러드는 듯했지만 어디까지나 표면적인 현상일 뿐이었다.

1879년 3월, 동치제와 효철황후의 대상을 치른 후 또다시 부자 항렬에서 황제를 재선발해야 한다는 상주문이 올라왔다. 사람들은 또 한차례 가혹한 숙청이 일 것이라 예상하고 몸서리를 쳤다. 그러나 이미 자신의 지위를 공고히 다져놓았다고 생각한 서태후는 상소를 올린 신하를 도리어 표창하고 '광서제가 아들을 낳으면 죽은 동치제의 양자로 삼겠다'는 애매한 약속을 남긴 채 이 일을 얼렁뚱땅 넘겨버렸다.

✦ 서태후의 영구 집권 프로젝트

동태후는 서태후와 공동으로 수렴청정했지만, 현실적인 지위는 서태후보다 높았다. 우선 그녀는 죽은 함풍제의 정궁이었고 언제든 서태후를 제압할 수 있는 옥새와 밀지까지 갖고 있었다. 더구나 그녀는 새 황제를 옹립하는 과정에서도 공친왕과 입장을 같이 하면서 재첨을 즉위시킨 서태후에게 반감을 품었다. 서태후로서는 특히 이 부분이 크게 신경 쓰였다.

조정에 들어가면 자안태후, 즉 동태후는 동쪽에, 자희태후인 서태후는 서쪽에 앉아서 동시에 문무백관의 인사를 받았으며, 둘이서 함께 정사를 처리했다. 동태후는 앞서 설명한 대로 소극적이고 무심한 성격이었다. 세속에 얽매이는 것도 좋아하지 않았고 권력에 대한 욕심은 더더욱 없었다. 그녀는 서태후가 유능하고 노련하게 일을 처리하는 것을 보고는 대부분 서태후가 하자는 대로 했다. 그러나 동치제의 결혼 문제로 인해 서태후와 갈등을 빚게 되면서 그녀의 태도는 부쩍 달라지기 시작했다.

동태후는 강직하고 신중한 면도 아울러 갖고 있었다. 때때로 성미 급한 서태후가 말실수라도 할 때면 그것을 바로잡아주거나 매사를 공정하게 처리하도록 그녀를 설득하기도 했다. 비록 대신의 물음에는 대부분 서태후에게 대답을 미뤘지만 중대한 사건에 관해서는 자신의 의견을 분명하게 밝히기 시작한 것이다. 조정 대신들은 점차 그녀의 신중하고 사려 깊은 태도에 호감을 느끼게 되었다. 이 점 또한 서태후의 심기를 불편하게 만들었다.

시간이 지나면서 두 태후의 미묘한 알력 관계가 조정에 감지되기 시작했다. 첫 번째 징후가 이른바 '안득해 사건'이었다. 안득해는 원래 서태후의 머리를 빗겨주는 환관이었다. 서태후는 그를 심복으로 삼아서 동치제와 조정 대신들의 언행을 감시하게 했다. 일개 환관이 상전의 권세를 믿고 함부로 날뛰기 시작하자 동태후 앞으로 사람들이 몰려들었다. 안득해는 갈수록 행동이 무례하고 오만방자해졌으며 도당을 만들어 정사에 간섭했고, 일부 대신들에게 압력을 가하기까지 했다. 심지어 조정에서 최고의 위치를 차지하고 있는 공친왕 혁흔을 보고도 인사를 하지 않을 정도였다.

"지금 조정에서 저 간교한 안득해란 자를 응징하실 분은 태후 폐하뿐입니다."

"그자의 오만불손한 소행에 대해선 나도 이미 들어 알고 있소. 하지만 서궁에서 잘 알아서 처리해줄 것이니 좀 더 기다려봅시다."

동태후는 공친왕을 비롯한 대신들의 이야기를 듣고 몹시 격분했으나 서태후의 체면을 봐서 처음에는 신중하게 대처하려고 했다. 그러나 서태후는 동태후의 이야기를 콧등으로 흘려버렸다. 그녀가 묵인하는 가운데 안득해의 행실은 갈수록 도를 넘어섰다.

1869년 7월, 안득해는 서태후의 비밀 지시를 받고 남의 눈을 피해 장안을 떠났다. 그는 용포를 만들기 위한 최상급 비단을 구하러 강남으로 가던 도중 산동에서 거액의 사기극을 벌이다 그곳 관리들에게 덜미를 잡혔다. 그러나 서태후의 후광을 등에 업은 그는 오히려 자신을 처벌하려는 관리들을 옥에 가두고 반역죄 운운하는 등 만행을 서슴지 않았다.

청나라 궁전의 관습법에 따르면 환관은 성에서 한 발자국도 나갈 수 없었다. 만일 성을 벗어난 환관이 관리의 눈에 띄면 그 자리에서 처단해도 무방했다. 그러나 산동의 관리는 그가 서태후의 총애를 받고 있다는 것을 알았기 때문에 함부로 손을 대지 못했다.

그들은 동태후에게 상주문을 작성하여 은밀히 궁궐로 보냈다. 상주문을 읽고 난 동태후는 공친왕을 불러 대책을 논의했다. 공친왕은 안득해가 성을 벗어난 것을 문제 삼는다면 그를 처단해도 무방할 것이라 귀뜸해주었다. 이에 동태후는 서태후와는 의논도 없이 밀지를 내려 안득해의 목을 베어 사람들에게 보이라고 지시했다.

자신이 아끼던 심복이 처형당한 사실을 알게 된 서태후는 분해서 길길이 뛰었지만, 그가 법을 어긴 게 확실한 이상 도리가 없었다. 그 후 동치제의 결혼 문제로 또다시 갈등을 빚게 되면서 두 태후는 공개적으로 빈번한 충돌을 일으켰다.

안득해가 사라지자 그보다 훨씬 더 비열하고 음험한 성격의 환관 이연영이 서태후의 심복이 되었다. 이연영은 동치제가 죽은 후 황위 계승 문제를 논하는 자리에 동태후를 따돌릴 수 있도록 결정적인 역할을 했다. 서태후는 그가 동궁의 출입을 철저하게 통제하는 동안 신속하게 조정 공론을 모아놓고 일방적으로 후계자 문제를 매듭지어버렸다.

✦ 노련하고 거침없는 숙청

1881년 3월 어느 날, 동태후는 날로 오만해지는 서태후에게 경고하기 위해 함풍제가 생전에 남긴 밀지를 보여줬다. 동태후 자신이 그녀의 생살여탈권을 쥐고 있음을 넌지시 알려주면서 그가 태도를 달리해주길 바랐던 것이다. 함풍제의 밀지에는 이렇게 쓰여 있었다.

"나랍씨는 황후가 될 수 있는 집안 출신이 아니지만, 아들을 낳아준 공으로 장차 황태후가 될 것이오. 나는 그녀를 신뢰할 수 없소. 만일 그녀가 분수를 모르고 법도를 어긴다면 이 밀지를 조정 중신들에게 보여주고 그녀를 처단하도록 하시오."

밀지를 읽은 서태후는 놀라서 얼굴이 하얗게 질렸다. 함풍제의 밀지에 자신의 정치적 지위를 압박하는 내용이 담겨 있을 것이라는 사실은 어느 정도 예상했지만, 설마 그 정도일 줄은 몰랐다. 그녀는 대번에 동태후에게 머리를 조아리며 잘못을 빌었다. 심지어 이제부터는 동태후를 형으로 모시고 가르침을 받겠노라는 맹세까지 했다.

동태후는 서태후보다 나이가 두 살이나 어렸다. 마음 약한 동태후는 서태후가 눈물까지 흘리며 뉘우치는 모습을 보고 그 자리에서 유서를 태워버렸다. 이는 바로 동태후의 파멸로 이어졌다. 서태후의 독주를 막아보겠다고 함풍제의 밀지라는 히든카드를 내보인 것까지는 좋았는데, 그것을 태워버림으로써 자신의 명을 단축한 것이다.

"우린 그동안 사이좋게 잘 지내왔는데 이런 게 무슨 소용이겠습니까? 앞으로도 둘이서 힘을 모아 황제를 잘 돕도록 합시다."

동태후는 감읍하는 서태후를 위로하며 비로소 속이 후련하다는 미소를 지어 보였다.

며칠 후, 그녀는 서태후 전에서 보낸 과자를 먹고 갑자기 숨이 끊어졌다. 공친왕을 비롯한 조정의 대신들은 그녀의 죽음에 의혹을 제기했다가 오히려 황실모독죄로 몰렸다.

서태후는 이후 공친왕 혁흔에게 칼날을 돌렸다. 공친왕은 열하정변에서 서태후와 손잡고 숙순 일당을 소멸하는 데 가장 크게 기여했던 인물이다. 그는 정변에서 세운 공으로 동치 초기부터 의정대신과 총리각국사무아문 등 조정의 요직을 거치면서 서태후와 정치적 호흡을 맞췄다. 그러나 처음부터 그들은 상대방을 믿고 합작을 한 것이 아니라 서로 이용했을 뿐이었다.

서태후는 혁흔이야말로 자기가 앞으로 권력을 장악하고 독재를 하는데 걸림돌이 될 것이라는 사실을 진작부터 알고 있었다. 다만 당시에는 자신의 위치도 아직 안심할 단계가 못 되고 정치적 경험도 없었기 때문에 공친왕과 힘을 합쳐 혼란스러운 시국을 수습하려 했다.

이때까지만 해도 서태후는 혁흔을 조심스럽게 대했다. 어느 정도 통치 경험이 쌓이면서 서태후는 그를 능통하게 다룰 줄 알게 되었다. 그녀는 공친왕에게 은혜와 위엄을 동시에 보여주었으며, 늘 자기 마음대로 조정하기 위해 회유와 압박을 적절히 이용했다. 수렴청정 초기에는 그의 딸을 자신의 양딸로 삼아 공주로 봉하고, 그의 아들을 군왕으로 책봉했다. 이를 두고 사람들 사이에서는 서태후가 시동생인 공친왕과 불륜 관계에 있다는 둥 말이 많았다.

공친왕 혁흔은 나름대로 야망이 있는 사람이었다. 그는 서태후가 권력을 독단하자 동태후의 힘을 빌려 그녀를 제압하려는 계획을 품었다. 그러나 그는 서태후의 정치적 역량을 과소평가하는 우를 범했다. 그가 서태후의 눈 밖에 나기 시작한 것은 이미 오래전 일이었다.

동치 초기, 군대의 총사령관 역할을 맡게 된 그는 조정에 측근을 끌어모으기 시작했다. 서태후의 심복들은 은밀히 공친왕의 뒤를 캐고 다녔다. 마침내 그가 군수품 관련 사업에 관련된 거액의 뇌물을 받았다는 고발이 접수되었다. 조정에서는 그의 모든 관직을 삭탈해야 한다는 중론이 일었지만, 서태후는 일단 경고하는 선에서 그쳤다. 비록 죄상이 밝혀지기는 했지만, 과거 국가를 위해 공을 세웠다는 점을 이유로 직위를 다시 회복시켜주었다. 공친왕은 이때부터 정면으로 맞설 엄두를 내지 못하고 은밀히 뒷공론을 조성하는 방식으로 작전을 바꾸었다. 그러나 서태후는 언제든 그가 자신을 향해 발톱을 드러낼 때가 오리란 것을 알고 있었다.

1884년, 청불전쟁이 일어났다. 이전부터 청나라의 관할이었던 북베트남의 소유권을 놓고 벌어진 이 전쟁에서 패한 청나라는 프랑스와 '리푸르니에협약'을 체결했다. 협약의 내용은 북베트남 통킹 지역의 프랑스 상권을 인정하고 청나라 군대가 물러가는 대신 청나라는 일체의 전쟁 배상금을 물지 않는다는 것이었다.

그러나 청나라의 주전파 대신들은 베트남 땅 사수를 외치며 프랑스와의 협약을 파기하고 전쟁을 일으켜야 한다고 정부에 압력을 넣었다. 그 와중에 프랑스 군대가 다시 쳐들어왔다. 이때 주전파인 장지동이 이끄는 육군은 중국 남부를 향해 진격해오던 프랑스 군대를 물리치는 데 성공했으나 이홍장의 북양 함대는 해전에서 참패를 당했다. 청나라는 다시 '리푸르니에협약'을 인정하는 프랑스와의 치욕적인 평화조약을 체결하게 된다. 결국 전쟁에서 이겼으나 프랑스와 치욕적인 '중국 프랑스 신조약'을 체결하게 되었다.

이 사실이 알려지자 국내에서는 비난 여론이 분분했고 사대부들은 군대의 총책임자인 혁흔을 성토하는 상소를 줄줄이 올렸다. 어떤 사람은 '혁흔이 무능하여 전쟁에 이기고도 치욕을 받았다'는 글을 올려 그를 탄핵했다. 이홍장은 공친왕 혁흔의 천거로 등용된 인물이다. 서태후로서는 혁흔을 제거할 수 있는 절호의 기회였다.

어차피 이 전쟁은 청나라가 질 수밖에 없는 전쟁이었다. 무기 면에서나 군사력 면에서 청나라는 이미 프랑스의 상대가 되지 못한다는 것을 서태후도 익히 알고 있었다. 그러나 그녀는 여론을 빌미로 혁흔과 기타 네 명의 군기대신들에게 책임을 뒤집어씌워 파면하고, 자신의 측근들로 그 자리를 채웠다.

이렇게 해서 그녀의 정적이 될 만한 사람들은 조정 내에서 거의 발을 붙일 수 없게 되었다. 바야흐로 서태후 장기 집권의 시대가 열린 것이다.

✦ 황제가 독립을 꿈꾸는 기막힌 현실

광서제의 어린 시절은 불행했다. 그는 한창 부모의 사랑을 받으며 재롱을 피울 나이에 궁에 들어와 하루하루를 불안과 두려움 속에서 보내야 했다. 서태후는 그가 나이가 들면서 범상치 않은 재능을 가졌다는 것을 알아보고는 더욱더 그를 엄하게 단속했다.

어린 광서제는 매일 서태후가 있는 궁전에 들어가서 무릎을 꿇고 문안을 드리며 그날 자신이 한 일을 낱낱이 보고해야만 했다. 그럴 때마다 서태후는 조금이라도 그 태도가 만족스럽지 않으면 호되게 꾸짖었다. 때로는 거짓말을 한다는 이유로 무릎을 꿇려서 오랫동안 벌을 내리고 심지어 채찍으로 볼기를 치기까지 했다.

광서제는 서태후의 엄명에 따라 여자인 그를 '황파파(皇爸爸)' 또는 '친파파(親爸爸)'라는 존칭으로 불러야 했다. 파파란 '친아버지'라는 뜻이다. 자신의 성별까지 부인하고 싶을 만큼 지독했던 서태후의 권력욕은 끝이 없었다. 오랫동안 서태후의 폭력에 주눅이 들어버린 광서제는 그녀를 보기만 해도 고양이 앞의 쥐처럼 벌벌 떨었고 심지어 궁궐 행사에서 풍악이 울려도 놀라서 얼굴이 창백하게 질렸다. 그러나 그도 마음속으로는 언젠가 자신이 친정하게 되면 스스로 이 억압에서 벗어나겠다는 의지를 품고 있었다.

1886년, 재첨은 열여섯 살이 되었다. 수렴청정을 시행한 초기의 약속대로라면 서태후는 이쯤에서 모든 정치 권력을 광서제에게 이양해야만 했다. 그러나 동태후와 혁흔을 제거한 후부터 황궁 안에는 서태후에게 위협이 될 만한 세력이 전혀 없었다. 이런 형편에 자진해서 권력을 넘겨줄 서태후가 아니었다.

서태후는 다시 한 편의 추잡한 연극을 연출했다. 그녀는 먼저 '1년 후에 정치를 이양한다'는 그럴듯한 공표를 하고는 광서제의 부친 혁현과 몇몇 대신들에게 압력을 넣었다.

"영명하신 태후께서 계속 청정 해주시기를 바라나이다."

본의 아니게 태후의 앵무새가 돼버린 신하들의 협조로 문제는 간단하게 해결되었다. 태후는 몇 번 사양하는 척하다가 어쩔 수 없이 몇 해동안은 황제를 도와야겠다는 구실로 계속 조정에 남았다.

1889년, 광서제의 나이 19세로 황후를 책봉할 때가 되었다. 서태후는 자신의 오빠 계상의 딸을 황후로 삼고, 광서제에게 정권을 넘겨준다고 발표했다. 정권을 넘겨준 후에도 조정을 장악하기 위해 자신의 조카를 황후로 심어놓은 것이다. 황제가 결혼을 했으니 그녀가 계속 조정의 실권을 잡고 있을 이유가 없었다. 이렇게 해서 서태후의 제2차 수렴청정은 막을 내렸다. 이때 그녀의 나이 55살이었다.

일단 평화적인 정권이양의 모양새를 갖춰놓은 다음 서태후는 자금성을 떠나 이화원으로 거처를 옮겼다. 이화원은 그녀가 평소 좋아하던 별궁이었다. 이미 3년 전부터 막대한 비용을 들여 대대적인 개보수 작업에 들어갔던 이화원은 3층짜리 극장까지 들어선 초호화판 궁궐이었다. 조성 비용만 2,000만 냥에 달하는 이화원의 건축비를 충당하기 위해 서태후는 군부대 운영 자금까지 끌어들였다.

서태후가 이화원에서 산해진미를 즐기며 연극을 감상하는 사이 그녀의 조카인 황후는 독수공방 신세를 면치 못했다. 광서제가 그녀는 거들떠보지도 않고 진비에게만 사랑을 쏟아부었기 때문이다.

비록 태후의 강권에 못 이겨 황후를 맞아들이기는 했지만, 그가 사랑하는 여인은 진비 한 사람뿐이었다. 진비는 성품이 부드럽고 다정다감한 기질에 교양이 풍부한 미인이었다. 광서제는 황후를 물색할 때부터 진비를 점찍었으나 태후 때문에 뜻을 이루지 못했다.

서태후는 심복 환관으로부터 황제가 황후를 멀리한다는 말을 듣고는 진비를 눈엣가시처럼 여겼다. 그러나 광서제는 동치제와는 달랐다. 그는 태후가 자신의 사생활까지 간섭하는 것은 지나친 월권이라고 여겼다.

이 무렵 그는 대신 옹동화의 영향을 받아 개혁사상에 눈을 뜨기 시작했다. 조정 내부에는 그가 친정을 시작한 이래 정치와 사회적 제도의 개혁을 요구하는 목소리가 조심스럽게 흘러나오고 있었다. 일명 '백일유신'으로도 불리는 이 개혁운동은 훗날 서태후의 제3차 수렴청정 시대를 여는 무술정변의 원인이 된다.

불운하게도 광서제는 배짱이 부족하고 정치적 경험도 짧은 젊은 황제였다. 게다가 그는 성격상으로 치명적인 모순을 가지고 있었다. 그는 평소 지나칠 만큼 효자 행세를 하면서도 종종 서태후의 뜻을 어겼고, 그러면서도 정작 끝까지 맞서지는 못했다. 일례로 서태후의 환갑 때 일을 들 수 있다.

1895년 7월, 중일전쟁이 발발하기 직전 60번째 생일을 맞은 서태후는 나라의 안위는 돌보지 않고 자신의 욕망을 채우기 위해 돈을 물 쓰듯 했다. 해군 경비를 유용하여 이화원을 수축했으며 각 성과 지방관리들에게 자신의 만수무강을 기원하는 기부금을 거둬들이도록 요구했다. 이 행사에만 1,000만 냥의 공금을 마구잡이로 쏟아부었다.

나라 재정은 바닥이 날 지경이었고 국방력은 갈수록 허술해졌다. 조정 대신들과 사대부들의 상소가 빗발치자 광서제는 이화원 공사를 중지시키고 군비를 보충하도록 지시했다. 광서제가 이렇게 대담하게 자기의 뜻을 어기리라고는 생각지 않았던 서태후는 배신감에 치를 떨었다. 이화원 공사가 중지되던 날, 그녀는 황제를 불러 이런 말을 했다.

"오늘 내 기분을 상하게 한 자가 있소. 난 그가 죽을 때까지 저주할 것이오."

광서제는 그녀의 독기 오른 표정을 보고 한마디 말도 못 했다. 서태후는 권세를 위해서라면 물불을 가리지 않는 사람이었다. 그녀는 조정에 심복들을 재배치하여 군기처를 장악했고, 밖으로는 자신의 심복이 되기로 맹세한 이홍장을 조종하여 광서제를 고립시켰다. 모든 정책을 결정할 때나 인사 이동에 대한 권한은 황제에게 있었지만, 이화원의 동의가 없이는 한낱 공허한 외침으로 끝나고 말았다.

광서제는 중일전쟁에서 승리하기 위해 서태후의 지배권에서 벗어나려고 했다. 그러나 서태후는 결코 이를 좌시하지 않았다. 그녀는 여론에 밀려 할 수 없이 대일 선전포고를 비준하기는 했으나 청나라의 승리를 위한 것은 아니었다. 나라가 망하건 말건 자신의 권력을 지키는 데에만 혈안이 되었던 이 늙은 독재자는 광서제가 자기의 지위를 위협하는 것을 바라지 않았다.

광서제와 주전파 대신들은 서태후의 농간으로 아무 일도 할 수 없었다. 그녀는 측근 대신들을 막후에서 조종하면서 광서제의 칙령이 효력을 발휘할 수 없도록 백방으로 방해했으며, 군사권을 쥐고 있는 이홍장에게 광서제의 지휘에 따르지 말고 군대의 출동을 지연시키도록 지시했다. 광서제가 찬성하는 것에는 으레 이화원 측근들의 반대가 뒤따랐고, 광서제가 시급히 처리하려는 일이면 뭐든지 시간만 질질 끌었다. 그 결과 이홍장은 일본군에게 이길 기회를 여러 번 놓치고 말았다.

1894년 조선에서 발생한 '갑오농민전쟁'을 빌미로 시작된 이 전쟁은 일본의 조선 침탈을 정당화시키는 역할을 하기도 했다. 농민군의 봉기가 일어났을 때 무능한 조선 정부는 청나라에 지원을 요청했는데 이때 일본은 일본공사관과 자국민 보호를 구실로 조선에 침입한 것이다.

이듬해 9월, 이홍장이 이끄는 청나라의 북양 함대는 결국 황해전투에서 일본군에 대패하고 그 여세를 몰아 중국 본토까지 진격한 일본군은 여순을 쑥대밭으로 만들었다. 이때 6만여 명이 학살당하고, 여순 전역이 불길에 휩싸였다. 청나라는 할 수 없이 대만을 일본에 할양하고 소주항을 비롯한 4개 주요 도시의 개항과 2억 냥의 전쟁 배상금을 일본에 낸다는 '시모노세키조약'에 합의하게 된다.

광서제는 휴전 협정이 체결된 후 무능한 지휘자라는 이유로 이홍장을 파직시켰다. 서태후도 가만히 손을 놓고 있지는 않았다. 이홍장이 면직된 지 이틀째 되는 날, 서태후는 광서제의 총애를 받는 진비와 조비의 행실을 문제 삼아 귀인으로 강등시킨다고 선포하고 나서 그들의 옷을 벗겨 매를 치기까지 했다. 광서제를 지지한 주전파 지예에게는 유배령을 내렸다.

광서제는 서태후의 폭압적인 반격에 속수무책이었었다. 이때 어사 안유준이 목숨을 내걸고 직언을 했다.

"정치를 이양한 후에도 태후께서 황제의 일을 견제한다면 조정과 백성이 불안할 수밖에 없습니다. 황제께서는 부디 근기를 잃지 마소서!"

서태후는 밤중에 이 소식을 듣고는 즉시 황제의 침실로 달려가서 당장 안유준을 파면시켜서 귀양을 보내도록 광서제를 협박했다. 그녀의 이런 소행에 격분한 것은 조정과 재야의 사대부들만이 아니었다.

구련재는 서태후의 총애를 받던 환관으로 광서제를 감시하는 임무를 맡고 있었다. 그러나 그는 나라의 주권을 되찾으려는 젊은 황제의 애국심에 감화되어 더는 태후의 밀정이 되기를 원치 않았다. 1896년 2월 그는 죽음을 무릅쓰고 서태후 앞에 꿇어앉았다.

"지금 이 나라는 풍전등화의 위기에 처했습니다. 감히 바라건대 태후 폐하께서 결단을 내리시어 황제 폐하께서 나라를 잘 다스릴 수 있도록 은총을 베풀어주소서."

이제는 자신의 졸개라고 믿었던 환관까지도 바른말을 하고 나서자 머리끝까지 독이 오른 서태후는 그의 말을 채 듣지도 않고 끌어내 목을 베어버렸다.

죄 없는 사람들이 자기 때문에 죽어나가는 것을 보고 광서제는 큰 충격을 받았다. 그는 전쟁 중에 줄곧 자신을 방해한 서태후의 측근인 손육문과 서용의를 파면시켜버렸다. 그러나 서태후는 이에 더욱더 맹렬한 보복으로 맞섰다. 그녀는 옹동화를 파직시킴으로써 광서제의 오른팔을 잘라내고, 자신에게 충성을 맹세한 영록을 직예총독 겸 북양통상대신으로 승급시켜 군권을 장악했다.

　이리하여 서태후는 비록 손육문과 서용의를 잃기는 했으나 그 세력은 오히려 전보다 더 커졌다. 낙심한 광서제는 서태후가 신임하는 경친왕 혁광을 시켜 차라리 퇴위하겠다는 뜻을 전했다.

　"태후께서 만일 나한테 일할 권리를 주지 않는다면 나는 이 자리를 다른 사람에게 넘겨주는 한이 있더라도 나라를 망친 임금은 되지 않겠다."

　그 말을 듣고 서태후는 화가 나서 욕설을 퍼부었지만 당장은 어떤 조치를 하지 않았다. 황제의 나이도 이젠 26세, 섣불리 움직였다가는 오히려 조정과 민심의 반발을 살 우려가 있었다.

　"먼저 황제에게 일을 하라고 하시오. 뭔가 그럴듯하게 일을 해놓은 다음에 보자고 전하란 말이오!"

　그녀는 개혁파의 거두인 옹동화를 영원히 기용하지 않겠다는 약속을 해준다면 황제가 하는 일을 반대하지 않는다는 조건을 내걸었다.

　1898년 4월, 마침내 광서제는 강유위, 담사동, 양계초 등을 중심으로 한 개혁파 사대부들의 지지로 정치, 경제, 사회 전반에 걸친 대대적인 개혁을 단행한다. 이른바 '유신변법운동'이 세상에 모습을 드러낸 것이다.

✦실패한 100일 정변

유신변법운동의 기본 정신은 개혁을 통해 나라의 부강을 되찾는다는 것이었다. 그러자면 일단 탐관오리들부터 몰아내야 했다. 40여 년간 온갖 이권을 독식하며 조정을 썩게 했던 서태후의 추종 세력이 차례로 제거되기 시작했다. 젊은 황제의 개혁 정책은 재야의 사대부와 민심의 열렬한 지지 속에서 청나라에 새바람을 불러일으켰다.

그러나 서태후는 광서제와 한 약속을 처음부터 지킬 마음이 없었다. 그녀는 다만 자신에게 유리한 상황이 전개되기만을 기다렸을 뿐이다.

광서제가 유신에 관한 조서를 내린 이튿날, 서태후는 2품 이상 대신은 반드시 이화원에 와서 취임 인사를 하라는 조서를 내렸다. 대신들에게 그들의 지위와 관직은 황제가 아니라 자신에게서 나오는 것이라는 점을 인식시켜 심리적 압박을 가하려는 것이었다.

1899년 10월, 서태후는 천진에서 군대를 검열한다는 광서제 명의의 칙령을 반포한다. 이것은 북양 삼군 통솔권을 쥐고 있는 영록의 군대를 이용하여 광서제와 그 지지 세력을 제거하려는 서태후의 음모였다. 영록은 광서제가 군대의 사열을 받기 위해 천진에 왔을 때 그를 억류하고 개혁파 대신들을 처단하라는 이화원의 밀지를 받고 대기 중이었다.

개혁파를 제거하기 위한 모든 시나리오는 완벽하게 짜였다. 유신변법이 실시되자 서태후는 궁녀와 환관을 거느리고 유유히 이화원으로 돌아갔다. 그녀가 이곳에서 이제는 정말 나랏일에는 관심이 없는 듯

한가로이 경극을 감상하며 시간을 보내는 사이 온 북경성이 발칵 뒤집혔다.

조정에서는 썩은 수구파 대신을 향한 숙청 작업이 한창 진행되고 있었다. 그러자 부정부패 혐의로 파직당하고 벼슬길마저 막힌 귀족들은 날마다 이화원으로 달려와서 시위를 벌였다. 변법으로 나라가 망하게 생겼으니 태후가 직접 나서서 일을 수습해 달라는 것이었다. 태후는 슬그머니 대답을 피하며 의미심장한 미소를 지었다.

"경들 자신이 살길을 찾아야지, 나를 찾아온다고 무슨 뾰족한 수가 있겠소?"

변법에 불만을 가진 사람들이 많이 찾아올수록 서태후는 속으로 쾌재를 불렀다. 그녀는 조만간 광서제를 폐위시키거나 아예 없애버릴 수 있는 구실을 만들기 위해 황제가 여러 가지 병을 얻어 위급하다는 헛소문을 퍼뜨렸다.

유신파는 소문을 듣고 불길한 예감이 들 수밖에 없었다. 마침내 그들은 천진에서의 사열식 때 태후파가 정변을 기획하고 있다는 첩보까지 입수하게 되었다. 광서제는 양계초, 강유위 등을 은밀히 불러 대책을 논의했다. 그러나 광서제의 지지자들은 서태후와 맞설 만한 힘이 없었다. 숙의 끝에 그들은 영록의 수하에 있는 원세개(일명 위안스카이)를 몰래 불러서 광서제를 보호해줄 것을 청했다.

"황제를 위해서라면 물불을 가리지 않을 것이오. 영록을 죽이는 것쯤이야 쉬운 일이지요."

원세개의 호언장담에 유신파들은 구세주를 만난 듯 마음을 놓았다.

그러나 그들은 원세개가 권력에 눈먼 야심가라는 사실을 간과하고 있었다. 그는 아무래도 황제 편보다는 태후 편에 줄을 대는 게 자신에게 이롭다는 판단을 내렸다.

그날 밤, 천진에 있던 영록은 원세개의 밀고를 받고 즉각 이화원의 서태후에게 그 사실을 알렸다. 서태후는 영록의 말을 듣고 노기등등하여 군대를 이끌고 자금성으로 향했다.

이튿날, 조정 대신들은 황제는 간데없고 서태후가 보좌에 앉아 있는 것을 보고 모두 어리벙벙한 표정을 지었다. 서태후가 차갑게 입을 열었다.

"황제가 강유위 등과 같은 반역의 무리를 기용하고 은밀히 원세개를 시켜 나를 모해하려 했지만, 그 음모가 나에게 발각되었소! 경들은 이 일을 전혀 모르고 있었단 말인가?"

대신들은 격분한 태후가 무슨 일을 저지를지 몰라 그저 머리만 숙이고 있었다. 서태후는 즉시 강유위와 양계초에 대한 수배령을 내렸다. 대대적인 검거 선풍 속에서도 강유위는 홍콩으로 도망치는 데 성공했고, 양계초는 일본으로 망명했다. 광서제는 이미 태후가 자금성에 당도한 그날로 감금당한 처지였다. 조정을 장악하는 데 성공한 서태후는 군사를 이끌고 광서제가 갇혀 있는 옥으로 향했다.

"짐승보다 못 한 배은망덕한 놈, 자식이 부모를 죽이면 무슨 죄인지 아느냐!"

서태후의 서릿발 같은 물음에 광서제는 머리를 숙이며 용서를 빌었다.

"죽을죄를 지었습니다."

"흥! 죽을죄를 지었다는 걸 알긴 아는구나. 어리석은 놈!"

서태후는 광서제에게 한바탕 욕을 퍼부은 뒤 그를 중남의 고도인 영대로 유배 보내고, 육지로 통하는 돌다리를 허물어 자신의 지시가 없이는 배를 통행시키지 말라는 엄명을 내렸다.

광서제의 불운은 그가 사랑하던 여인 진비에게도 고스란히 전가되었다. 서태후는 광서제의 총애를 받던 진비의 귀를 잡고 질질 끌고 다니며 지칠 때까지 때린 후 옥에 가두었다. 그 후 진비는 죽는 날까지 광서제를 만나지 못했다. 광서제와 진비를 지켜주던 환관과 궁녀는 대부분 살해당하거나 궁에서 쫓겨났다. 진비의 궁에 있던 환관만 해도 무려 30여 명이나 목숨을 잃었다.

1898년 9월 28일, 서태후는 담사동, 강광인, 유광제 등 6명을 참살하는 것으로 상황을 마무리 짓고 신정의 폐지를 선포했다. 젊은 광서제의 개혁운동이 시작된 지 불과 100일 만의 일이었다. 사람들은 무술년에 있었던 변법운동의 실패와 서태후의 제3차 수렴청정 사건을 '무술정변'이라 불렀다.

✦ 중국 역사의 치욕이 된 여인

서태후의 무술정변은 국내외에서 커다란 파문을 일으켰다. 외국인들은 특히 '무술 6군자'로 불리는 담사동, 강광인, 유광제, 임욱, 양예, 양심수 등 6인에 대한 법적 처리에 관심이 있었다. 사형 집행이 임박해졌을 무렵 중국에 주둔하고 있던 각국 영사관을 통해 서태후에게 정변에 대한 설명을 요구하는 서신이 전달되었다.

"그놈들이 이젠 내 집의 일까지 간섭하려 드는구나. 난 기어이 몇 놈을 죽일 테니 맘대로 해보라지!"

화가 난 서태후는 즉시 6군자를 죽이라는 지시를 내렸고, 그들 전원을 능지처참에 처했다. 얼마 후 강유위와 양계초 등이 외국인의 도움을 받고 도망쳤다는 사실이 밝혀졌다. 서태후는 이 일을 알고는 더욱더 외국인을 미워하게 되었다. 애국심 때문이 아니라 자신의 정적을 비호한다는 이유만으로 맹목적인 배외사상을 갖게 된 것이다.

1899년, 서태후는 단친왕 재의의 아들 부준(簿儁)을 황태자로 세우기로 했다. 그녀의 계획은 이듬해 정월 초에 부준의 황태자 책봉식을 성대히 거행하고, 정식으로 광서제를 폐위하는 것이었다. 그런데 대신들의 반대가 심했다. 심지어 수구파까지도 반대하고 나섰다. 여기에 영국, 프랑스, 일본, 러시아 등에서도 황태자 즉위식에 참석하지 않겠다는 통보를 해왔다. 서태후는 여론의 압력을 이기지 못해 일을 미뤄두긴 했으나 외국인의 간섭에 관해서는 극도의 적개심을 드러냈다.

1990년 6월, 산동 지역의 농민을 주축으로 한 '의화단의 난'이 일어났다. 청 왕조를 돕고 외세를 배격한다는 슬로건을 내걸고 일어난 의화단원들은 삽시간에 북경, 천진, 하북성 등으로 세력을 확장시키며, 외국인 선교사를 마구 죽이고 교회당을 모조리 불태워버렸다.

광서제의 유신과 폐위 문제에서 외국인의 견제를 받아 진작부터 보복할 기회만을 노리고 있었던 서태후는 이 상황을 보고 묘한 계책을 떠올렸다. 외국인에 대한 의화단원의 적개심을 이용하여 자신의 개인적 복수를 하기로 한 것이다.

애초에 의화단의 결성 취지는 반청복명, 청나라를 무너뜨리고 명나라를 다시 일으킨다는 것이었다. 그러다 청나라가 계속되는 외세의 침략으로 주권을 상실하게 된 것을 계기로 애국주의적 색채를 띤 운동으로 변화되었다. 일본과의 전쟁에 패한 후 의화단의 슬로건은 다시 '청나라를 구하고 외국 놈들을 몰아내자'는 것으로 바뀌었다. 서태후가 주목한 것은 그들의 외세에 대한 반감과 저항이었다. 일단 의화단과 협력하여 자기 뜻을 이룬 다음에는 필요에 따라 그들도 소멸시키면 된다고 믿었다.

1900년 6월 21일, 서태후는 각국에 선전포고하고 청나라 군대에 의화단을 적극적으로 지원하라는 조서를 내렸다. 그러나 이 전쟁은 약 두 달 뒤인 8월 14일, 북경으로 진격해 들어온 영국, 미국, 러시아, 프랑스, 이탈리아, 독일, 오스트리아, 일본 등 8개국 연합군의 공격을 받은 청나라 군대의 참담한 패배로 막을 내렸다.

의화단의 힘을 빌려서라도 외국인의 간섭에서 벗어나고자 섣부른 판단을 내렸던 서태후의 기대는 산산이 조각나고 청나라는 오히려 그들에게 안방을 내준 꼴이 되고 말았다. 북경은 물론 천진까지 함락되자 대세는 기울어지고 서태후는 혼비백산하여 피난길에 올랐다.

그녀는 도망치기 전에 외국 대사관에 사신을 파견하여 백배사죄하고 배상금을 내겠으며, 의화단을 섬멸할 것을 약속하니 군대를 철수해 줄 것을 사정하는 비열한 모습을 보였다. 그러나 외국 군대는 이런 수작에는 아랑곳하지 않고 계속 진격해 들어왔다. 서태후는 하는 수 없이 먼 서안까지 도망쳐야 했다.

서태후는 북경을 떠나면서 외국인에게 아부하기 위해 의화단을 없애버리라는 조령을 내렸다. 영대에 가둔 광서제를 데리고 도망치는 일도 잊지 않았다. 이때 그녀는 광서제가 아끼던 진비를 깊은 우물에 빠뜨리고 커다란 돌을 던져서 피난의 제물로 바쳤다.

피난길에 오른 지 한 달이 지나 서안에 도착했을 때 서태후 일행은 거지꼴이나 다름없었다. 떠날 때 워낙 맨몸으로 도망치다시피 했기 때문에 먹을 것이며 입을 것이 제대로 준비되지 않았다. 먼지 나는 길가에서 조밥으로 연명하며 이불도 없이 잠을 자야 했고, 갈아입지 못한 옷에서는 냄새가 지독하게 났다.

그렇게 모진 고생을 하고 서안에 당도한 서태후는 이제 자신이 살아남아 권력을 틀어쥐는 것 외에는 아무것도 눈에 보이는 게 없었다. 얼마 후 그녀는 이홍장을 시켜 8개국과의 평화 교섭을 청하면서 치욕적인 망언을 남긴다.

"중국의 물자와 인력을 다 내주는 한이 있더라도 그들의 환심만 사면 된다."

정치가로서나 군주로서 이미 그 가치를 상실한 서태후의 정체성을 여지없이 드러내는 대목이다.

1901년 7월 25일, 서태후는 자신의 통치권을 회복하는 조건으로 10억 냥이나 되는 배상금을 내고 북경에 외국군이 상주하는 것을 인정하는 등의 12개 조항에 합의하는 중국 역사상 가장 치욕적인 '신축조약'을 체결했다.

✦ 실현되지 못한 네 번째 수렴청정

중국인에게 신축조약은 사상 최대의 재난과 상처를 가져다주었으나 명색이 최고통치자라는 서태후에게는 관심 밖의 일이었다. 서안으로 피난을 떠난 지 근 1년 만에 환궁하는 그녀의 행차를 위해 3,000여 대의 마차가 동원되었다. 서안성 거리는 모두 새롭게 단장되었고 각 점포는 오색 천과 초롱을 달아 늙은 태후를 환송했다.

전쟁으로 나라 살림이 바닥을 드러낸 와중에도 그녀가 서안에 있는 동안 쌀 100만 섬과 은 500만 냥이 태후의 피난 경비로 쓰였다. 그녀가 하루에 먹어치우는 음식값만 해도 은 200냥이 지출되었다고 하니 그 사치스러운 생활이 어느 정도였는지 짐작할 만하다.

태후의 환궁 행렬은 태평스럽기 그지없었다. 그녀는 나라가 어찌 되든 여유롭게 산수를 즐기며 놀다 몇 달 후에야 북경에 도착했다. 이 행렬에 쓴 돈만 해도 수천만 냥에 달했다. 조정 대신들은 이 대단한 행렬을 영접하기 위해 성 밖까지 나가 무릎을 꿇었다. 그렇게도 아름답던 수도 장안이 외국 군대에 짓밟혀 수많은 건축물이 산산조각이 났지만 이때 서태후의 머릿속에 떠오른 생각이란 그저 하루빨리 토목공사를 벌여 이화원을 다시 수축해야겠다는 것뿐이었다.

세상은 다시 그녀의 수중에 들어갔다. 서안에서 돌아온 뒤 서태후는 이전보다 더욱 포악해졌으며, 정책의 일관성이라고는 찾아볼 수 없는 독재자로서의 면모를 드러내기 시작했다.

그녀는 의화단이 실패하고 8국 연합군에 참패한 책임을 물어 자기 뜻에 따라 외세에 대한 선제공격을 주장했던 대신 서동 등의 목을 베었다. 그리고 자신이 선택한 황태자 부준을 폐위시키고 그의 아버지 단친왕 재의를 신강에 영원히 감금시켰다. 측근들을 이렇게 대했다면 다른 사람에게는 어떻게 했으리라는 것은 묻지 않고도 잘 알 수 있는 일이다. 서태후는 궁녀와 환관을 사람 취급도 하지 않았다.

어느 날 늙은 환관이 서태후에게 불려가 장기를 두다가 흥이 나서 자신의 '상'을 들어 서태후의 '말' 위에 놓으며 한마디 슬쩍 던졌다.

"소인이 폐하의 말을 잡겠습니다."

그 말이 끝나기 무섭게 서태후가 탁자를 뒤집어엎으며 살기등등해서 외쳤다.

"좋다! 네놈이 감히 내 말을 잡았으니 난 네놈의 먹을 따버리겠다!"

그리고는 사람을 불러 늙은 환관을 때려죽였다.

궁녀도 마찬가지였다. 아무리 사소한 일이라도 소홀히 했다가는 매를 맞거나 심지어 죽을 수도 있었다. 어느 날 한 궁녀가 서태후에게 양말을 가져다준다는 것이 그만 실수로 짝이 다른 양말을 가져갔다. 궁녀는 얼른 돌아서서 바꿔 오려다가 서태후에게 발각되었다. 서태후는 그 궁녀에게 무릎을 꿇게 하고 친구인 다른 궁녀를 불러와 뺨을 10대 때리라고 시켰다. 그런데 차마 그 궁녀가 친구의 뺨을 세게 때리지 못하자 서태후는 더욱 화가 나서 길길이 뛰었다.

"좋다, 네년이 때리고 싶지 않다면 저년이 너를 때리게 하겠다!"

서태후는 뺨을 맞은 궁녀에게 자신을 약하게 때린 궁녀가 실신할 때까지 뺨을 때리게 시켰다. 이런 일이 하루에도 몇 번씩 생기는 것을 보고 궁녀들은 태후의 말이라면 그보다 심한 짓이라도 하려고 했다.

외국 군대의 공격을 받고 겨우 살아난 이후 서태후는 이상야릇한 심경의 변화를 보였다. 그토록 싫어하던 외국인을 자주 궁으로 불러들여 개인적으로 접촉을 하기 시작한 것이다. 외국인 사진사나 화가가 궁 안에 드나들며 그녀의 사진을 찍고 초상화를 그렸다. 사진을 찍을 때 그녀는 일종의 가면극 놀이를 즐겼다. 가령 자신은 관음보살로 분장하고 환관 이연영을 불법의 수호신으로 분장시켜서 찍은 사진들이 지금껏 전해지고 있다.

자신의 권력을 수호하기 위한 그녀의 비열하고 야비한 행각은 외국인에 대한 뇌물 공세로까지 이어졌다. 이화원에서는 하루가 멀다 하고 호화 공연이 이어졌고, 공연이 있을 때마다 외국 영사 부인들을 위한 만찬이 열렸다. 그러나 아무리 발버둥쳐도 세월의 힘까지 막을 수는 없었다.

1908년 10월, 서태후는 74살의 나이로 갑자기 중병이 들어 앓아 누웠다. 그 무렵 광서제 역시 울화병에 시달리고 있었다. 태후가 중병에 걸렸다는 소식은 그에게 일말의 희망을 안겨주었다. 그러나 서태후의 측근들은 결코 광서제가 복귀하는 것을 원치 않았다. 그만큼 광서제에게 못된 짓을 많이 했기 때문에 후환이 두려웠다. 그들은 태후가 소생할 가망이 없음을 알고 더 늦기 전에 수를 썼다.

"황제께서는 태후님이 앓고 계신다는 말씀을 듣고 자기도 모르게 입가에 미소를 지으셨습니다!"

환관의 거짓말에 그녀가 어떤 반응을 보였을지는 충분히 상상이 가는 일이다.

이튿날, 광서제의 병이 위급하다는 소문이 퍼졌다. 목숨이 오락가락하는 중에도 서태후는 권력을 내놓으려 하지 않았다. 그녀는 경친왕 혁광과 재풍, 원세개 등을 불러놓고 순친왕 재풍의 세 살밖에 안 된 아들 부의를 황태자로 세우겠다고 선언했다. 재풍은 영록의 사위로, 진작부터 그녀의 수하에 있던 유약한 위인이었다. 그녀는 부의가 즉위한 후에도 자기가 여전히 조정의 대권을 지배할 수 있다고 생각한 것이다. 때맞춰서 광서제는 같은 날 영대에서 병사했다.

광서제가 죽었다는 소리를 듣고 서태후의 입가에는 독살스러운 웃음이 번져나왔다. 그녀는 곧 부의를 황제로 세우고 재풍을 섭정왕으로 봉한다는 교지를 내렸다. 이날, 재풍의 집안은 발칵 뒤집혔고 부의의 조모는 서태후의 악독함에 치를 떨며 그녀를 향해 저주를 퍼부었다.

"그 요사스러운 년이 내 아들을 죽이고도 직성이 풀리지 않아 이젠 내 손자까지 해치려 드는구나! 내 오늘 그년과 사생결단을 내고야 말겠다!"

부의의 할머니는 광서제의 서모였다. 그러니까 재풍은 죽은 광서제의 부친인 순친왕 혁현의 손자로, 조부의 작위를 물려받은 것이었다.

그녀의 저주 탓이었을까. 광서제가 세상을 떠난 바로 다음 날인 1908년 11월 15일, 기울어가는 중국을 정확히 48년 동안 통치하면서 권세욕에 미쳐 날뛰던 서태후도 결국 불귀의 객이 되고 말았다.

오랜 세월 스스로 중독에서 헤어나지 못했던 권력에 대한 망집이 결국은 왕조의 패망을 재촉한 독약이었다. 그로부터 3년 후, 청나라는 그녀가 유럽식 군사교육을 도입시켜 양성한 신군부에 의해 막을 내린다.

조선을 무너뜨린 세도정치의 원조, 정순왕후

1800년, 정조가 갑자기 세상을 떠나고 11세의 순조가 보위를 이었다. 이때 영조의 계비이자 순조의 증조모인 정순왕후 김씨가 어린 왕을 대신하여 수렴청정에 나섰다.

15세 때 입궁하여 영조의 총애를 받으며 18년간 국모의 자리에 있었던 정순왕후는 사도세자의 죽음에 결정적인 역할을 했다. 사도세자의 죽음을 전후하여 조정은 벽파와 시파로 양분되었다. 벽파의 영수 김귀주는 정순왕후의 오라비였고, 시파의 영수는 사도세자의 장인 홍봉한이었다. 김귀주는 정후겸 등과 합세하여 홍봉한을 무고하고, 세손 시절 정조가 왕위에 오르지 못하도록 온갖 음모를 꾸몄다. 그는 정조 즉위 후 유배형에 처해졌고 귀양지에서 병으로 죽었다.

정순왕후의 정치적 기반인 벽파는 김귀주의 실각과 더불어 거의 와해된 것이나 마찬가지였다. 정조 재위 기간 내내 와신상담하던 그녀는 집권과 동시에 본색을 드러냈다. 먼저 노론 벽파의 거두인 심환지를 영의정에 앉히고, 정조의 친위부대였던 자용영을 해체했다. 또한 정조의 개혁 정치에 동참했던 노론 시파와 서학파 관료를 모두 제거하고 북학파도 철저하게 탄압했다. 이로써 정조의 탕평책을 보좌했던 인물들은 대부분 제거되었고 그가 생전에 이룩한 업적도 모두 파괴되었다.

"모든 원칙은 임금의 안전을 꾀하고 의리를 지키는 것을 기본으로
하라."

정순왕후가 정사를 주관하면서 내건 두 가지 원칙이었다. 과거 사도세
자의 죽음을 두고 시파와 벽파가 대립했을 때 벽파의 행동은 정당했으
므로 그들을 중용하는 것은 의리를 지키는 일이라고 주장했다.

1802년, 정순왕후는 천주교 금지령을 선포하고 오가작통법을 시행했
다. 오가작통법이란 본래 백성들 스스로 다섯 집을 하나로 묶어 서로
감시하며 강도나 절도 등 범법 행위를 규제하기 위한 치안유지법이
었다.
당시 천주교를 신봉하는 사람 중에는 시파와 남인이 많았다. 정순왕후
는 이 오가작통법을 천주교 탄압에 악용했다. 만약 어느 한 집에서 천
주교도가 적발되면 다섯 집 모두 화를 입게 된다. 이 악명 높은 법으로
인해 전국은 삽시간에 죽음의 공포에 휩싸였다. 전국적으로 오가작통
법에 걸려 죽은 사람이 수만 명에 이르렀다. 그들 중에는 진짜 천주교
도도 있었지만 무고하게 척사에 연루되어 희생당한 사람도 부지기수
였다. 신유년에 일어난 이 사건을 가리켜 '신유박해'라고 한다.

순조는 즉위 후 2년 만에 왕비를 맞아들였다. 그런데 이때 왕비로 간택된 순원왕후는 시파인 김조순의 딸이었다. 당시 조정을 장악하고 있던 세력이 벽파라는 점을 고려할 때 이것은 굉장히 이례적인 일이 아닐 수 없었다. 김조순이 왕의 장인이 될 수 있었던 것은 생전에 정조가 그를 신임한 것도 이유가 되지만 무엇보다도 처세술이 뛰어났기 때문이다. 그는 정순왕후 섭정 동안 전혀 당색을 드러내지 않음으로써 숙청의 칼날을 피할 수 있었다.

그러나 순조는 친정하게 된 이후로도 김조순을 비롯한 안동 김씨 세력에 둘러싸여 독자적인 정치를 펼치지 못했다. 정순왕후가 4년간의 수렴청정을 거두고 조정에서 물러나자 김조순이 부원군으로서 섭정을 이어받게 된 것이다.

정순왕후는 그 이듬해에 병을 얻어 세상을 떠났다. 그렇게 모든 것이 다시금 원점으로 돌아갔다. 이제 세상은 안동 김씨의 세상이 되었고 조선의 국운은 서서히 기울어갔다.

안동 김씨의 세도정치가 60여 년간 이어지면서 조선은 크고 작은 민란에 휩싸이며 엄청난 혼란을 겪었다. 홍경래의 난도 그중 하나였다. 이 과정에서 세도정치의 폐단을 절감한 순조는 풍양 조씨 집안의 딸을 세자빈으로 삼았다. 그러나 이것은 풍양 조씨라는 또 다른 외척을 불러들인 세도정치의 2막에 불과했다.

3부

나라를 망친
여인들

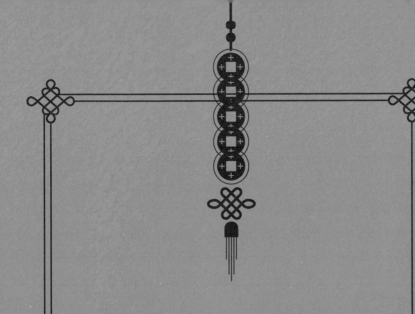

7장

왕황후

[王皇后]

태어나지 말았어야 할 권력

간추린 중국사

무제의 북벌 정책으로 한나라는 강대국이 되었으나, 거듭되는 전쟁에 백성들은 염증을 느낄 수밖에 없었다. 그러나 무제는 강력한 중앙집권 정책으로 민심의 동요를 막고 국정을 이끌어갔다.

혼란이 생긴 것은 그가 죽은 뒤였다. 8대 소제(昭帝) 불릉과 9대 창읍왕 시기를 거치면서 그동안 꼬리를 바짝 내리고 있던 흉노족이 다시 기승을 부리기 시작했다. 설상가상으로 민간의 병역기피 현상이 극심한 사회 문제로 대두되었다.

선제(宣帝)는 그 옛날 무고로 죽은 태자의 아들로 극적으로 살아남아 한나라 10대 황제가 되었다. 옥중에서 여죄수의 젖을 먹고 자란 그는 어린 시절 민가에 숨어살면서 현실 정치에 대한 감각을 키웠다. 재위 기간 피폐한 민심을 추스르고 경제를 살리는 데 주력한 선제는 흉노와의 화친 정책으로 국방을 안정시켰다.

그러나 아들 원제(元帝) 때에 이르러 왕씨 일족이 정가에 등장하면서 한나라는 급격한 쇠퇴의 길을 걷게 된다.

그녀의 프로필

본명은 왕정군(王政君). 원제의 첫 번째 황후.

왕정군은 심약한 아들이 보위에 오르면서 섭정 태후가 된 것을 계기로 역사에 씻을 수 없는 오점을 남겼다. 그녀가 전권을 행사함과 동시에 나라는 혼란과 부패로 찌들어 급기야 조정이 완전히 무너지는 지경에 이르렀다.

자기 정적들에게 예상을 뛰어넘는 관용을 베푸는, 이른바 '노블레스 오블리주'를 실천하여 한때 백성들의 지지를 얻기도 했던 그녀는 결국 믿었던 조카에게 국권을 찬탈당하고 중국 역사상 가장 우매한 통치권자로 기록되었다.

태어나지 말았어야 할 권력, 왕황후

✦ 운명을 바꾼 우연한 행운

선제는 자식이 없는 태자를 위해 수십 명의 가인자(家人子, 궁중에 살면서 뚜렷한 직첩이 없는 여성)를 들였다. 많은 황실 여인 중에서 태자가 유일하게 마음을 준 상대는 사마양제였다. 일찍이 생모를 여의고 외롭게 자란 태자에게 그녀는 어머니와도 같은 존재였다.

그런데 갑자기 사마양제가 원인 모를 중병에 걸리고 말았다. 태자의 극진한 간호에도 불구하고 그녀는 결국 세상을 떠났다.

"저는 명이 짧아서 죽는 게 아니라 태자마마의 사랑을 독차지한 죄로 죽는 것입니다."

사마양제는 숨이 끊어지기 전 이런 말을 남겼다. 궁녀의 시기심이 자신을 죽음에 이르게 했다는 것이다. 그것을 곧이곧대로 받아들인 태자는 궁 안에 있는 모든 여인을 혐오하게 되었다.

어쨌거나 후사는 이어야 했다. 선제는 후궁의 가인자 중에서 다섯 명을 뽑아, 그중 태자에게 선택받은 이를 태자비에 봉한다는 교지를 내렸다. 나이 열일곱에 이미 '남자를 둘씩이나 잡아먹은 팔자 센 여자'라는 꼬리표를 달고 궁에 들어온 왕정군도 그중 하나였다. 공교롭게도 그녀와 정혼한 남자 둘이 혼인을 코앞에 두고 세상을 등진 것이었다. 사람들은 부모의 사생활이 문란하여 딸자식 팔자가 순탄치 못한 것이라고 수군댔다.

왕정군의 부친 왕금은 법률에 능통했으나 집안이 한미하여 변변한 벼슬을 얻지 못했다. 자신의 처지를 한탄하며 주색잡기로 세월을 보내는 게 일과였던 그는 다섯 명의 처첩 사이에서 12명의 자식을 낳았다.

왕정군은 본처 이씨가 낳은 딸이었다. 그런데 이씨 부인은 남편의 바람기를 못 견뎌 자식들을 버려두고 다른 남자와 재혼을 해버렸다. 12명의 형제 가운데 왕정군과 어머니가 같은 형제는 왕봉, 왕숭 두 오라비뿐이었다.

아버지 왕금이 보기에도 정군의 운명은 고달프기 짝이 없었다. 그녀는 어릴 때부터 총명하고 미색이 뛰어나 탐내는 남자들은 많았건만 유독 배필 운이 없었다. 오죽하면 대체 무슨 마가 꼈는지 물어보려고 무당을 찾아갈 정도였다.

"이 아이는 조만간 세상 모든 사람이 우러러볼 귀인이 될 것입니다. 여인의 몸으로 천하를 휘어잡을 운이니 지금까지의 불운은 액땜으로 알고 잘 보살피시오."

그녀의 관상을 요목조목 뜯어본 무당은 생각지도 않은 말을 꺼냈다.

왕금은 곰곰이 생각에 잠겼다. 무당의 말이 사실이라면 기회는 황궁 쪽에서 잡아야 할 터였다. 그는 정군에게 시와 글을 가르치고 악기도 다루게 했다. 그러고는 적당한 연줄을 잡아 황궁으로 들여보냈다.

마침내 태자비 간택의 날이 다가왔다. 왕정군은 다른 후보자보다 색깔이 튀고 화려한 옷을 골라 입었다. 어떻게든 태자의 눈에 띄려고 나름대로 신경을 쓴 것이었다. 그러나 정작 태자는 만사가 귀찮기만 했다. 단지 그는 부왕의 뜻을 거역할 수가 없어 그 자리에 앉아 있었다.

"마마, 어느 쪽입니까?"

시종이 마음에 드는 상대를 지목하도록 청했다. 태자는 여인들을 제대로 쳐다보지도 않고 한쪽을 애매하게 가리켰다. 공교롭게도 왕정군이 서 있는 쪽이었다. 이렇게 해서 왕정군은 한순간에 태자비가 되는 행운을 안았다. 곧 아들도 낳았다. 마침내 그녀의 인생에도 서광이 비치는가 싶었다.

✦ 위기의 모자

선제가 죽고 태자가 보위에 올랐다. 그가 바로 한나라의 11대 황제로 등극한 원제(元帝)였다. 왕정군은 황후가 되었고, 그녀가 낳은 아들 유오는 태자로 책봉되었으나 행운은 여기까지였다. 여인으로서 최고의 자리에 올랐으나 그것은 이름뿐인 존귀함에 지나지 않았다.

태자가 태어난 뒤 원제의 사랑은 후궁 부소의를 향했다. 그녀는 또

다른 사마양제였다. 황실 적통을 이을 첫 손주라며 부왕 선제가 그토록 애지중지하던 태자는 안중에도 없었다. 황제가 외출할 때면 부소의의 아들 유강을 한 수레에 태우고 다녔다.

태자 유오가 어릴 땐 무엇보다 경전 읽기를 좋아했다. 그러나 성년이 되어서는 생모를 학대하고 일개 후궁의 아들을 편애하는 부왕에 대한 반감으로 향락에 빠져 지냈다. 태자는 하루가 멀다 하고 장안이 떠들썩할 만큼 낯뜨거운 스캔들을 몰고 다녔다.

유강은 약삭빠르고 말재주가 좋은 데다 사람을 다룰 줄 알았다. 그는 부왕의 총애를 십분 활용하여 자기의 세력을 키워나갔다. 왕좌에 욕심을 두고 있던 그에게 이보다 좋은 먹잇감은 없었다.

"태자가 궁궐 밖을 돌아다니며 주색잡기로 소일하고 있다니 나라의 앞일이 걱정입니다."

부소의의 베갯머리 송사도 한몫했다. 급기야 원제는 태자를 폐하고 유강을 그 자리에 앉히려고 마음먹었다.

"황실 직계 종손인 태자를 폐하고 후궁의 소생을 들이는 건 이치에 맞지도 않을뿐더러 선왕 폐하의 유지에도 어긋나는 일입니다."

원제의 신임이 두터웠던 사단이 극구 만류하고 나섰다. 혈기왕성한 나이에 여색을 탐하는 것은 태자를 폐할 만큼 중대한 결격 사유가 되지 못했다. 문제는 이미 태자가 부왕의 눈 밖에 났다는 데 있었다.

어느 날 원제의 아우 중산애왕의 부고가 전해졌다. 중산애왕은 생전에 태자를 각별히 아꼈다. 이를 알고 있던 원제는 태자를 데리고 문상을 갔다. 그런데 누구보다 슬퍼할 줄 알았던 태자는 눈물 한 방울 흘리지 않았다.

"인정이라고는 털끝만치도 없는 자식에게 어떻게 선조의 대업을 계승하여 천하를 다스리게 한단 말인가!"

원제가 분통을 터뜨리자 곁에 있던 사단이 전후 사정을 설명했다.

"태자께서 눈물을 흘리시면 폐하의 슬픔이 더해 옥체를 상하게 될까봐 염려되어 신이 폐하께서 보는 앞에서는 절대 울지 말라고 권했습니다. 폐하께서 태자의 몰인정함을 꾸중하신다면 그 잘못은 저에게 있습니다."

원제는 비로소 노여움을 풀었다. 그러나 부소의와 유강 일파의 모함은 좀처럼 수그러들지 않았다. 황제는 만년에 중병이 들자 또다시 태자의 폐위 문제를 거론했다. 사단은 황제의 침실로 달려가 독대를 청해서 간곡하게 태자의 폐위를 만류했다.

"뚜렷한 명분도 없이 태자를 바꾼다면 민심이 불안해질 것입니다."

원제는 사단의 말을 듣고 끝내 태자를 폐하지는 않았다. 훗날 왕씨 일족을 권력의 핵심부로 등장시킨 성제(成帝) 유오는 이렇게 해서 가까스로 보위에 올랐다.

✦ 왕황후의 콤플렉스

성제는 즉위 후 외척 왕봉을 대사마 대장군 영상서사로 봉해 조정의 정사를 총괄하게 했다. 왕황후의 오빠 왕봉은 집안의 장남으로서 부친

왕금의 작위를 물려받았으나 원제 시대에는 이렇다 할 권세를 누리지 못했고, 영향력도 크게 행사하지 못했다. 그러나 이때부터 상황이 완전히 달라졌다.

성제는 무능한 임금이었지만 생모에 대해 효성이 지극했다. 왕정군은 마치 지난 세월의 한풀이라도 하듯 이복동생들까지 중앙으로 끌어들여 제후로 봉했다.

"공로도 없는 외척들에게 작위를 봉하는 것은 창업주이신 고조 황제의 유지에 어긋나는 일입니다."

조정 대신들이 입을 모아 반대했으나 성제는 귀담아듣지 않았다. 오히려 왕황후의 이복형제 다섯 명의 지위를 더 높여주었다. 사람들은 그들을 '5후'라고 불렀다. 왕황후의 남자 형제 여덟 명 가운데 일곱 명이 제후로 책봉되었다. 심지어 죽은 이복동생 왕만을 신도후로 추봉하고, 아들에게 작위를 이어받게 했다. 그 아들이 바로 훗날 신나라를 세운 왕망이다.

이때부터 왕씨 혈족이 돌아가며 총리와 군 최고사령관에 해당하는 대사마 대장군 자리를 독점하면서 권력의 판도를 바꿔놓았다. 아들인 성제를 등에 업고 왕황후가 정치적 영향력을 행사하는 동안 무릇 그녀와 친척 관계에 있는 사람이면 능력에 상관없이 모조리 출셋길에 올랐다.

보잘것없는 집안에서 태어나 평생 신세 한탄이나 하면서 살아온 부친 왕금에 대한 연민이었을까. 가문을 번성시키려는 모후의 집착은 때때로 성제를 곤혹스럽게 만들었다. 남편과 자식을 버리고 재가한 그녀의 생모 이씨 부인의 경우가 대표적이다.

이씨 부인은 구씨 성을 가진 남자와 재혼하여 구삼이라는 아들을 낳은 지 얼마 안 되어 과부가 되었다. 아직 왕금이 살아 있을 때였다. 왕황후는 부친에게 이씨 모자를 다시 맞아들이게 하고 구삼에게 후작의 작위를 주려고 했다. 황제의 외조모가 재가해서 낳은 아들을 후작으로 봉한다면 세상 사람들이 코웃음을 칠 일이었다. 그러나 성제는 구삼을 수형도위(왕실의 세금, 물자, 재산을 관리하는 벼슬)로 임명하여 모후의 요구를 무마시켰다. 작위를 갖는 것보다 훨씬 실속 있는 자리였다.

"한 사람이 출세하면 집안 짐승들도 덩달아 값이 올라간다."

왕씨 혈족이 승승장구하는 모습에 빗대어 세인들 사이에 오가던 이야기였다.

왕정군은 그 성격이나 기질이 매우 독특하고 대범한 데가 있었다. 가장 큰 정적이었던 부소의 모자에 대한 처우를 보아도 그렇다. 부소의가 누군가. 평생 자신을 독수공방하게 만든 장본인 아닌가. 더구나 그 아들 유강은 원제가 죽는 날까지 태자의 안위를 위협하던 인물이었다.

태후가 된 그녀는 자칫하면 처지가 뒤바뀔 뻔했던 부소의 모자에게 상식을 뛰어넘는 관용을 베풀었다. 과거 위황후가 척 부인과 조왕 여의에게 끔찍한 보복을 가했던 것과는 상당히 대조적인 모습이었다. 그녀는 이들 모자를 각별히 배려하여 유강이 조정을 찾을 때마다 성제와 함께 친절히 맞아주었고, 일반 제후의 10배나 되는 선물을 하사하기도 했다.

오랫동안 아들을 얻지 못했던 성제는 한술 더 떠, 유강을 후계자로 점찍어두기까지 했다. 갈수록 형제간의 우애도 두터워졌다. 유강은 수시로 황궁을 드나들며 왕씨들의 신경을 건드렸다.

당시 조정의 실세로 군림하던 왕태후의 친오빠 왕봉이 이 사실을 알고 하루빨리 유강을 영지로 돌려보내도록 성제를 압박했다. 결국 성제는 눈물을 머금고 유강과 작별하게 되었다.

왕봉이 국정을 제멋대로 주무르게 된 배후에는 왕정군의 강력한 지지가 있었다. 그로 인해 황제는 작은 벼슬자리 하나 뜻대로 처리할 수가 없었다. 광록대부 유향의 어린 아들은 시를 잘 짓기로 대신들 사이에도 칭찬이 자자했다.

성제가 어느 날 그 이야기를 듣고 유향의 아들을 즉석에서 중상시(황제의 침실 시종을 드는 관리)로 임명했다. 그런데 시종은 먼저 이 일을 왕봉에게 알려야 한다고 말했다. 당연히 성제는 언짢은 생각이 들었다.

"이런 사소한 일까지 대장군에게 알릴 필요가 있느냐?"

"그래도 대장군의 의견을 구하는 것이 옳습니다."

"그렇다면 당장 허락을 구해오도록 하라."

시종의 완강한 태도에 말문이 막힌 성제가 그를 왕봉에게 보냈다. 왕봉의 답은 절대 안 된다는 거였다. 왕봉의 뜻은 곧 태후의 명이었다. 성제는 울며 겨자 먹기로 명령을 거둬들였다.

얼마 후, 경조윤(수도권 행정장관급에 해당하는 관직) 왕장이 상소를 올렸다. 유강을 황도에서 쫓아내고 황제를 고립시켜 사리사욕을 채우려 했다는 이유로 왕봉을 규탄하는 상서였다. 그를 경조윤으로 추천한 사람이 바로 왕봉이었다. 왕봉의 개인 비리까지 폭로한 왕장은 그를 파직시키고 유능한 인재를 등용하도록 건의하는 상소를 올렸다.

상소문 내용 가운데 특히 성제의 자존심을 자극하는 구절이 있었다.

"지금 국가의 모든 대사를 왕봉이 독차지하고 천자께서는 손도 대
지 못하게 하지 않습니까?"

자신이 황제라는 사실마저 부끄러울 만큼 통렬한 지적이었다. 그렇다고 해도 당장은 뾰족한 수가 없었다.

"조정의 요소요소를 그들이 장악하고 있는데 무슨 수로 여론을 모은단 말인가."

성제는 여러 번 왕장을 독대하여 밀담을 나누었다. 그런데 왕태후의 사촌 동생인 시중 왕음시가 이 사실을 왕봉에게 고자질했다.

왕봉은 신병을 이유로 조정에 사직서를 낸 뒤 왕태후에게 자신의 억울함을 호소했다. 그러자 태후는 아예 식음을 전폐하고 궁중에서 시위를 했다. 마음 약한 성제는 차마 왕봉을 파직시키지 못하고 위문사절을 보내 다시 조정에 나오도록 했다. 왕봉은 재집권에 성공한 즉시 왕장을 반역죄로 몰아 처형시켰다.

왕태후의 영향력은 끝이 없었다. 그녀는 조정의 인사, 행정뿐만 아니라 심지어 황제의 사생활까지 간섭했다. 성제의 정실부인 허황후는 왕봉과 상극이었다. 왕봉은 허황후 가문이 정치적으로 세력을 얻는 것을 철저히 차단했다. 명색이 황제의 외척인데 변변한 벼슬자리 하나 없기

로는 과거 왕정군의 황후 시절과 다를 게 없었다. 더구나 그녀는 아이를 낳지 못하는 황후였다.

성제는 후궁들 치마폭에서 헤어날 줄을 몰랐다. 이 와중에 허황후가 왕봉 일파를 저주하는 제사를 지낸 사실이 알려졌다. 왕태후는 허황후를 폐위시켜 감옥에서 죽게 했다. 성제가 저 유명한 조비연, 조합덕 자매와 관계를 맺기 시작한 것도 이 무렵이었다. 자매는 노래와 춤으로 황제의 마음을 현혹했다. 성제는 언니 조비연을 황후로 삼고, 동생 조합덕은 소의로 봉해 후궁에 들였다. 그 후 이들은 황제의 총애를 빌미로 온갖 패악질을 일삼았다. 후궁 가운데 누가 임신이라도 하면 기어이 그 아이를 없애는 짓도 서슴지 않았다.

"저희 자매 중 한 사람이 낳은 아들이 아니면 절대로 태자 책봉을 하지 않겠다고 약속을 해주셔야만 저희도 기쁜 마음으로 폐하를 즐겁게 해드릴 수 있어요."

자매가 춤추고 노래하고 갖은 교태를 부리며 애간장을 녹이다가 갑자기 울고불고 앙탈을 부리면 당해낼 재간이 없었다. 그러나 황제의 다짐을 받고도 자매는 끝내 아이를 낳지 못했다.

황후 조비연은 종실 후손 가운데 하나를 자기 아들로 삼게 해달라고 황제를 졸랐다. 이때 성제가 그녀의 양자로 들여 태자로 책봉한 인물이 유강의 아들 유흔이었다.

✦만사를 망친 인사

성제는 평생 방탕한 생활을 하다 갑작스럽게 죽음을 맞았다. 무제 때 최고의 전성기를 누렸던 국력은 이때 와서 바닥을 보이기 시작했다. 이 와중에도 부패한 호족들은 사리사욕을 채우기에 급급했고, 사방에서 굶주림에 지친 백성의 반란이 끊이지 않았다.

애제(哀帝) 유흔은 영민한 군주였다. 그는 왕씨 세력을 무력화시켜 자신의 입지를 굳히는 것을 집권 초기의 목표로 삼았다. 왕정군과의 대립이 불가피한 상황이었다. 조정의 실권은 불과 38세의 젊은 나이로 대사마직에 오른 왕망이 쥐고 있었다. 그는 애제가 반드시 뛰어넘어야만 할 거대한 장벽이었다.

보위에 오르기 전 애제는 제후 번왕의 신분이었다. 종법제도에 의하면 양자라 해도 황실의 후계를 잇는 이상 친부모와의 상속 관계를 끊어야 했다. 그런데도 애제는 생부인 유강을 황제로 추존하고, 조모 부소의는 왕정군과 동급인 태황태후로, 생모인 정씨는 황태후로 봉하고자 했다. 벌써 부소의는 몇몇 대신을 구워삶아 자기편으로 만들어놓았다. 왕정군 입장에서는 그녀의 소행이 아주 괘씸했을 것이다. 손자가 황제가 되었다고 어느덧 과거의 일도 잊은 듯 태황태후인 자신과 똑같은 대우를 받겠다는 것이다.

애제가 즉위하자 그녀는 부소의와 정씨가 열흘에 한 번 황제가 있는 미앙궁에 출입할 수 있도록 했다. 황실과 사사로운 접촉을 제한하고 그들의 신분에 한계를 그어주려는 의도였다. 그런데 부소의는 자신의 거처와 미앙궁 사이의 지하통로를 이용해 비밀리에 황제를 만나고 다녔다.

"고부끼리 황제를 가운데 두고 무슨 일을 꾸미지 못하도록 대사마가 직접 살피도록 하세요."

그녀가 왕망에게 지시한 지 얼마 안 되어 애제가 미앙궁에서 연회를 베풀었다. 황제의 시종이 천막을 두른 특별석을 만들어 태황태후 옆자리에 설치했다. 대사마 왕망이 즉각 이를 문제 삼았다.

"저 두 분은 기껏해야 제후 번왕의 생모이고 선왕의 후궁에 불과한데 어찌하여 가장 존귀하신 태황태후와 나란히 모시는가?"

왕망은 시종을 무섭게 다그치며 당장 특별석을 거두도록 했다. 이말을 들은 부소의 안색이 새파랗게 질렸다. 얼마 후 애제는 생모와 조모가 당한 수모를 갚아주기라도 하듯 자기 혈족에 대한 존호 문제를 정식으로 거론하기 시작했다. 왕정군은 하는 수 없이 애제의 친부 유강을 정도공황으로 추존하고 부소의는 공황태후로, 정씨는 공황후로 봉하도록 지시했다.

그러나 애제는 태황태후가 내린 존호를 무시하고 자신이 직접 교지를 내렸다. 친부에 대한 호칭은 '정도'라는 국호를 생략한 공황으로, 조모 부소의는 제태태후로, 생모 정씨는 제태후로 고쳐 부르게 했다.

이렇게 해서 왕정군, 조비연을 포함한 네 명의 국모가 탄생했다. 황제의 의지가 워낙 단호하여 왕정군으로서도 도리가 없었다. 이 일로 파직당한 왕망은 애제가 죽는 날까지 자신의 영지를 벗어나지 못하게 되었다.

왕망을 제거하는 데 성공한 애제는 즉각적인 정계 개편을 단행했다. 그는 자신의 외삼촌 정씨와 처남 부씨를 등용하여 호족 세력과 관리들이 차지하고 있는 땅과 노비의 수를 제한하는 정책을 입안하도록 지시했다. 그러나 이들도 결국은 부패한 외척들이었다. 그들은 세도 대신 동현과 결탁하여 애제의 정치적 청사진을 유명무실하게 만들었다. 정씨, 부씨, 동현 등은 백성에게 지탄의 대상이 되었다.

이때를 틈타 왕정군이 반격을 개시했다. 그녀는 친정의 왕씨 일가가 가지고 있던 땅 가운데 묘지만 남기고 모조리 백성에게 나누어주었다. 새 황제의 개혁 정책에 잔뜩 기대를 걸었다가 실망한 백성의 환심을 사서 자신의 정치적 입지를 확고히 하려는 왕정군의 영악한 일면이 돋보이는 대목이다.

왕씨 일가의 독단으로부터 유씨 황실을 지키고, 기울어가는 국운을 되살려보려던 애제의 노력은 그가 보위에 오른 지 1년 만에 후사도 없이 죽는 바람에 수포로 돌아갔다.

왕정군은 애제의 죽음으로 명실상부한 황실 최고의 어른으로서 비상시국 체제를 이끌어갔다. 가장 시급한 문제가 국상을 치르는 일이었다. 왕정군은 일단 대사마 동현에게 의견을 묻는 척했다.

"신도후 왕망은 과거 대사마의 신분으로 선왕의 장례를 주관한 일이 있어 법도를 잘 알 것이니 내가 그를 불러 경을 돕게 하는 건 어떻소?"

애제의 신임을 등에 업고 잠시나마 세력을 장악하는 듯했던 동현은 졸지에 끈 떨어진 신발 신세였다. 태황태후 왕정군의 싸늘한 물음에 그는 별수 없이 머리를 조아렸다. 왕정군은 즉시 왕망을 불러들여 궁정 호위대를 장악하게 하고 동현의 궁 출입을 금지시켰다.

"대사마 동현은 사람이 어리석어 백성을 곤궁에 빠뜨렸다. 그 죄 죽어 마땅한 것으로 알고 관복을 벗어라!"

왕정군의 서릿발 같은 호령과 함께 관직을 삭탈당한 동현은 결국 아내와 함께 자결하고 말았다. 바야흐로 왕정군과 왕망의 세상이었다.

몇 달간의 귀양살이를 마치고 화려하게 정계로 돌아온 왕망은 제일 먼저 풍속을 어지럽혔다는 이유로 황태후 조비연을 폐위시키고, 그 자매에게 자결을 명했다. 그리고 이미 세상을 등진 부소의와 애제의 생모 정씨의 능묘를 파헤쳐 부장품을 거두어들였다. 고인의 의복도 다른 것으로 바꾸었다. 이러한 만행은 단순한 보복의 차원을 넘어서 오로지 왕정군만이 지존무상의 국모라는 점을 온 천하에 알리려는 것이었다.

왕정군은 왕망을 대사마 보정대신으로 임명하고 겨우 아홉 살밖에 되지 않은 원제 시절 후궁의 손자 중산왕 유간을 14대 황제로 옹립했다.

원제의 핏줄이라는 이유만으로 보위에 오른 평제(平帝)는 왕정군과 왕망의 밀실 협약에 의해 탄생한 권력의 소도구에 불과했다. 이때부터 왕정군은 섭정 태후로서 왕권을 행사하고, 대사마 왕망은 조정을 좌지우지하는 역할 분담이 자연스럽게 이루어졌다.

평제 또한 제후의 신분으로 왕위를 계승했기 때문에 친족의 지위에 관한 분쟁이 생기지 않을 수 없었다. 왕망과 왕정군은 애제 때의 불상

사가 재연되지 않도록 평제의 생모를 중산효왕후로, 외삼촌 위보와 위현은 관내후로 봉해 중산국에 살게 하면서 황궁 출입을 엄격히 금했다. 이를 어기는 사람은 누구를 막론하고 죽음을 면치 못했다.

"황제께서 아직 어린데 모자간의 만남도 허용하지 않는 것은 지나친 처사입니다."

태왕태후의 처사에 반발하는 사람 중에는 왕망의 아들 왕우도 포함되어 있었다. 훗날 평제가 성인이 되어 직접 정사를 보게 되면 제일 먼저 왕망을 처단하려 할 것은 불을 보듯 뻔한 상황이었다.

왕우는 부친을 설득하는 데 실패하자 위보와 은밀하게 접촉했다. 그는 위보에게 평제의 생모가 황궁에 들어가 살 수 있게 해달라는 상소문을 올리도록 제안했다. 그런 다음 자신과 힘을 합쳐 여론을 한 방향으로 몰아가 줄기차게 왕망을 설득하고자 했다. 여기에는 물론 황제의 외척에게 미리 환심을 사서 훗날의 화를 피하려는 속셈도 깔려 있었다.

그러나 이 사실을 알게 된 왕망은 아들 왕우를 독살하고 위씨 가족도 모두 죽여버렸다. 더구나 그는 자기 아들을 죽인 것을 나라를 위해 사사로운 정마저 끊어버린 의지의 표명임을 강조하며 정적을 모조리 잡아들였다. 이때 그가 죽인 사람만 해도 100여 명에 이른다. 마침내 왕망의 공포정치가 시작된 것이다.

✦예정된 쿠데타

왕정군과 왕망은 어찌 보면 참 미묘한 관계였다. 그녀는 친조카도 아닌 왕망을 누구보다도 믿고 의지했다. 그러나 왕망은 권력을 장악하기 위해 그녀의 지위를 이용했을 뿐이었다. 한나라의 비극이 바로 여기에 있었다.

왕망은 평제의 섭정 태후가 된 왕정군의 환심을 사려고 온갖 수단과 방법을 가리지 않았다. 황제 생모의 황궁 출입을 막고 외척을 몰살시켰던 그가 왕정군의 세 자매에게는 존호를 내리도록 주청하고 수시로 황궁에 드나들도록 배려해준 것만 해도 속셈이 뻔했다.

"자매끼리 자주 만나서 오순도순 세상 돌아가는 이야기라도 나누시지요."

왕정군은 자매에 대한 특별 대우가 고마울 따름이었다. 황궁의 생활은 무척 단조로웠다. 국정은 왕망이 독단으로 처리했으니 섭정 태후로서 왕정군이 하는 일이란 옥새를 찍어주는 일뿐이었다. 하루하루가 지루하고 적적한 시간의 연속이었다.

아무리 태황태후라고 해도 여자의 몸으로 궁 밖 출입이 자유로운 것은 아니었다. 왕망은 가끔 교외로 나가 민심을 살피고 농민을 격려하라는 명목상의 이유로 유람을 권했다. 왕정군 처지에서는 듣던 중 반가운 소리였다. 여기에 조정과 황실을 완벽하게 장악하려는 치밀한 계산이 깔려 있으리라고는 미처 생각하지 못했다.

궁궐 밖은 별천지였다. 왕정군은 모처럼 바깥세상을 구경하는 재미에 푹 빠져 조정이 어떻게 돌아가는지 전혀 관심을 갖지 않았다.

"각지에서 추천하는 인재를 등용하는 일이나 관원의 승급 문제는 그 자격 여부에 대한 감독과 관리를 철저히 해야 하는데 태황태후께서 이런 사소한 일을 몸소 처리하기보다는 대사마 왕망에게 일임하시는 건 어떻습니까?"

하루는 왕망의 수하가 상소를 올렸다. 왕정군은 아무런 의심도 없이 조정의 인사권을 왕망에게 넘긴다는 조서를 내렸다. 왕망은 회심의 미소를 지었다.

그는 먼저 자신의 딸을 황후로 들여앉히기 위해 음모를 꾸몄다. 궁중에서 뽑은 황후 입후보자 명단은 왕씨 집안 딸들이 대부분을 차지했다. 왕망은 자신이 태황태후와 친척 간임을 내세워 상소를 올렸다. 자신의 딸을 황후 입후보자로 넣는 것은 부당하다는 의도적인 상소였다.

왕정군은 이를 곧이곧대로 받아들여 곧 조서를 내렸다.

"왕망의 딸은 내 친정 식구이니 황후 후보 명단에서 제외하도록 하라."

그러자 왕망의 사주를 받은 대신들의 반대 상소가 빗발치기 시작했다. 친척이라는 이유만으로 후보에서 제외하는 것은 이유가 될 수 없으며, 더구나 왕망은 백성의 신임이 높으니 그 딸이 황후 자리에 오르는 게 당연하다는 주장이었다. 심지어 모든 후보를 물러나게 하고 왕망의 딸을 황후로 모셔야 한다고 노골적으로 왕정군을 압박하는 자들도 있었다. 왕정군은 비로소 왕망이 자신의 실권을 모두 가로챘다는 사실을 깨달았으나 이미 배는 떠난 뒤였다.

황제의 장인이 된 왕망은 2년 만에 본색을 드러냈다. 그는 병약한 평제를 독살하고 종실 자제 가운데 두 살 먹은 어린아이를 새 황제로 내

세웠다. 왕정군은 설마 그가 이런 끔찍한 짓까지 저지를 줄은 꿈에도 몰랐다. 그러던 어느 날 상소문이 올라왔다.

"어떤 사람이 우물을 파다가 흰 돌을 하나 주웠는데 그 돌에는 붉은 글씨로 '왕망을 황제로 모셔라'는 어구가 새겨져 있었다고 합니다. 이를 보고 백성들 사이에선 하늘이 특별히 이 나라의 앞일을 돌보기 위해 천명을 내리신 것이란 여론이 크게 일고 있습니다."

이런 흔해 빠진 상소문의 배후가 누구인지는 삼척동자도 알 만한 사실이었다.

"이것은 모두 황당무계한 거짓이니 일고의 가치도 없다."

왕정군의 단호한 태도에도 불구하고 왕망의 수하들은 끈질기게 한 목소리로 외쳤다.

"태황태후께선 이미 연로하셨고 지금껏 실제로 나라를 다스려온 사람은 안한공 왕망입니다. 그가 다른 목적이 있어서 그러는 것이 아니라 다만 황제를 대리하는 명의를 빌어 천하를 보다 효과적으로 다스리자는 것이니 부디 천명을 받드소서."

왕정군은 이미 대세가 기울었음을 인정해야만 했다. 이제 왕망은 그녀가 그토록 믿고 의지했던 조카도, 자신을 도와 정사를 이끌어왔던 충실한 신하도 아니었다.

"사람 마음은 다 한 가지다. 내 비록 늙고 병들어 오늘의 수모를 겪고 있지만, 왕망은 곧 지위도 명예도 다 잃을 것이며 봉변을 면치 못할 것이다."

섭정 황제 왕망의 즉위식이 거행되던 날, 왕정군은 피눈물을 머금고 그 기막힌 현장을 지켜보았다. 이후 그녀는 모든 것을 체념한 듯 태후 궁에 틀어박혀 지냈다. 그러나 세상은 그렇게 조용하지가 않았다.

왕망이 태황태후를 협박하여 섭정 황제로 즉위했다는 사실이 알려 지자 유씨 황족들이 강력하게 반발하고 나섰다. 제일 먼저 동군태수 적의와 유신이 반역자 왕망의 처단을 외치며 군대를 일으켰다.

교활한 왕망은 반군을 토벌하러 나가면서 다음과 같은 깃발을 내걸 었다.

"태황태후께서 흰 돌에 쓰인 붉은 글을 보시고 천명을 받들어 나 를 섭정 황제 자리에 앉혔다."

왕정군은 한조의 5대 왕조를 거친 국모 중의 국모였다. 그녀의 이름 만 내걸어도 민심을 안정시키는 데 엄청난 효력을 발휘한다는 점을 간 파한 왕망이 수를 쓴 것이었다. 실제로 사람들은 왕망이 태황태후의 뜻을 받들었다고 믿고, 군대를 일으킨 적의와 유신을 대역죄인 취급했 다. 민심의 지지를 얻지 못한 반군은 곧 흩어지고 말았다.

왕망의 야욕은 끝이 없었다. 그는 섭정 황제의 지위에 만족하지 않 고 아예 유씨 왕조를 뒤엎을 생각을 하고 있었다.

그로부터 3년 후인 서기 9년, 왕망은 신(新)나라를 건국하고 스스로 황제의 지위에 올랐다.

✦ 불통의 종말

"우리 왕씨 집안은 한조의 은혜를 입어 자손 대대로 부귀를 누려왔
거늘 그 은혜도 모르고 권력을 이용해 강산을 빼앗다니, 너희들이야말
로 개돼지만도 못하구나! 왕망이 새 황실의 황제로 등극했으면 국새
도 스스로 만들 것이지 어찌하여 한실의 국새를 달라 하느냐? 나는 곧
세상을 떠날 몸이며 이 국새는 나와 함께 묻힐 것이니 왕망은 탐욕을
버리라고 전해라."

진나라 때부터 한조까지 전해 내려온 국새를 빼앗기 위해 왕망의 심
복 왕순이 태황태후전에 들어오자 격분한 왕정군은 대성통곡했다. 곁
에 있던 시종도 모두 따라 울었다. 왕순은 꿇어앉아 한참을 울다가 그
녀를 설득하는 말을 꺼냈다.

"사태가 이미 이렇게 되었으니 어쩔 수 없습니다. 왕망은 기어이 국
새를 빼앗으려 할 것인데 끝까지 안 줄 수는 없지 않습니까?"

왕정군은 하는 수 없이 국새를 땅바닥에 내동댕이쳤다. 그 바람에
국새의 한 모서리가 깨져버렸다. 이렇게 해서 국새를 손에 쥐게 된 왕
망은 왕정군의 존호를 신실문모황태후로 바꿨다. 존호를 고쳐 한나라
황실과 그녀와의 관계를 끊어버린 것이다.

또한 원제의 사당을 허물고 그 복판에 왕정군을 위한 절을 지었다.
아직 살아 있는 그녀의 사당을 미리 지어놓고 죽기를 기다리는 격이었
다. 왕망은 태황태후의 장수를 기원하는 뜻에서 지은 절이라 둘러대며
장수궁이라 칭했다.

마치 점령군이나 다름없는 만행에 왕정군은 치를 떨었다. 얼마 후,

한나라 황실의 몰락을 증명이라도 하듯 왕망이 장수궁에서 연회를 베풀었다. 왕정군은 원제의 사당이 허물어져 벽돌이며 기왓장들이 이리저리 굴러다니는 광경을 보고 통한의 눈물을 흘렸다.

"내가 종묘의 폐허 위에서 술을 마신다면 이다음에 무슨 낯으로 그분을 뵙겠느냐?"

왕정군은 자신을 위해 마련해놓은 자리에 앉지도 않고 그대로 발길을 돌렸다. 그녀가 황후가 된 것을 계기로 왕씨 일족은 4대에 걸쳐 온갖 부귀영화를 누렸지만, 바로 그 왕씨가 한나라를 뒤엎고 말았다. 왕정군은 죽는 날까지 자신이 왕망의 쿠데타에 빌미를 제공했다는 죄책감에서 벗어나지 못했다.

왕망은 새 왕조에 걸맞게 조정의 의복을 모두 바꾸도록 명령했다. 그러나 왕정군의 태후궁 안에서는 아무도 그 명령을 따르지 않았다. 왕정군은 태후궁 안의 모든 신하에게 기존의 복장을 고수하게 하고, 한조의 예법에 따라 명절을 지내게 했다. 그것만이 그녀가 할 수 있는 유일한 저항이었다.

5년 후, 왕정군은 83세를 일기로 숨을 거두었다. 왕망은 원제의 능 안에 그녀의 묘를 조성했으나 중간에 깊숙한 도랑을 파서 원제와 왕정군의 무덤을 갈라놓았다. 능묘의 배치로 보면 왕정군은 한나라에도, 신나라에도 속하지 않는 국모였다. 이것이 왕망에게 이용만 당하고 버려진 그녀의 초라한 위상이었다.

무능한 자가 권력을 가졌을 때 정치는 가혹해질 수밖에 없고 나라에

는 끔찍한 재앙이 따른다. 무려 50여 년간 통치자의 자리에 있으면서
나라를 벼랑으로 몰아간 왕정군이 그 증거라 할 수 있다.

고려의 마지막 대왕대비, 의화궁주

'날마다 술 한 병씩을 의화궁주 안씨에게 내려주었으니, 곧 전조(前朝) 공민왕의 정비였다.'

《조선왕조실록》 태종 15년 5월 25일의 기록이다. 의화궁주는 1366년 노국대장공주가 죽은 뒤 공민왕의 정비가 되었다. 태종 15년이면 조선이 개국한 지 20년도 지났을 때다.

고려를 멸망시킨 조선 왕실에서 그녀에게 술까지 바치면서 특별 대우를 한 이유가 무엇일까. 그녀는 조선의 관대함을 대외적으로 드러내기 위한 상징적인 존재였다. 공민왕이 심복들에게 시해당한 뒤 그녀가 역사의 전면에 나선 것은 이성계 일파가 정권을 장악하는 데 있어서 이용 가치가 충분했기 때문이다. 무엇보다 그녀가 '공민왕의 정비'라는 것이 주효했다.

공민왕의 사랑을 받은 여인은 노국대장공주가 유일했다. 그는 정비 안씨는 물론 어떤 후궁에게도 곁을 주지 않았다. 《고려사》에는 노국대장공주 사후에 공민왕이 여러 왕비를 받아들이기는 했으나 별궁에 두고 가까이하지 않았으며, '밤낮으로 공주를 생각하여 드디어 정신병이 생겼다'고 하는 구절이 있다.

왕은 죽은 노국대장공주를 위해 막대한 비용을 들여 호화로운 영전을 짓게 했다. 이때 앞장서서 영전 공사를 반대하고 나선 사람이 의화궁주의 친정아버지 안극인이다. 이 일로 공민왕의 노여움을 산 안극인은 파직되었고 덩달아서 그녀도 궁에서 쫓겨나는 수모를 겪었다. 공민왕은 얼마 있다 그녀를 다시 궁으로 불러들였으나 자신의 심복들과 동침을 강요하는 등 엽기적인 방법으로 성적 학대를 가했다. 그녀는 머리를 풀어헤치고 자결할 각오로 남편의 기막힌 요구를 뿌리쳤으나 별궁의 여인 하나는 불륜의 와중에 아들을 낳기도 했다.

공민왕이 죽고 우왕이 즉위하자 별궁의 여인들은 비구니가 되었다. 우왕의 출생에 관해서는 공민왕의 후궁 반야와 신돈이 간통하여 낳은 자식이라는 확인되지 않는 소문이 파다했다.

아홉 살 어린 나이에 즉위한 우왕은 재위 14년 동안 여색에 빠져 살았다. 선왕의 정비인 안씨에게도 노골적인 흑심을 드러냈다. 우왕은 툭하면 야심한 시각에 대비전에 들이닥쳐 술을 청하는가 하면, '왜 나의 후궁들 가운데 어마마마처럼 빼어난 미인이 없느냐?'고 탄식했다. 날이 갈수록 낯뜨거운 추문이 궐 밖 민심을 어지럽혔다. 대비는 자신의 친정 조카를 우왕의 후궁으로 들여보내는 것으로 사태를 가라앉히려 했으나 그 후로도 우왕은 수시로 그녀를 농락하려 들었다. 인륜을 저버린 그의 행실은 결국 이성계 일파가 고려를 멸망시키는 데 결정적인 역할을 했다.

1388년, 이성계가 위화도 회군으로 쿠데타를 일으켰다. 이성계는 우왕을 강화도로 유배시키면서 왕대비에게 우왕의 아들 창왕을 옹립하는 교지를 내리도록 했다. 이것은 이성계 일파의 치밀한 전략이었다.

"불행히도 왕은 후사 없이 훙서하셨다."

왕대비전에서 나온 교지 한 장으로 우왕은 물론 창왕의 정통성도 부정당했다. 우왕이 공민왕의 핏줄이 아니라고 공개적으로 선언한 교지로인해 그 아들 창왕 또한 즉위한 지 1년 만에 왕좌에서 물러났다.
1392년, 대왕대비 안씨는 이성계에게 옥새를 갖다바치고 그를 새 왕으로 옹립하는 마지막 교지를 선포한다. 이성계는 조선의 개국 군주가 아닌 고려의 마지막 왕으로 등극하여 얼마간 보위를 지켰다. 고려왕조가 완전히 멸한 것은 그로부터 약 7개월 뒤였다. 왕실의 큰어른인그녀가 반역자에게 나라를 내준 셈이다.

조선이 개국한 뒤 그녀는 의화궁주로 강등되어 궁을 나갔다. 그러나대왕대비에서 궁주로 신분이 바뀌었을 뿐이었다. 그녀는 고려 왕비로살던 시절과는 비교도 할 수 없을 만큼 화려한 삶을 살았다. 태조 이성계부터 세종까지 그녀를 거쳐 간 조선의 왕들은 그녀를 극진히 우대하여 정권 홍보의 얼굴마담으로 삼았다.

태조 이성계가 즉위한 뒤에는 의화궁주의 어머니가 이성계를 위한 연회를 베풀었다는 기록이 있다. 이성계는 또 왕후 강씨와 함께 의화궁주의 사저를 친히 방문하여 연회를 열어주었다고도 한다. 태종 이방원이 즉위한 후로는 매일 술 한 병을 내릴 정도로 각별한 대접을 해주었고 건강을 염려하여 약술을 제공하라는 교지까지 내렸다. 이렇듯 살뜰한 보살핌 덕분이었는지 의화궁주는 이방원보다 최소한 스무 살은 나이가 많았으나 8년을 더 살았다.

태종은 유독 의화궁주와 친분이 두터웠다. 조선 창업의 주역인 그로서는 순순히 고려의 국새를 내준 그녀가 더할 나위 없이 고마운 존재였을 것이다. 고려가 망하자 수많은 왕씨가 목숨을 잃었으나 그녀의 여생은 탄탄대로였다. 세종이 즉위하고 태종이 상왕으로 물러났을 때는 의화궁주가 생일 선물로 체수박(遞手帕)을 바쳤다는 기록이 전해진다. 《조선왕조실록》 태종 18년 8월 6일의 기록을 보면 그녀의 위세를 짐작하게 해준다.

"의화궁주가 늙고 병이 있으니, 이제부터 묵은 술을 쓰지 말고 새술을 바치도록 하라."

그 뒤를 이은 세종은 '제2차 왕자의 난'을 일으켜 처형당한 박포의 집을 하사하여 그녀에 대한 조정의 변함없는 신임을 과시했다. 박포는 조선 개국의 이등공신으로 태종 이방원의 충복이기도 했으니 실상 고려와는 원수지간인 셈이다.

의화궁주는 창업 초기 조선에 협력한 대가로 죽는 날까지 온갖 특혜와 호사를 누렸다. 1428년, 고려 왕조가 멸망한 지 36년이 지난 후, 그녀는 80세를 일기로 세상을 떠났다. 세종은 쌀과 콩 각각 100석을 보내 죽음을 애도하며 신원을 복원했다.

광증에 사로잡힌 공민왕의 학대로 인한 분노 때문일까. 그녀의 궁 밖 생활도 그다지 건강해 보이지는 않았다. 술과 연회에 관련된 이야기가 일국의 왕비였다는 사실을 무색하게 할 뿐이었다.

혹자는 그녀가 공민왕의 정비로서 이성계를 옹립하는 교지를 내린 것을 두고 '경국지한'에 비유하기도 한다. 대세가 이미 기운 마당에 누구를 위한 교지였든 그녀의 역량 밖의 일이었겠으나, 죽은 뒤에 다시 공민왕의 정비로 복원되어 고려 역사의 한 페이지를 장식하게 된 것은 운명의 아이러니가 아닐 수 없다.

8장

위황후
[韋皇后]

빛나간 벤치마킹

간추린 중국사

서기 705년, 근 반세기 동안 중국의 절대 권력자로 군림했던 무측천 시대는 당나라와 이씨 황실의 복원을 외치며 반란을 일으킨 중종의 지지 세력에 의해 막을 내린다. 이로써 나라 이름까지 주나라로 바꾸고 중국 최초의 여성 황제이자 주왕조의 창업자로서 자신만의 영원한 제국을 꿈꾸었던 무측천의 야망은 수포로 돌아갔다. 그러나 중종시대로 접어들면서 중국은 다시 외척인 위씨 일족의 득세로 심각한 혼란에 휩싸인다.

그녀의 프로필

사람은 미워하면서 닮는다는 말이 있다. 그녀는 남편인 중종과 함께 시어머니 무측천의 그늘에서 온갖 죽을 고비를 넘기며 인생의 전반기를 보냈다. 아들이 처가에 휘둘리는 꼴을 보지 못한 무측천은 중종을 폐위시킨 뒤 일가를 몰살시킬 생각까지 했었다.

무측천의 사후 죽음과 유배의 공포에서 벗어나 황후가 된 그녀는 남편을 허수아비 황제로 만들고 무측천이 그랬던 것처럼 조정을 마음껏 휘둘렀다.

그러나 그녀에게는 무측천과 같은 정치적 역량이나 여걸다운 풍모를 전혀 찾아볼 수 없었다. 다만 뇌물을 받고 벼슬을 팔아서라도 사리사욕을 채우기에 급급했으며, 궁궐 내에서 수시로 음탕한 짓을 서슴지 않았다. 급기야는 자신의 딸인 안락공주와 짜고 중종을 독살하기까지 했다.

결국 쿠데타가 일어나 그녀 자신도 천추에 씻지 못할 오명을 남기고 역사의 버림을 받았다. 그녀가 바로 중종이 '온 나라를 주어도 아깝지 않다'며 끔찍이도 사랑했던 위황후였다.

빗나간 벤치마킹,
위황후

✦ 짧은 영광, 긴 치욕

"태후께선 권력에 관한 한 누구한테도 양보하실 분이 아닙니다. 설혹 그 상대가 황제 폐하라 해도 말입니다. 두 분 태자들이 불행하게 되신 건 태후마마의 의중을 제대로 헤아리지 못하셨기 때문입니다. 전하께서 바로 이 점만 잊지 않으신다면 무사히 황위에 오르실 수 있을 겁니다. 명심하십시오. 태후마마의 눈에 거슬리는 행동을 하지 않는 것만이 우리가 살길입니다."

서기 680년, 영왕 이철의 태자 책봉식을 하루 앞두고 궁궐 안팎이 어수선한 가운데 태자궁에서는 태자비 위씨의 조심스러운 목소리가 흘러나왔다.

이철은 고종과 무측천 사이의 셋째아들이다. 고종은 장남인 이홍에게 보위를 물려줄 생각이었으나 그는 생모인 무측천에게 맞서다 의문의 돌연사로 세상을 떠났고, 뒤이어 차남 이현도 모반죄로 몰려 유배지에 갇힌 몸이었다. 이제 셋째인 이철이 두 형의 불행을 딛고 태자 자리에 오른 것이다.

그는 몇 해 전 정비인 조씨를 잃었다. 조씨는 고종의 여동생 상락공주의 딸이었다. 상락공주는 무측천이 권력을 휘두르는 것에 노골적으로 불만을 나타내다가 결국 혹리들의 모함을 받고 딸과 함께 감옥에서 자결하고 말았다. 원래부터 소심하고 겁 많은 성격이었던 이철은 조씨가 죽고 난 뒤 더더욱 매사에 자신감을 잃었다. 그런 그에게 늘 따뜻한 말로 용기와 위안을 주던 상대가 후궁 위씨였다.

후궁 위씨는 눈치가 빠르고 영리한 여자였다. 그녀는 지난 몇 년간의 궁궐 생활을 통해 여자도 처신만 잘하면 황제 못지않은 권력을 누릴 수 있다는 것을 배웠다. 그녀에게 있어 이철은 무측천과 같은 권력의 정상에 오를 수 있게 해주는 꿈의 사다리였다. 그녀는 이전의 두 태자가 무측천의 비위를 맞추지 못해 비참한 최후를 맞게 된 것이라고 믿었다.

이철은 위씨의 조언대로 생모인 무측천은 물론 외가 사람들 앞에서까지 최대한 몸을 낮춰 무사히 태자 자리를 지킬 수 있었다. 정작 화가 미친 것은 그가 황제가 된 다음의 일이었다.

3년 후, 고종이 병으로 죽자 이철은 황제가 되었다. 그러나 그는 자신이 황제가 되었다는 기쁨에 도취하여 어이없는 실수를 저지르고 말았다.

즉위식이 끝난 지 한 달쯤 지났을 때였다. 이철은 변경의 참군으로 있던 장인 위현정을 예주자사에 앉히는 파격적인 인사를 단행했다. 일개 군인이 특별한 공로도 없이 도지사급으로 승진을 한 것이었으나 여기까지는 황제의 장인으로서 예우한 것으로 그럭저럭 눈감아줄 수 있는 일이었다.

그런데 이철은 그로부터 며칠 지나지 않아서 또다시 사고를 치고 말았다. 이번에는 행정 경험도 없는 위현정을 시중으로 발탁했다. 그 당시 재상으로 있던 배염이 보기에는 정말 해도 해도 너무한 일이었다. 그는 아무런 공로도 없는 위현정을 연속 승진시키는 것은 지나친 낙하산 인사라며 황제를 설득하려 했다.

그러나 천하가 다 자기 손에 들어왔다고 믿는 애송이 황제는 재상의 충고를 불쾌하게 받아들였다. 황제가 되자마자 도전을 받았으니 이참에 자신의 힘을 보여줄 필요가 있다는 얕은 생각도 경거망동의 요인이 되었다.

"벼슬을 내리더라도 지금은 때가 아닙니다. 백성들은 위현정이 황제의 장인이라는 이유 말고는 시중의 자리에 오를 만한 아무런 공도 없다고 생각할 것입니다."

계속되는 배염의 직언에 넌더리가 난 황제 입에서 기어이 해서는 안 될 말이 터져 나오고 말았다.

"내가 천하를 위현정에게 준다고 해도 안 될 것이 없을 텐데, 그까짓 시중이 뭐 대단하다고 이 난리란 말이오?"

아마도 이 자리에 황후 위씨가 있었다면 무슨 수를 써서라도 황제의 말이 무측천에게 전해지지 않도록 조치를 했을 것이다. 그러나 아무리 영리하고 눈치 빠른 그녀라 해도 언제 터질지 모르는 남편의 가벼운 입버릇까지 단속하기란 불가능했다.

이 말은 곧바로 무측천에게로 들어갔다. 그동안 새 황제의 정치적 행보를 예의주시하며 촉각을 곤두세우고 있던 무측천으로서는 일고의 여지도 없는 망발이었다. 그녀는 즉각 조정 대신을 소집하여 새 황제를 폐하고 여릉왕으로 강등시킨다는 조서를 내렸다.

"저에게 무슨 죄가 있습니까?"

아직 상황 파악이 안 되는 이철의 물음에 무측천의 차가운 반문이 떨어졌다.

"네 입으로 천하를 위현정에게 넘겨주겠다는 말을 하고도 죄가 없단 말이냐!"

무측천은 곧 이철과 위씨를 감옥에 가두고 막내아들 이단을 황제 자리에 앉혔다. 이렇게 해서 황제가 된 지 두 달 만에 보위를 잃고 궁에서 쫓겨나 장장 15년 동안이나 유배생활을 해야 했던 황당한 운명의 주인공이 바로 중종 이철이다.

이철의 처지에서는 하루빨리 어머니의 그늘에서 벗어나기 위해서라도 확실한 자기 사람을 요직에 들어앉힐 필요가 있었다. 그러나 그는 무측천이 살아 있는 한 황제라는 지위도 한낱 허상에 불과하다는 사실을 잊고 있었다. 결국 속단이 화를 자초한 것이다.

위씨로서는 가만히 손 놓고 있다가 천당에서 지옥으로 떨어진 것과 다름없는 상황이었다. 더구나 문제의 발단이 그녀의 친정아버지를 시중 자리에 앉히는 것에서 비롯되었기 때문에 자칫하면 온 가족이 몰살당할 수도 있는 일이었다. 그녀는 무조건 시어머니 무측천에게 달려가 무릎을 꿇고 용서를 빌었다.

"감히 지존이신 태후 폐하를 거역하려는 마음을 품고 있지는 않았다 하더라도 황망 중에 해서는 안 될 말을 입에 담도록 만든 죄, 저희는 다 같이 죽어 마땅합니다. 그렇지만 목숨을 거두시려거든 제 목숨만 거두시고 태후 폐하의 모정에 해가 되는 일은 없도록 부디 자비를 베푸소서. 이 일은 다 미련한 여인을 가까이 두신 태자마마의 불행에서 비롯된 것입니다."

무측천도 사람이고 어머니였다. 위씨의 말은 자기 권력욕 때문에 이미 두 아들을 잃은 그녀에게 죄책감과 회한을 불러일으켰다. 그녀가 가장 아끼는 딸 태평공주도 오빠 부부의 목숨만은 살려달라며 눈물로 호소했다. 무측천은 결국 모진 마음을 거둬들이는 대신에 한 가지 결단을 내렸다. 이제 남은 것은 차라리 그녀 자신이 황제가 되는 길뿐이었다.

중종 이철을 폐하고 예종 이단을 즉위시킨 3개월 후, 무측천은 이철과 위씨를 방주(지금의 호북성 방현)로 유배시키라는 명령을 내리고 이때부터 자신이 직접 정사를 주관하게 된다.

✦ 며느리의 와신상담 15년

예종 이단은 소심한 황제였다. 위로 세 형이 살해되거나 유배되는 것을 보아온 그는 무측천 밑에서는 황제라는 자리가 절대 안전하지 않다는 것을 본능적으로 알고 있었다. 그는 태후가 직접 정사를 주관하는 것이 마땅하다며 자기는 그저 황태자의 신분으로 살고 싶다는 뜻을 간곡하게 밝혔다. 무측천은 못 이기는 척 그를 별궁에 거처하게 하고 중국 역사상 첫 번째 여황제가 되었다.

그녀는 국호를 주나라로 바꾸고 '성신황제'라는 이름으로 황제가 되었다. 이후 세금을 경감시키고 부역을 면제하는 등 백성에게 이로운 정책을 시행하는 한편 자기의 세력 기반을 확고히 다지는 데 주력했다.

황제로서 무측천의 지위를 가장 크게 위협하고 있는 것은 이씨 성을 가진 당나라 조정의 황위 계승자, 즉 자신의 친아들인 이철과 이단이었다. 물론 예종은 기꺼이 자리를 내놓았고 이철을 방주로 추방하기는 했지만, 그가 생모인 자기에 관해서 무슨 생각을 하고 있는지 속내를 몰라 불안한 것은 어쩔 수 없었다.

특히 그녀가 믿고 의지했던 재상 배염마저 반기를 들고 나선 것은 심각한 일이었다. 어쨌거나 그는 당나라 조정의 신하였다. 그는 중종을 축출한 뒤 무측천이 예종을 대신하여 정사를 주관하는 것에 관해 심한 반감을 품었다. 조정 내 기류 또한 태후로서 무측천의 독단을 용납할 수는 있어도 당나라가 주나라로 바뀌는 것은 결코 묵과할 수 없다는 쪽으로 흘러가고 있었다. 그것을 증명이라도 하듯 중종의 복위를 요구하는 이경업의 반란이 일어났다.

배염은 이때 반란의 원인이 무측천에게 있다며 정권을 이씨 황실로 넘길 것을 요구하고 나섰다.

"태후께서 정권을 돌려주면 반란은 토벌하지 않아도 스스로 평정될 것입니다."

배염은 이 한마디로 불귀의 객이 되었고, 반란은 무측천이 보낸 30만 대군에 의해 즉각 진압되었다. 사건의 여파는 방주에 유배 가 있던 이철 부부에게로 옮겨갔다. 이철은 그가 원했든 원치 않았든 무측천의 권력을 지키는 일에서는 뜨거운 감자였다. 그들의 동정을 염탐하기 위해 수시로 관리들이 들락거렸다.

방주는 첩첩산중에 둘러싸인 오지 중의 오지였다. 무엇 하나 부족한 것 없이 풍족하게 살았던 전 황제 가족에게 이곳은 생지옥이나 마찬가지였다. 먹고 입을 것은 늘 부족했고, 겨울이면 땔감이 없어 식구들끼리 한방에서 새우잠을 자야 했다.

이철은 그 와중에 자기 때문에 반란이 일어났다는 소식을 듣고는 지레 겁을 먹고 살아갈 용기마저 잃었다. 그는 궁궐에서 사신이 올 때마다 곧 처형이라도 당할 사람처럼 벌벌 떨며 아내를 부둥켜안고 눈물을 흘렸다. 위씨는 그럴 때마다 자애로운 어머니처럼 남편을 토닥거렸다.

"이렇게 사는 것도 수치스러운 일인데 언제 죽을지 모르는 목숨, 구차하게 살아남으려 애쓰지 말고 우리 차라리 남몰래 죽어버립시다."

"어머니께서 우릴 죽일 작정이었다면 폐위되신 그날로 결단을 내리셨을 겁니다. 하지만 이렇게라도 살게 해주신 건 그만큼 폐하를 아끼신다는 증거 아니겠습니까? 반란이 우리와는 전혀 상관없는 일이란 것도 어머니께선 알고 계실 겁니다. 다만 그런 일에 동요되지 말라는 뜻으로 사신을 보내는 것뿐이니 우린 표 나게 행동하지 말고 그저 바짝 엎드려만 있으면 되는 것입니다."

위씨는 남편이 약한 모습을 보일 때마다 더더욱 이를 악물었다. 그렇게 허망하게 모든 것을 포기하기에는 지난 세월이 너무나 억울하고 분할 따름이었다.

태자 자리만 잘 지키면 되는 줄 알았던 게 화근이었다. 시아버지 고종은 중병이 들었기 때문에 황후인 시어머니가 권력을 틀어쥘 수 있었다 쳐도, 설마 정식으로 보위를 이어받은 남편한테까지 그 권력이 통하게 될 줄이야 상상도 하지 못했던 일이었다. 결국 잠깐의 방심으로 이 지경이 되었다고 생각하면 혀를 물고 자살이라도 하고 싶었지만, 아직 길이 전혀 없는 것은 아니었다.

무측천이 황제가 되었다 해도 나이 칠십의 늙은이에 불과했다. 위씨는 그녀가 죽고 난 다음에는 어떤 식으로든 자신과 남편의 지위가 회복될 것이라 믿었다. 일생의 희망이 모두 남편 이철에게 달려 있었다.

"어떤 수모를 겪더라도 자식을 위해서라도, 아니 폐하 자신을 위해서라도 끝까지 살아남아야 합니다. 엄연히 돌아가신 황제 폐하의 유지를 받들어 오르신 자리를 그렇게 허망하게 빼앗긴 게 억울하지도 않으십니까? 어머님은 연로하셨고 백성들은 폐하를 원합니다. 비록 지금은 견디기 힘드시겠지만, 이 시기만 잘 넘기면 폐하가 잃어버린 모든 것들을 되찾게 될 날이 분명히 올 것입니다."

"정말 그럴까? 백성들이 정말 나를 원할까?"

"그럼요, 다만 지금은 어머니의 세상이니 아무도 그 세를 꺾지 못하는 것뿐입니다."

부부지간의 한심한 대화는 끝이 없었다. 위씨는 남편의 나약한 모습에 때때로 신물이 났지만, 끊임없이 그를 격려하고 용기를 잃지 않도록 위로해주었다. 그런 한편으로는 자기들을 감시하러 온 염탐꾼에게 적극적으로 조정에 대한 충성심을 보여줌으로써 무측천의 의심에서 벗어나려고 애를 썼다.

염탐꾼이 방주에 도착할 때가 되면 위씨는 남편을 최대한 초췌하게 꾸며서 몸이 아픈 것처럼 위장했다. 정권에 대한 야심은커녕 제 한 몸 지키기도 어려운 무기력한 모습으로 살고 있다는 것을 보여주려는 의도였다. 물론 군이 꾸미지 않아도 당시 이철의 모습을 본 사람이라면 그가 황제의 자리에까지 올랐던 인물이라고 믿을 수 없을 만큼 몰골이 형편없었다. 위씨는 또 매번 사신이 도착하면 미리 준비해두었던 선물을 주면서 없는 살림에도 정성껏 환대해서 돌려보냈다.

"여릉왕과 그 가족은 다 같이 본분을 지키며 조용히 살고 있습니다. 또 그 아내 위씨는 황궁에서 사신이 올 때마다 폐하의 안부를 확인할 수 있게 되어 영광이라며 자주 찾아와주길 바라는 기색이었습니다."

뇌물을 받아먹은 사신들은 궁에 돌아가 이철과 위씨에 대해서 좋은 말만 했다.

"흥! 못난 것이 이제 정신이 좀 들었나보구나."

무측천은 그 말에 코웃음을 치긴 했지만, 그들을 해치지는 않았다.

그러나 이런 식으로 사신이 한 번 왔다 갈 때마다 이철의 가족은 목숨의 위협을 느껴야만 했다. 밤에 잠자리에 누우면 다음 날 아침을 기약할 수 없고, 아침이 되면 그날 저녁 일을 알 수 없는 공포 속에서 그들은 15년이라는 끔찍한 세월을 살았다.

"내 언젠가 다시 빛을 보게 된다면 당신이 원하는 대로 뭐든지 다 하게 해주겠소."

어느 날 이철이 이런 말을 하자 위씨가 진지한 표정으로 물었다.

"그 약속 제 마음에 새겨도 되겠습니까?"

"그럼, 되고 말고요. 내가 지금 이렇게 살아 있는 것도 다 당신 덕분인데 못 해줄 게 뭐 있겠소? 그런 날이 오기만 한다면……."

"그런 날은 제가 반드시 오게 할 겁니다!"

이철은 확신에 찬 위씨의 다짐에 한결 마음이 놓이는 듯했다. 15년 후 그는 위씨한테 했던 약속을 지켰다. 황제인 자기와 함께 정사에 관여하게 해달라는 위씨의 부탁을 들어준 것이다. 결국 그로 인해 나라 꼴은 엉망이 돼버렸지만, 중종은 황제 자리를 내준다 해도 아쉬울 게 없는 사람처럼 위씨의 말이라면 사족을 못 썼다.

방주에서의 그 오랜 세월 생사고락을 함께해온 아내가 그에게는 생명의 은인이나 마찬가지였다. 그러나 그녀는 시어머니의 치마폭에서 구해낸 남편을 자신의 꼭두각시로 삼아버렸다.

중종의 눈과 귀를 가리고 조정을 혼란에 빠뜨린 사람은 위씨 말고도 또 있었다. 막내딸 안락공주가 그 장본인이었다. 안락공주는 방주에서 태어났다. 공주가 태어날 무렵에는 형편이 너무 어려워 이철의 속옷을 뜯어서 아기 포대기를 만들 정도였다. 살림이 그 지경이니 아이한테 먹일 거라고 변변히 있을 리 없었다. 산모는 늘 젖이 부족했고 아기는 배가 고파도 좀처럼 울지를 않았다.

"어린 것이 부모 속을 헤아려서 울지도 않는구나. 기특하고 불쌍한 내 딸!"

어린 딸은 배가 고파도 울 힘이 없는 것이었는데, 이철은 속이 깊어 그런 줄로만 알고 눈물을 펑펑 흘렸다. 그는 공주에게 쌀 과자 이름을 딴 '과아'라는 아명을 붙여주었다. 한창 커갈 나이에 제대로 먹여주지 못한 아비의 아픔을 그렇게나마 표현한 것이다.

과아는 붙임성 있고 영리한 아이였다. 이철은 막내딸이 자라는 모습을 보며 어려운 환경 속에서도 종종 웃음을 되찾곤 했다. 바로 이 아이가 훗날 황후 위씨와 짜고 중종 이철을 독살하려고 했던 그 안락공주였다.

✦ 한없이 불안한 복귀

698년 3월, 마침내 황궁에서 사신이 왔다. 나이가 들어 더는 후계자 선정 문제를 미룰 수 없었던 성신황제 무측천이 무씨 가문에 나라를 물려주는 것을 포기하고 이철 부부를 낙양으로 불러들인 것이다.

"지금이 마지막 기회입니다. 여기서 조금이라도 처신을 잘못하면 우리 자식들까지 화를 입게 됩니다. 황궁으로 돌아가면 누구도 적으로 만들어선 안 됩니다. 특히 무씨 집안 사람에게 절대로 속을 드러내지 마시고 그저 죽은 체하십시오. 다른 대신들 앞에서도 마찬가집니다. 아무리 하찮은 위인이라도 싫어하는 기색을 내비쳐선 안 됩니다."

위씨는 이번에야말로 단단히 남편을 교육했다. 고생 끝에 낙이 온다는 말도 있지만, 한 발짝 잘못 디디기라도 하면 한순간 지옥으로 떨어질 수 있다는 것을 지난 15년의 세월을 통해 이철 또한 뼈저리게 깨달은 바였다. 그는 궁 안의 모든 사람에게 비굴하리만치 몸을 낮췄다. 그 결과 조정 대신이며 무씨네 외척들 사이에서도 이철에 대한 평판이 좋아졌다.

위씨는 궁에 들어간 즉시 상황 파악에 들어갔다. 현재 조정에서 가장 크게 영향력을 행사할 수 있는 사람이 누구인지를 알아내는 게 급선무였다.

우선 그녀의 눈에 띈 상대는 시누이 태평공주와 무삼사, 무승사 그리고 상관완아라는 여인이었다. 무측천의 조카인 무삼사와 무승사는 조정 내의 실권을 쥐고 있었고, 태평공주와 상관완아에 대한 무측천의 신임 또한 대단했다.

상관완아는 고종 때 무측천을 폐위시키려다 목숨을 잃은 재상 상관의의 손녀였다. 아버지와 할아버지가 처형을 당한 뒤 어머니 정씨와 함께 궁으로 들어온 완아는 총명하고 상황 판단이 빨랐다. 무측천은 완아의 글솜씨가 뛰어난 것을 보고 자기의 개인비서 겸 책사로 삼았다. 완아는 무측천이 부모를 죽인 원수란 것을 알면서도 충성을 다했다. 그녀는 무측천의 조카인 무삼사의 연인이기도 했다.

한편, 예종으로 즉위했다가 다시 무측천의 태자가 된 이단은 누구보다도 이철의 황실 복귀를 반겼다. 무씨가 득실대는 조정에서 이름뿐인 황제 노릇을 하느니 마음 편히 인생을 즐기며 사는 게 이단이 원하는 바였다.

그는 형이 돌아오자 병을 구실로 조정에 나가지 않았다. 그러고는 무측천에게 자신의 태자 자리를 이철에게 양도하기를 청하는 상소를 올렸다. 연로한 무측천은 결국 이단의 청원을 받아들였다. 얼마 후 여릉왕 이철을 황태자로 책봉한다는 교지가 내려졌다. 또 그 아들 이중윤은 소왕으로, 위씨는 태자비로 봉했다. 이때부터 위씨는 남편이 다시 황제가 될 수 있도록 여론 몰이에 힘써줄 인맥 구축에 온 힘을 다했다.

"태평공주와는 특히 가깝게 지내십시오. 공주는 어머니께서 궁 안의 모든 문제를 상의할 만큼 신임이 두터우시니 우리에게 많은 힘이 돼줄 것입니다."

위씨는 수시로 태평공주를 태자궁으로 불러 정성껏 음식을 대접하며 환심을 사는 한편, 남편에게도 무측천 앞에서 태평공주 칭찬을 자주 하게 시켰다. 무측천은 자기를 가장 많이 닮은 태평공주 말이라면 특별히 귀담아들었다. 태평공주 또한 틈만 나면 무측천을 찾아가 이철 부부를 칭송하며 측면 지원을 아끼지 않았다.

위씨는 또 자기의 셋째 딸 영태공주를 무승사의 아들 무연기한테 시집보내고, 막내딸 안락공주를 무삼사의 아들 무숭훈과 짝을 지어 든든한 인척관계를 형성했다. 이제 상황은 점차 이철에게 유리한 방향으로 흘러가 조용히 시간이 지나가기만 하면 될 듯싶었다.

그러던 어느 날, 엉뚱한 곳에서 사고가 터졌다. 만사가 순조롭게 진행되던 와중에 이철의 장남 이중윤과 영태공주의 무고 사건이 일어난 것이다. 문제의 발단은 혈기왕성한 소왕 이중윤과 그의 매부가 된 위왕 무연기가 무측천이 총애하는 장이지, 장창종 형제를 비방한 것에서 시작되었다.

이중윤과 무연기는 무측천의 총애를 믿고 온갖 못된 짓을 일삼는 장씨 형제를 처단해야 한다고 공공연하게 떠들고 다녔다. 그런데 장이지가 이 말을 듣고 무측천에게 달려가 두 사람이 조정을 비방하고 황제를 모욕하는 유언비어를 퍼뜨렸다며 한바탕 수선을 피운 것이다.

장이지의 말을 듣고 분노한 무측천은 즉각 손자인 이중윤과 손녀 영태공주, 그리고 영태공주 남편인 무연기에게 자결을 명했다. 이철 부부가 황궁으로 돌아온 지 3년째 되던 해인 701년 9월의 일이었다.

졸지에 아들, 딸, 사위가 죽었다는 소식을 듣고 이철은 완전히 넋이 나갔다. 그는 15년 전의 악몽을 떠올리며 온종일 말 한마디 없이 방 안에만 틀어박혀 있었다.

그러나 위씨는 달랐다. 그녀는 자식을 잃은 슬픔조차 내색할 겨를이 없이 이리저리 사람을 만나러 다녔다. 자칫하면 일가족이 몰살당할 위기라는 것을 잘 알고 있었기 때문이다.

그녀는 무측천에게 자식의 불충을 백배사죄하는 한편 태평공주와 무삼사, 상관완아를 찾아가 도움을 청했다.

"이번 한 번만 살길을 열어주시면 죽는 날까지 은혜 갚는 마음으로 살겠습니다."

자존심이고 뭐고 다 팽개치고 목숨을 구걸하는 위씨의 모습은 애처롭기만 했다.

"졸지에 자식을 둘이나 잃고 억장이 무너질 텐데도 남편과 남은 자식을 살려보겠다고 발버둥치는 모습이 너무 가여워서 볼 수가 없습니다. 우리가 힘을 합쳐 태자전하를 지켜줍시다."

태평공주는 오빠 이철에 대한 위씨의 헌신적인 태도에 감동하여 눈물을 흘렸다. 그녀는 상관완아와 무삼사에게도 무측천을 설득하도록 부추겼다. 그 결과 무측천은 더 이상 책임을 추궁하지 않았다.

이로써 이철 부부는 또 한 차례 죽을 고비를 넘기게 되었지만, 그들의 구명에 적극적으로 노력했던 태평공주와 상관완아는 훗날 황후가 된 위씨와 치열한 권력 다툼을 벌이게 된다.

✦ 못된 시어머니와 닮은꼴 며느리

그로부터 3년이 지났다. 어느 날 재상 장간지가 군사를 이끌고 태자궁으로 들이닥쳤다. 이때 여황제 무측천은 중병이 들어 영선궁에 머물고 있었다. 장간지는 마침내 기회가 왔음을 느끼고 조정의 몇몇 대신과 합심하여 쿠데타를 일으킨 것이다.

"지금의 황제 폐하는 정치를 돌볼 수 없을 만큼 연로하셨고, 간악한 장이지와 장창종 두 망나니의 해를 입어 나라가 위태로운 지경입니다. 저희는 이 기회에 장씨 형제를 처단하고 황위를 본래의 자리로 돌려놓고자 뜻을 모았습니다. 전하께서는 저희와 함께 가셔야 합니다."

"아직 이 나라는 폐하의 나라가 분명한데 내 어찌……."

장간지의 말에 이철은 안색이 하얗게 변해서 안절부절못했다.

"장씨 형제를 이대로 두면 지금 황제 폐하의 신상에도 좋지 않습니다. 아직 폐하께서 백성의 존경을 잃지 않았을 때 모든 걸 본래의 자리로 돌려놓아야 합니다. 이것은 당 종실을 회복하는 일입니다. 폐하께서 안 가시면 저희가 일을 도모하는 명분이 없어집니다."

"그러다 실패라도 하게 되면……."

장간지가 아무리 설득을 해도 소용이 없었다. 워낙 무측천에 대한 두려움으로 똘똘 뭉쳐 있던 이철은 군사가 대기하고 있는데도 꼼짝하지 않았다. 곁에서 지켜보고 있던 위씨가 분통이 터지는 듯 그를 몰아붙였다.

"폐하를 위해서 목숨을 걸고 나선 충성스러운 신하들입니다. 설사 일이 잘못된다고 해도 자식들까지 그렇게 앞세워놓고 무슨 미련이 있어 살려고 하십니까? 우리가 죽든 저들이 죽든 끝장을 봐야 합니다."

위씨는 냉정하게 말을 마친 후 장간지를 향해 눈짓을 했다. 그가 가지 않으려고 해도 억지로 말에 태우라는 뜻이었다.

이철은 거의 군사들에게 끌려가다시피 말에 올라타 영선궁으로 향했다. 쿠데타는 성공적으로 끝이 났다. 장씨 형제는 무측천의 처소로 들이닥친 장간지 등에 의해 그 자리에서 숨이 끊어졌고, 무측천은 순순히 이철에게 황위를 양도하겠다는 뜻을 밝혔다.

705년 1월, 중종 이철의 즉위식이 열렸다. 마침내 위씨의 세상이 열린 것이다. 당나라의 국호는 회복되었고 위씨는 황후 책봉을 받았다.

중종은 자신에게 태자 자리를 양도한 이단을 안국상황에 봉하고 태평 공주는 작위를 더 높여서 진국태평공주로 봉했다. 아울러 위씨의 아버지 위현정은 낙왕으로 추증했다. 위황후는 중종에게 자신도 조정에 함께 참여하고 싶다는 뜻을 밝혔다.

"전하, 방주에서 한 약속을 잊으신 건 아니겠지요?"

중종은 두말없이 그녀의 요구를 들어주었다. 그녀는 중종의 뒤에서 발을 치고 조정의 대소사를 참견하고 나섰다. 제2의 무측천이 탄생한 것이다.

위황후는 노련한 책략가였다. 그녀는 중종과 함께 이제는 상양궁으로 거처를 옮긴 무측천에게 가끔 문안을 갔다. 무측천은 악독한 독재자였지만, 나라 경제를 일으키고 백성의 삶을 안정시킨 역량 있는 정치가였다. 위황후는 그런 무측천에 대한 세간의 동정 여론도 만만치 않다는 것을 알고 있었다. 또한 아직은 집권 초기인 만큼 무씨 세력을 정치적으로 활용할 필요가 있다고 보았다.

"폐하께서 황위를 되찾았다고는 하나 아직 우리가 정권을 완전히 장악한 것은 아니라고 봐야 합니다. 장간지 등은 자기의 공로를 빌미로 폐하를 좌지우지하려고 할 것이 뻔하고, 그렇게 되면 백성도 천하가 다 폐하의 것은 아니라고 생각할 것입니다. 그들의 농간에 넘어가지 않으려면 그나마 외척인 무씨에게 의존해야 합니다. 더구나 우리는 그들에게 큰 신세를 지지 않았습니까?"

"황후 말이 맞소. 은혜를 모르면 사람이 아니지."

중종과 위황후는 손발이 척척 맞았다. 덕분에 무씨들은 대단하던 권세를 잃기는 했지만 큰 화는 면했다. 그러나 쿠데타 세력은 화근을 없애야 한다며 돌아가면서 상소를 올려 무씨 일족을 처단할 것을 청원했다. 특히 중종과는 사돈 관계인 무삼사가 아직도 건재한 것이 그들의 경계심을 자극했다.

위황후는 여기서 한술 더 떠서 그의 관직을 더 높여주도록 중종을 설득했다. 조정 내에서 자기에 관한 여론이 좋지 않다는 것은 무삼사도 잘 알고 있었다. 위기감을 느낀 그는 자신의 연인인 상관완아를 중종에게 바치며 살길을 모색했다.

상관완아는 여러 방면에서 재주가 뛰어난 여인이었다. 인재를 중시하는 무측천이 그녀를 신임하게 된 것도 그런 이유 때문이었다. 무측천은 종종 시제를 내어 대신들에게 시를 짓게 하고 우열을 가렸는데, 그 심사를 담당한 사람이 바로 상관완아였다. 그녀는 조정의 이런저런 공문이나 조서를 쓰는 일에도 막힘이 없었다. 무측천 시기의 칙령들은 대부분 완아가 작성한 것들이었다.

"그뿐만 아니라 여황제께서 국가대사를 결정하는 데 그 의견을 귀담아들을 만큼 유력한 보좌관으로 삼았던 인재입니다."

무삼사의 말대로 완아는 정치적 감각이나 생존 본능이 뛰어난 여성이었다. 그녀가 14세 때 무측천이 물었다.

"너는 내가 밉지 않으냐?"

무측천은 완아에게 부친과 조부를 죽인 자기를 원망하는 마음이 없는지를 물었다. 완아는 잠시 곤혹스러운 표정을 짓더니 이렇게 답했다.

"원망하면 불충(不忠)이요, 그러지 않으면 불효(不孝)가 됩니다."

"역적의 자식을 살려두었더니 결국 나를 원망하고 있었구나!"

무측천은 기분이 언짢기는 했지만 인간인 이상 그런 생각을 하는 게 당연하다고 보았다. 그리고 어린 소녀의 솔직한 대답에 연민을 느껴 몸에 작은 문신을 새기는 것으로 벌을 대신했다.

무측천은 이 일이 있고 난 뒤 그녀를 더욱 신임했다. 그렇게 20년 가까운 세월이 흘렀다. 완아는 그동안 무측천 곁에 있으면서 정치적 감각을 키워나갔다.

완아는 무측천 말기 권력의 시계추가 결국은 이씨 황족을 향할 거라는 사실을 꿰뚫어보았다. 조정의 기류는 무씨 황실을 절대 용납하지 않는 분위기에서 태자가 뜻밖의 위기에 처했다.

그녀의 머릿속에는 이럴 때 태자를 구해준다면 정권이 바뀐 후에도 여황제의 측근인 자기의 안전을 보장받을 수 있다는 답이 나왔다. 그리고 그 답은 이제 현실이 되었다.

중종은 무삼사의 추천에 몹시 흡족해하며 즉시 그녀를 불러들였다. 그 역시 글재주가 좋기로 소문난 그녀의 이름을 들어 알고 있었다. 위황후도 그녀의 등용을 적극적으로 찬성했다.

"안 그래도 큰 상을 내리려고 했는데 잘된 일입니다. 가까이 두고 폐하를 위해 도움이 되게 하십시오."

중종은 황후의 묵인하에 완아를 첩여로 봉하고, 조서 작성의 임무를 맡겼다. 이때 그녀는 이미 서른 살이 넘은 중년이었지만 특별한 매력이 있었다. 중종은 그림처럼 예쁘고 풍류를 아는 그녀의 매력에 흠뻑 빠져들었다. 황제의 총애를 얻게 된 그녀는 틈만 나면 연인이었던 무삼사를 칭송하는 조서를 올렸다. 그러는 동안 무삼사는 눈길을 황후에게로 돌렸다.

어느 날부터 무삼사와 위황후에 관한 추잡한 소문이 궁궐 안팎으로 퍼져나가기 시작했다. 쿠데타가 성공하면서 조만간 중벌을 받게 될 줄만 알았던 무삼사가 황궁을 무상출입하는 모습을 보고 사람들은 간교한 그가 완아를 황제에게 바치고 자기는 황후와 놀아나고 있다고 수군거렸다.

때때로 무삼사와 황후가 주사위 놀이를 하면 중종은 그 옆에 앉아 흥을 돋우는 모습이 여러 사람에게 목격되기도 했다. 쿠데타의 주역인 장간지 입장에서는 당연히 기가 막힐 노릇이었다.

"태후께서 집권할 때 종실의 이씨가 거의 다 살해되었습니다. 이제 하늘의 도움을 입어 폐하께서 황위를 회복하셨는데도 무씨들은 이전과 다름없이 세력을 행사하고 있습니다. 백성은 결코 이것을 바라지 않습니다. 마땅히 그들을 응징하셔야 합니다."

연일 장간지를 비롯한 쿠데타 세력의 직언이 빗발치듯 들어왔다. 그러나 중종은 오히려 이 일을 황후와 상관완아에게 맡겨버렸다. 조정의 모든 일은 두 여인을 통해서 곧바로 무삼사에게 전해졌다. 무삼사는 위황후와 상관완아, 그리고 자신의 며느리인 안락공주까지 동원해서 장간지 제거 작전에 나섰다.

"장간지 등이 공로를 빙자하여 권력을 독단하고 있는데 이것은 사직의 안전을 위협하는 일입니다."

중종은 무삼사의 조종을 받는 위황후의 말에 따라서 장간지를 비롯한 쿠데타의 주역들을 모두 왕으로 봉했다. 겉으로는 봉작했지만 그들의 실권을 박탈한 것이다. 이렇게 되자 조정대권은 위황후와 무삼사의 수중으로 들어갔다. 그리고 이때부터 위황후의 '무측천 따라 하기' 놀음이 시작되었다.

✦ 황제 위의 여인

위황후에게 시어머니 무측천은 증오의 대상이자 더없는 숭배의 대상이었다. 특히 권력자로서 그녀가 누렸던 음탕하고 사치스러운 습성에 대해선 집착에 가까울 정도로 매력을 느꼈다. 진귀한 보석이며 화려한 옷감 따위가 매일 하루도 빠짐없이 황후전으로 들어왔다. 위황후에게 아부하여 권세를 얻으려는 자들의 뇌물이었다.

대신들 사이에는 여자의 몸으로 조정에 들어와 모든 국가 대사에 참견하는 것도 모자라 황후로서의 체통도 잊고 매일 사치와 향락에 젖어 사는 그녀에 관한 비난 여론이 일기 시작했다. 그녀는 무삼사는 물론 승려인 혜범까지 궁 안으로 끌어들여 밀회를 즐겼다. 그러던 어느 날 말단 관리인 위월장이 황제에게 목숨을 걸고 상소를 올렸다.

"무삼사가 특별한 이유도 없이 궁에 드나드는 것은 도리에 어긋나는 일이 분명합니다."

그는 또 무삼사와 황후의 추문에 관해서도 언급하며, 진상을 밝히라고 요구했다. 중종은 그 말에 얼굴이 확 달아오른 채 버럭 성을 냈다.

사실이야 어떻든 신하들 앞에서 그런 이야기를 듣는 것 자체가 남편으로서 모멸감을 느낄 만한 일이었다.

"감히 황후를 모욕하고 외척의 얼굴에 먹칠하다니 절대 용서할 수 없다. 당장 저놈의 목을 쳐라!"

격분한 중종의 명령에 황문시랑 송경이 황급히 앞으로 나섰다.

"폐하의 심기를 언짢게 하는 상소를 올렸다고 해서 곧바로 사형을 집행하는 것은 전례에 없던 일입니다. 집행은 잠시 미루고 시비를 가려보는 게 순서일 듯합니다."

그 말에 중종은 더욱 화를 내며 큰소리로 송경을 꾸짖었다.

"듣기 싫다. 그대는 황명을 우습게 여기는 것이냐?"

"폐하께서 사실 여부를 밝히지 않고 죽여버린다면 사람들의 의심만 커질 것이니 깊이 헤아리시기 바라옵니다."

"저 간악한 자가 황실을 욕보이려고 일부러 꾸며낸 말이 분명한데도 가만히 보고만 있으란 말이냐?"

중종은 당장 명령을 집행하지 않으면 송경의 목이라도 칠 기세였다. 송경은 조금도 두려워하지 않고 말했다.

"폐하께서 꼭 죽이시려면 먼저 신부터 죽이시옵소서. 저는 절대로 조서를 받들 수 없습니다."

이때 송경의 완강한 태도에 놀란 몇몇 대신들이 앞으로 나섰다. 그들은 한여름에 사형을 집행하지 않는 관례를 들어 중종을 설득했다. 그제야 중종은 분을 가라앉히고 위월장에게 곤장을 쳐서 영남으로 추방했다가 추분이 지나면 즉시 처단하라는 명령을 내렸다.

"송경이란 자도 행위가 괘씸하긴 하지만 지금은 그를 처단할 명분이 없습니다. 그 불충한 자를 경도에서 멀리 떨어진 곳으로 보내주십시오."

위황후도 배짱이 대단한 여자였다. 그녀는 자신의 스캔들로 인해 조정이 시끄러워진 것을 보고도 눈 하나 깜짝하지 않았다. 대신에 그녀는 중종을 설득하여 송경을 패주 자사로 강직시켜버렸다.

그해 7월 중종은 위왕 이중준을 태자로 봉했다. 이중준은 위황후의 자식이 아니었다. 그러나 그를 열렬히 추종하는 세력이 있었다. 이에 무삼사는 자기의 권력을 다지기 위해서는 태자와 그 추종 세력을 제거해야 한다고 생각했다. 어느 날 그는 심복을 모아놓고 흉계를 꾸몄다.

천진교는 사람들 왕래가 잦은 번화가였다. 무삼사는 이 거리 곳곳에 위황후와 승려 혜범이 사통하는 장면을 묘사한 그림을 붙이게 했다. 그런 다음 곧바로 2단계 작전으로 들어갔다.

"이것은 태자와 가까이 지내는 자들이 작당하여 저지른 일입니다."

상관완아와 안락공주가 울며불며 위황후를 두둔하고 나섰다. 중종은 즉시 어사대부 이승가에게 사건의 진상을 조사하도록 했다. 무삼사에게 매수된 이승가는 각본대로 그 일이 태자를 따르는 무리의 소행이라는 보고를 올렸다.

중종은 바로 용의 선상에 오른 인물들을 변방으로 추방했다. 무삼사는 여기서 그치지 않고 심복을 시켜 얼마 후 그들을 아예 죽여 없애버렸다. 그런 다음 안락공주를 부추겨서 중종에게 태자를 폐하고 그녀를 황녀로 봉해달라고 조르게 했다. 이렇게 되면 무씨네 아들이 황제가 되는 것이나 마찬가지였다. 그러나 아무리 안락공주를 총애하는 중종이지만 공주의 황당무계한 요구는 받아들여지지 않았다.

이 부분에 관해서는 위황후도 이렇다 할 입김을 행사할 처지가 못 되었다. 위황후는 무측천 시기에 하나뿐인 아들을 잃었다. 그녀는 무측천이 태평공주를 총애했듯 안락공주에게 의지했다. 권력에 야심이 컸던 안락공주는 틈만 나면 황후를 찾아가 태자를 헐뜯고 앙탈을 부렸다. 공주가 눈물을 흘리며 죽은 오빠를 그리워할 때마다 위황후는 억장이 무너지는 것만 같았다. 장남이 죽고 없으니 친딸인 안락공주에게라도 그 자리를 물려주고 싶은 게 위황후의 마음이었다.

태자의 입지는 날이 갈수록 좁아지고 있었다. 안락공주는 물론 그 남편인 무승훈도 그를 눈엣가시처럼 여겼다. 여기에 위황후와 상관완아까지 가세하여 자기를 핍박하고 나서자 태자의 인내심에도 한계가 오고 말았다.

태자 책봉을 마친 지 채 1년도 못 되어 중종은 점차 이중준을 멀리하게 되었다. 주변에서 들리는 말이라고는 온통 그를 비방하는 것뿐이니 줏대 없는 황제의 마음이 돌아서기 시작한 것이다. 그러던 어느 날 상관완아가 부마인 무승훈을 한껏 추켜올리는 글을 써서 중종에게 바쳤다. 사람들은 조만간 황녀 책봉식이 있을 것이라 수군거렸고 이중준은 자신의 처지가 심각한 위험에 처해 있음을 느꼈다.

707년 7월, 태자 이중준은 자기를 따르는 세력을 규합하여 군사 300명을 이끌고 무삼사의 집을 급습했다. 그리고는 무삼사가 상관완아와 결탁하여 반역을 공모했다며 무삼사와 무승훈 일파를 모조리 죽였다. 이때 안락공주는 궁중 연회에 참석 중이라 봉변을 면할 수 있었다. 위황후, 상관완아, 안락공주 등과 함께 한창 연회를 즐기고 있던 중종에게 태자가 반역을 일으켰다는 보고가 들어왔다.

"태자가 궁궐로 쳐들어오고 있다고?"

"우선 이 자리를 피하시고 군대에 명령을 내려 저들을 처단하게 하십시오. 다행히 숫자가 많지는 않아 보이니 곧 진압할 수 있을 것입니다."

중종은 갑작스러운 쿠데타 소식에 당황해서 어쩔 줄을 몰랐다. 그러나 반군이라고 해봤자 고작 300명이었다. 중종은 상관완아의 침착한 제안에 따라서 현무문으로 피신한 즉시 진압군을 불러모았다. 곧바로 2,000여 명의 호위군사가 당도하여 반군 진압에 나섰다. 이중준은 대세가 기울었음을 알고 남은 군사를 이끌고 도주하다가 부하들에게 피살되고 말았다.

무삼사의 죽음은 위황후에게 치명적인 타격이었다. 그동안은 무삼사가 모든 것을 알아서 처리해주었지만 자칫하면 자신의 권력 기반이 뿌리째 흔들리게 될 위험이 있었다. 이때부터 그녀는 자신의 세력을 넓히기 위한 본격적인 작업에 들어갔다.

그녀는 우선 태자의 반란을 진압하는 데 공을 세운 양사훈, 기처눌 등에게 높은 관직과 후한 상을 내렸다. 분에 넘치는 재물까지 받고 감지덕지한 그들은 곧 위황후의 충직한 심복이 되었다. 중종은 그들의 청원에 따라서 위황후를 '순천우성황후'로 봉했다.

이듬해 2월, 황후의 옷궤에서 오색구름이 일어났다는 소문이 퍼졌다. 중종은 그 황당한 소문을 듣고 나라의 길조라며 그림을 그려 백관들에게 보여주었다. 그러자 시중 위거원은 한술 더 떠서 온 세상 사람이 기쁨을 함께할 수 있도록 이 그림을 전국에 배포해달라는 청을 올렸다. 중종은 즉시 조서를 내려 오품 이상 관원의 부인과 어머니에게 상을 내리고 부인이 없으면 딸에게 제수하도록 했다.

하루도 빠짐없이 위황후의 공을 칭송하는 표문들이 올라왔다. 하나같이 그녀가 뿌린 재물에 매수된 자들이거나 권력에 아부하려는 자들의 것이었다. 심지어 위황후를 칭송하는 노래와 무용을 창작해서 바치는 위인들도 있었다. 중종은 무엇이든 그녀를 찬양하는 일이라면 흔쾌히 상을 내림으로써 아부꾼들의 기세를 올려주었다.

이제 세상 사람들은 과거 위씨를 위해서라면 무엇이든 해주겠다고 했던 중종의 말이 진심이었다는 것을 알게 되었다. 그리하여 조정에는 두 종류의 신하가 존재했다. 위황후에게 아부하는 신하와 그렇지 않은 신하, 유감스럽게도 후자의 경우는 그 수가 그리 많지 않았다.

✦친딸과 아내에게 독살당한 황제

6년 남짓 보위에 있으면서 중종이 한 일이라고는 무측천 시기에 쌓아 올린 국고를 탕진하고 비리관원을 양산한 것뿐이었다. 중종의 가족은 15년간의 유배로 맺힌 한을 사치와 방탕한 생활로 풀기라도 할 것처럼 날이면 날마다 연회를 즐기며 돈을 물 쓰듯이 썼다.

이 시기에 발전한 것이라곤 문학뿐이었는데 그나마 상관완아가 중종과 위황후의 총애를 받고 있었기 때문에 가능한 일이었다. 중종과 위황후는 태자의 반란 때 기지를 발휘하여 위기를 면하게 해준 완아의 공을 잊지 않고 그녀의 어머니 정씨를 패국부인으로 봉했다. 그녀의 입지는 갈수록 탄탄해졌다. 중종과 위황후는 그녀가 친딸인 안락공주, 장녕공주와 함께 벼슬을 팔아 재물을 축적하고 있다는 사실을 알고도 눈감아주었다.

그들은 돈을 가져오는 사람들에게 별도로 벼슬자리를 만들어주도록 중서성에 압력을 넣었는데 중서성에서는 누구도 감히 그 요구를 거절하지 못했다. 그런 한편으로 상관완아는 은밀히 자기의 정치 세력을 확대해갔다.

따지고 보면 그녀는 위황후와 라이벌 관계였다. 겉으로는 잘 지내고 있다지만 중종을 사이에 둔 이상 언제까지 위황후의 신임을 받게 될는지는 장담을 못 할 일이었다.

"군신 간에 시와 문장을 논하며 연회를 즐긴다면 백성들 보기에도 얼마나 아름답고 정겨운 일이겠습니까?"

어느 날 그녀는 중종과 위황후에게 학사원을 설치해, 문재가 뛰어난 선비를 양성하도록 건의했다. 중종과 위황후는 선뜻 그녀의 제안을 받아들였다. 학사들과의 연회가 열리면 그녀는 종종 황제 부부와 두 공주를 대신해서 시를 짓기도 했다. 그녀가 쓴 시는 문장이 화려하면서도 기품이 있어 대중적으로도 큰 인기를 끌었다. 덕분에 그녀는 황실 가족의 신임을 한 몸에 받았고 글재주가 뛰어난 문인학사가 휘하에 수없이 모여들었다.

중종은 상관완아의 직책을 높여서 소용으로 봉했다. 죽은 완아의 어머니 정씨에게도 절의부인이라는 시호가 내려졌다. 완아는 중종에게 궁 밖에 자기의 거처를 마련해달라고 청했다. 자기만의 궁궐을 갖고 싶다는 말이었다. 중종은 국비를 들여서 완아의 궁을 지어주었다. 완아는 그곳을 화려하고 아름다운 사교장으로 꾸몄다.

중종은 틈만 나면 그곳에 가서 연회를 베풀고 문인학사들을 불러 자연을 소재로 한 즉흥시 경연대회를 열었다. 물론 상관완아가 심사위원장을 맡았고, 참가자들 역시 그녀의 공정하고 정확한 심사평에 이의를 제기하지 않았다. 이러한 완아의 역할은 당나라 문학이 번영하는 데 큰 영향을 끼쳤다.

그 무렵 안락공주는 무승사의 작은아들 무연수와 재혼하면서 온 나라가 떠들썩하게 사치스러운 혼례식을 치렀다. 그런데 안락공주는 상관완아의 거처가 자신의 저택보다 더 화려하다며 노골적으로 불쾌감을 드러냈다.

"연못이라도 하나 있으면 집안이 덜 적적할 것 같습니다."

안락공주는 중종에게 국유지인 '곤명지'를 결혼 선물로 요구했다. 중종은 공주의 무리한 요구에 쉽게 대답하지 않았다. 그러자 공주는 백성의 땅을 강탈하여 인공호를 파고는 곤명지보다 더 크고 아름답다는 뜻으로 '정곤지'라는 이름을 붙였다. 뒤이어 장녕공주도 경쟁적으로 저택을 단장하는 데 열을 올렸다. 장녕공주의 남편 양신교는 중종이 격구를 즐기는 것을 알고 특별히 격구장을 만들고 기름을 뿌려 반짝반짝 닦아놓았다. 중종은 자주 이곳에 와서 격구를 즐겼다.

또 이때 황실 공주들 사이에서 호화저택 신축 붐이 일어났다. 궁궐 밖 경치가 좋은 곳이면 어디라도 파헤쳐지고 멀쩡한 농토가 휘황찬란한 유원지로 바뀌었다. 곳곳에서 전답을 빼앗기고 갈 곳마저 잃어버린 백성의 원성이 높아만 갔다.

중종과 위황후는 공주들의 사치 경쟁을 단속하기는커녕 각 저택을 돌아가며 잔치를 벌였다. 상원절에는 또 궁녀와 관원까지 데리고 밖으로 나가 줄다리기를 즐겼다. 충신들의 노력으로 겨우 원상 복구된 당나라 조정은 중종이 보위에 오른 지 몇 해 되지도 않아서 부패와 비리의 온상이 되었고, 궁궐 깊숙한 곳에서는 심심찮게 새로운 추문이 흘러나왔다.

위황후는 잠시도 조용히 있으려 하지 않았다. 그녀는 툭하면 몸이 아프다거나 입맛이 없다는 핑계로 남자들을 방으로 불러들였다. 후궁에서 은밀히 일어나고 있는 일이지만 밖으로 소문이 퍼지는 것은 순식간이었다. 당조는 시작부터 혼인 관계가 문란하여 후궁은 으레 음란한 행동을 하는 것으로 알려졌지만 중종 때 와서는 심각할 정도였다.

무능한 황제였던 중종은 여인들이 부추기는 대로 향락을 누릴 줄만 알았지 그녀들의 권세가 자신의 정치적 위기와 직결된다는 것을 알지 못했다. 위황후와 상관완아는 서로 의기투합하여 중종을 자기들의 꼭두각시로 만들어놓고 사리사욕을 채워가며 조정에서의 세력 키우기에 여념이 없었다. 여러 공주도 호시탐탐 권력의 틈새를 엿보고 있기는 마찬가지였다.

"측천황제 때가 그래도 살기는 좋았어."

날이 갈수록 백성들 사이에서는 무측천 시대를 향한 향수가 짙어만

갔다. 귀족들의 착취를 견디다 못해 굶어 죽은 시체가 들판에 나뒹굴고, 국가나 개인이나 도무지 회생의 기미가 보이지 않았다. 중종은 어느 날 궁 밖 연회에 나갔다가 우연히 극에 달한 백성들의 원성을 듣게 되었다.

"장간지가 역적이지. 어쩌자고 나라를 이 지경으로 만들었단 말이냐. 측천황제가 이 꼴을 보았다면 지하에서 통곡할 노릇이지."

"나라 꼴이 제대로 돌아가고 황제가 바로 서려면 저 사악한 위씨 모녀부터 몰아내야 해."

"조정이 어디 황제 맘대로 돌아가는가? 권력이고 벼슬이고 다 그 여자들 치마폭에서 나오는걸."

중종은 사람들이 수군대는 소릴 듣고 비로소 정신을 차렸다. 위씨 모녀란 황후와 안락공주를 말하는 것이었다. 이 무렵 상관완아와 태평공주도 위씨 집안의 세력이 지나치게 커지는 것에 불만을 품고 있던 중이었다.

"이러다 세상은 또다시 위씨 외척들의 천하가 될 것입니다. 폐하가 결단을 내리지 않으면 당종실은 끝내 무너지고 말 게 불을 보듯 뻔한데 보고만 있을 것입니까?"

그는 태평공주의 간곡한 설득에 늦게나마 자신의 자리를 찾기 위해 황후를 폐하려 했으나 우유부단한 성격에 그것도 쉬운 일이 아니었다. 과거 방주에서의 15년 세월이 주마등처럼 스쳐갔다. 둘이서 갖은 수모를 겪어가며 여기까지 왔는데 생명의 은인 같은 그녀를 황후 자리에서 몰아낸다는 것은 아무래도 가혹한 처사인 것만 같아서 선뜻 명령을 내릴 수가 없었다.

'천하를 다 주겠다고 했는데 어쩌다 일이 이렇게 되었는지……'

마음 약한 중종은 결단을 못 내리고 차일피일하다 눈치 빠른 위황후에게 덜미를 잡히고 말았다.

710년 6월 위황후는 딸인 안락공주와 모의하여 중종이 즐겨 먹는 떡 속에 독약을 넣었다. 중종은 아무런 의심 없이 그 떡을 먹고는 허망하게 일생을 마쳤다. 이 일은 그녀와 안락공주 둘만이 아는 일이었다.

위황후는 곧바로 조정 대신들을 비상소집하고 긴급 인사 조치를 단행했다. 가장 먼저 위첩, 위관, 위선, 위파 등 자기 친족을 각각 도성 수비대장으로 삼아 군사 5만 명을 내주며 궁궐 안팎을 수비하도록 하고, 조정의 요직은 자기 심복들로 채웠다. 모든 일은 위황후와 안락공주의 치밀한 계획에 따라서 일사천리로 진행되었다. 이때까지도 조정 대신들은 중종의 죽음을 까맣게 모르고 있었다. 위황후는 인사 배치를 완벽하게 끝낸 다음 태평공주와 상관완아를 협박하여 중종의 가짜 유언장을 만들게 했다.

원래 중종이 살아 있을 때 미리 작성한 유언장의 초안에는 16살의 온왕 이중무를 황세자로 책봉하고, 그 부친인 상왕 이단이 정사를 돕도록 적혀 있었다. 위황후는 이것을 '황후 위씨가 섭정하고 상왕은 정사에 참여할 수 있다'는 내용으로 바꾸었다. 마침내 국상이 선포되고 중종의 유언장이 공개되자 위황후의 심복들이 각본대로 상소를 올렸다.

"상왕과 황후는 시동생과 형수지간이라 조정에서 함께 정사를 돌보는 것은 예법에 어긋나는 일입니다."

이로써 간단하게 상왕을 배척하는 데 성공한 위황후는 이중무를 황제로 등극시키고 수렴청정에 들어갔다. 그러나 위황후는 대권을 틀어쥔 것만으로는 만족할 수 없었다. 그녀는 이참에 시어머니 무측천처럼 위풍당당한 여황제가 되고 싶었다. 결국 그녀는 심복들과 함께 새 황제 암살을 모의하게 된다.

✦ 간악한 여인들의 파라다이스

상황은 급박하게 돌아갔다. 위황후와 그 일당들이 새 황제를 제거하려는 음모를 계획하고 있을 때 병부시랑 최일용이 마음을 바꿨다. 아직 중종의 유해가 궁을 떠나지도 않은 시점이었다. 최일용은 태평공주와 상왕을 지지하는 우림군 세력을 두려워하고 있었다. 특히 상왕 이단의 셋째아들인 임치왕 이융기는 무예가 출중하고 전형적인 호걸 유형이라 따르는 자들이 많았다.

최일용은 만약 일이 성사되지 못하면 살아남지 못할 것을 염려하여 이융기에게 밀사를 보내 위황후의 음모를 알리고 말았다. 진작부터 위황후와 그 일당에게 반감을 품고 있던 이융기는 그동안 은밀히 군사를 모으며 때가 오기만을 기다리고 있었다. 그러던 차 최일용의 밀고는 더없이 좋은 기회를 가져다주었다.

이융기는 급히 변복을 하고 우림군 내의 몇몇 날쌘 장군들과 함께 밤중에 궁내로 잠입했다. 그들은 자고 있던 위선, 위파의 목을 베어 우림군 병사들에게 보여주며 위황후 일당의 음모를 폭로했다. 당나라 조정을 위씨의 손아귀에서 지켜내자는 이융기의 호소는 우림군 병사들의 열렬한 호응을 끌어냈다. 그들은 곧바로 함성을 지르며 태극전으로 쳐들어갔다.

태극전에는 아직 중종의 영구가 놓여 있었다. 이곳에서 잠을 자던 위황후는 갑작스러운 병사들의 함성에 겉옷을 입을 새도 없이 뛰쳐나왔다.

"무엇들 하느냐? 반란이다. 어서 나가서 적들을 처단하라!"

호위군사들을 향한 위황후의 앙칼진 목소리는 곧 처절한 비명으로 바뀌었다. 병사들이 황후를 보자마자 달려들어 칼로 난도질을 한 것이다. 그들은 황후의 머리를 베어 이융기에게 바쳤다. 이융기는 궁내를 샅샅이 뒤져서 위황후의 일당을 무조건 잡아 죽이라는 명령을 내렸다. 부마인 무연수, 마진객, 양군 등이 모조리 그날 밤 병사들의 칼에 맞아 죽었다.

이튿날 아침, 안락공주는 자기 저택에서 화장을 하다가 방으로 들이닥친 병사의 칼에 맞아 죽었다. 깨진 거울 옆에는 눈썹을 그리다 만 연필이 흥건한 핏물에 젖어 있었다.

한편, 소용 상관완아는 정변이 일어났다는 소식을 듣고도 매우 침착하게 굴었다. 그녀는 태평공주와 함께 만든 중종의 유언장 초고를 찾아내어 이융기에게 바쳤다.

"때를 보아 이것을 황제 폐하께 전해드리려고 간직하고 있었습니다. 저 또한 태평공주마마와 한편이었습니다. 가련한 처지를 보아서라도 목숨만은 살려주십시오."

완아의 간절한 애원에 이융기는 잠시 마음이 흔들리는 듯했지만, 후환을 남길까 두려워 그녀의 목을 베도록 지시했다. 이로써 당대의 재녀는 47세를 일기로 불운한 생을 마쳤다. 훗날 당현종으로 즉위한 이융기는 상관완아의 재능만은 높이 사, 그녀의 시문을 20권의 책으로 펴냈지만, 지금은 거의 남아 있는 것이 없다.

위황후와 그 가족이 오랜 세월 절치부심하며 꿈꿔온 권력의 파라다이스는 하루아침에 산산이 조각나고 말았다. 죽을 고비에서 살아남아서 기어이 정상에 오르는 재주는 누구보다 뛰어났지만, 그 자리를 지키는 능력에는 한없이 무지했던 여자 위황후. 그녀와 그 가족의 비극은 권력의 속성을 잘못 이해한 것에서 비롯되었다. 권력은 주어진 것을 누리는 것이 아니라 치열하게 준비하고 유지하는 것이다.

신라의 애물 덩어리, 진성여왕

진성여왕은 애초부터 국정을 총괄할 만한 재목이 아니었다. 그녀는 즉위하기 전부터 숙부인 위홍과 불륜 관계에 있었다. 오직 사치와 향락만이 그녀의 관심사였다. 거듭되는 가뭄과 흉작으로 굶어죽는 백성이 속출해도 궁궐 안에서는 연일 흥청망청 먹고 즐기기 바빴다. 왕실에 재물이 떨어지면 여왕은 득달같이 관리를 풀어 세금을 독촉했다. 굶어 죽으나 맞아죽으나 마찬가지라며 세금을 못 내겠다고 버티던 백성들이 아예 반란군으로 나서는 경우도 흔했다. 천년왕국 신라는 이렇게 무너져가고 있었다.

진성여왕 2년, 그해 봄에 서라벌에는 온갖 흉흉한 말이 떠돌기 시작했다. 어떤 마을에서 저절로 움직이는 돌덩이가 나타났다고 하더니 각간 위홍이 여왕의 침실에서 죽어 나왔다는 낯뜨거운 소문이 삽시간에 퍼져나갔다. 여왕의 침실에서 죽었든 자기 집에서 죽었든 각간 위홍이 죽은 것은 사실이었다. 그리고 사람들은 그런 해괴한 소문이 돌 만큼 둘 사이가 떳떳지 못한 관계였다는 것도 알게 되었다.

위홍이 홀연 세상을 떠나자 진성여왕은 대신들의 반대를 무릅쓰고 혜성대왕이란 존호를 추증했다. 이것은 만천하에 그가 자신의 남편이었음을 공표한 것과 다름없었다. 이때부터 백성들은 말세가 왔다고 수군 댔다. 위홍이 죽은 뒤로도 여왕은 밤마다 미소년들을 침실로 끌어들여 음탕한 짓을 일삼았다.

그러던 어느 날, 왕궁으로 가는 길목에 벽보 한 장이 붙어 있었다.

南無亡國刹尼那帝　判尼判尼蘇判尼　于于三阿干　鳧伊娑婆訶
(남무망국찰니나제　판니판니소판니　우우삼아간　부이사파가)

불교의 다라니 은어로 쓴 이 벽보는 여왕과 조정에 대한 악의적인 비판을 담은 기도문이었다. 여왕은 당장 범인을 잡아들이라고 길길이 날뛰었다. 범인 색출에 나선 관리들은 아무런 단서도 찾을 수 없게 되자 합천에 은거하고 있던 왕거인을 벽보 작성자로 지목했다. 그는 한사코 자기의 무죄를 주장했으나 여왕은 당장 그를 압송하여 이튿날 처형하도록 명령을 내렸다. 그러고는 뒤도 안 돌아보고 국문장을 나섰다.

왕거인은 그날 밤 자신의 분하고 원통한 마음을 감옥 벽에 시로 새겨 넣었다.

　우공이 피눈물을 흘리니 무지개가 해를 뚫었고
　추연이 슬픔을 머금으니 한여름에도 서리가 내렸네.
　이내 시름은 옛날이나 지금이나 마찬가진데
　어찌하여 하늘은 아무 표시도 없는가.

우공은 중국 한나라 때 재판을 공정히 처리하기로 유명했던 말단관리의 이름이다. 그는 시어머니를 살해했다는 누명을 쓰고 옥에 갇힌 며느리의 무죄를 주장하며 그곳 태수와 법정 논쟁을 벌였다. 그러나 우공의 성실한 변론에도 불구하고 태수는 며느리를 처형했다. 이때부터 3년 동안 지독한 가뭄이 계속되었다.

어느 날 새로운 태수가 부임해왔다. 우공은 죽은 효부의 누명을 벗겨주기를 간청하며 태수에게 그 증거를 제시했다. 태수는 그녀의 무죄를 인정하고 제사를 지내 영혼을 위로했다. 그러자 3년 동안이나 가물었던 하늘에서 단비가 쏟아졌다는 내용이 중국 고사에 전해진다.

연나라 소왕의 스승인 추연은 소왕이 죽고 혜왕이 즉위한 뒤에 모함을 받았던 인물이다. 그는 왕이 참소하는 무리의 말만 믿고 자신을 옥에 가두자 억울한 나머지 하늘을 우러러 통곡했다. 그랬더니 때가 오월인데도 서리가 내렸다고 한다.

왕거인도 그들과 같은 심정으로 시를 써 내려가면서 대성통곡했다. 그런데 그날 밤 갑자기 서라벌이 떠나갈 듯 천둥벼락이 몰아치더니 엄청나게 큰 우박이 내렸다. 진성여왕은 천둥소리가 어찌나 요란했던지 밤새 두려움에 떨다 이튿날 날이 밝자마자 왕거인을 석방했다. 그러고도 곧 병석에 누웠다.

여왕의 통치 기간이 길어질수록 신라는 썩어갔다. 민심은 돌아앉았고 사방에서 반란이 일어났다. 조정은 그들을 도적 떼로 규정했지만, 백성들은 부패한 관리들보다 반란 세력에게 뜨거운 지지를 보냈다.

통일신라라는 제국은 그저 허울뿐인 이름에 불과했다. 반군은 파죽지세로 도성을 위협했고 공포에 떨던 여왕은 마침내 병이 깊어져 재위 10년 만에 세상을 떠났다. 통치자로서의 능력도 책임감도 없이 나라의 애물덩어리로 보위로 지켰던 여왕이 죽고 난 뒤 신라는 38년간 유명무실한 명맥을 이어가다 끝내는 망국의 절차를 밟았다.

9장

양귀비

[楊貴妃]

황제의 여자라는 참혹한 권력

간추린 중국사

위씨 세력이 몰락한 뒤 예종 이단이 황제로 등극한다. 그러나 본래 정치에는 관심이 없었던 예종은 2년 후 태자인 이융기에게 자리를 물려주었다. 이때 조정의 실권을 쥐고 있던 태평공주는 자신의 심복들과 모의하여 이융기를 제거하려다 사전에 발각되어 처형당한다.

스무 살의 나이로 당나라 황제가 된 현종 이융기는 중종시대의 정치적 혼란을 바로잡고, 요숭, 송경, 장설 등 유능한 재상을 등용하여 이미 바닥을 치고 있던 국가경제를 일으켰으며 당나라 문화와 예술의 최전성기를 일궈냈다. 이 태평성대를 당 태종의 '정관의 치세'와 비길 만하다고 해서 '개원의 치세'라고 불렀다.

현종은 45년간 보위를 지키며 당조에서 가장 통치 기간이 긴 황제로 기록되기도 했지만, 말년에는 양귀비에게 빠져 정사를 돌보지 않아 잇달아 반란이 일어나고 당 왕조는 와해의 조짐이 보이기 시작했다.

그녀의 프로필

당현종의 비. 본명은 양옥환((楊玉環).

중국 문학사에서 양귀비만큼 시와 문장, 노래, 소설, 희곡 등을 통해 끊임없이 주목받은 여성은 드물다. 대시인 이백의 〈청평조사〉를 비롯하여 백거이의 〈장한가〉 등 불후의 명작으로 꼽히는 문학작품들이 바로 양귀비를 소재로 한 것이다. 이밖에도 양귀비를 추모하여 쓴 시나 소설은 헤아릴 수 없을 정도로 많다. 양귀비는 어떻게 이토록 많은 사람의 관심을 꾸준히 받을 수 있었을까?

황제의 사랑을 받았다는 것 말고는 양귀비도 그저 보통 여성에 지나지 않았다. 그녀는 일체 정치에는 관여하지 않았고 권력을 독차지하기 위해 수를 쓰지도 않았다. 그녀가 많은 사람의 사랑을 받는 이유는 마치 한 편의 소설이나 영화처럼 화려하고도 비극적인 러브스토리 때문이다. 그녀는 한 봉건 황제의 귀비로 선택되어 온갖 부귀영화를 누렸지만 바로 그 황제의 명으로 두 번씩이나 궁에서 쫓겨나고 결국은 또 그 황제의 명령으로 비참하게 죽게 된다.

황제의 여자라는 참혹한 권력, 양귀비

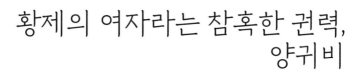

하늘에서는 비익조, 땅에서는 연리지

음력 칠월 칠석은 전설 속의 견우직녀가 1년에 한 번 오작교에서 만난다는 날이다. 여자들은 이날 저녁이 되면 직녀성을 바라보며 자기의 바느질 솜씨와 손재간이 좋아지게 해달라고 빌었고, 궁에서는 칠석 연회가 열렸다.

현종과 양귀비는 연회가 끝난 뒤 단둘이 장생전을 거닐고 있었다. 고요함이 흐르는 밤, 뭇별이 총총히 빛나는 밤하늘은 그날따라 몹시 평화로워 보였다. 현종은 사랑스러운 눈길로 그녀를 바라보았다. 그런데 밤하늘을 바라보며 묵묵히 걷던 양귀비의 눈에서 갑자기 눈물이 주르륵 흘러내렸다.

"왜 우느냐?"

황제가 물어도 대답이 없었다.

"왜 그렇게 섧게 우는지 이유를 모르니 답답해서 견딜 수가 없구나. 무엇 때문에 그러는지 말을 해다오. 응?"

현종은 가슴이 미어지는 듯 애잔한 표정으로 묻고 또 물었다. 그렇지만 그녀는 한동안 아무 말 없이 눈물만 흘렸다.

"저 하늘의 사랑, 견우와 직녀의 사랑이 너무 아름다워서 눈물이 납니다. 사람의 사랑도 저렇게 영원할 수만 있다면······."

이윽고 울음을 그친 그녀가 띄엄띄엄 말을 이었다.

"아무리 지극한 사랑으로 맺어진 부부의 인연도 언젠가는 그 빛깔이 바래는 게 사람의 일이라는데······ 생각할수록 너무나 허무합니다."

말을 마친 그녀는 더욱더 설움이 복받치는 얼굴로 흐느껴 울기 시작했다. 현종은 비로소 한숨을 내쉬며 그녀의 두 손을 꼭 잡았다. 그녀는 견우와 직녀의 사랑에 빗대어 황제의 다짐을 받고 싶었던 것이다.

양귀비는 얼마 전 궁에서 쫓겨났다가 가까스로 현종의 부름을 받고 다시 돌아올 수 있었다. 퇴출의 이유는 그녀의 질투심이었다. 그녀는 황제가 다른 후궁을 가까이하는 것을 대놓고 불만스러워했다. 이번에도 후궁의 거처에 있는 황제를 직접 찾아가 앙탈을 부리다 쫓겨난 것이다.

양귀비는 원래 현종의 18번째 아들인 수왕 이모의 아내였다. 현종은 나이 차가 무려 34살이나 나는 며느리를 강제로 자신의 귀비로 삼았다. 그 당시 현종의 나이 56세, 양귀비는 22세. 그녀는 결혼한 지 4년 만에 정든 남편을 두고 늙은 시아버지의 여자가 되어야만 했다. 황제의 명령이라 어쩔 수 없이 따르기는 했지만, 운명의 가혹함을 탓하지 않을 수 없었다.

이제 궁에 들어온 지 11년째, 양귀비는 지난날의 슬픔을 잊고 현종의 사랑에만 모든 것을 의지하고 있었다. 그러나 영원히 자기만을 사랑할 것 같던 황제는 두 번씩이나 그녀를 궁에서 내쫓았다. 아무리 질투가 지나쳤다지만 그 고통과 치욕을 잊을 수가 없었다. 이제 그녀의 나이도 서른이 넘었다. 또 언제 황제의 마음이 변해서 자기보다 젊고 아름다운 여인에게 사랑이 옮겨갈지 모른다는 두려움이 그녀를 더욱 더 슬프게 만들었다.

"지난 일은 다 잊어라. 나도 너와 함께 소원을 빌고 싶구나."

현종은 그윽한 눈길로 양귀비를 바라보며 이렇게 덧붙였다.

"인생이란 앞날을 기약하기 어렵지만 내 너와 함께 죽는 날까지 부부의 연을 다하기만 원하노라! 이 한생에 못다 한 사랑 내세에 백발 부부로 이으리라! 하늘에선 나란히 나는 한 쌍의 비익조가 되고, 땅에선 하나로 뒤엉킨 연리지가 되리!"

'비익조'란 암컷과 수컷의 눈과 날개가 하나씩이어서 짝을 짓지 아니하면 날지 못한다는 전설상의 새이고, '연리지'란 두 나무의 가지가 서로 맞닿아서 결이 서로 통한 것을 말한다. 현종의 맹세에 감동한 양귀비는 다시 눈물을 토해내며 하늘을 향해 외쳤다.

"세세연년 백발 부부! 하늘에선 한 쌍의 비익조가 되고, 땅에선 연리지가 되리!"

이것이 훗날 대시인 백거이의 시편에도 나타난 '장생전의 맹세'다.

그로부터 5년 후인 756년 6월, 양귀비는 안녹산의 난이 일어나 피난길에 올랐다가 황실 친위대의 압력에 굴복한 현종의 명령에 따라 스스로 목숨을 끊는다. 반란의 원인이 그녀에게 있으니 죽이지 않으면 황제 또한 무사하지 못할 것이라는 친위대 병사의 위협에 16년 동안 이어진 현종의 사랑은 힘없이 무너지고 말았다.

　하늘에서는 나란히 나는 한 쌍의 새가 되고
　땅에서는 하나로 뒤엉킨 한 쌍의 나뭇가지가 되리.

장생전에서의 굳은 맹세도 목숨의 위협 앞에서는 한낱 가치 없는 감상이었음을 뒤늦게나마 깨달았던 것일까. 아니면 반란의 책임을 통감했던 것일까. 그녀는 자기를 사지로 내몬 현종에게 한마디 원망도 없이 죽음을 맞는다. 향년 37세, 중국 역사상 최고의 미인이라 불리는 그녀가 그토록 믿었던 사랑이 그랬던 것처럼 허망한 인생이었다.

✦시아버지의 수청을 든 며느리

양귀비의 본명은 양옥환(楊玉環)이다. 그녀의 부친 양현염은 촉주 사호로 일했고 증조부 양왕은 수나라 때 상주국 이부상서를 지냈다.
옥환은 어린 나이에 아버지를 여의고 숙부 양현교의 슬하에서 자랐다. 부모의 따뜻한 사랑이 어떤 것인지도 모른 채 유년기를 보내야 했지만, 숙부의 보살핌 덕분에 그녀는 명문가의 규수로서 손색이 없는 교육을 받았다.

옥환은 타고난 미녀였다. 15세가 되자 낙양 성내의 귀족들 사이에서는 그녀의 미모와 재능에 관해 소문이 퍼지기 시작했다. 옥환은 특히 문학과 예술에 조예가 깊었다. 사람들은 그녀가 비파를 타면서 노래하거나 춤을 추는 모습을 보면 말 그대로 선녀가 내려온 것 같다며 그 아름다움에 넋을 잃었다.

옥환에 관한 소문은 황실에까지 전해졌다. 개원 22년 7월, 현종의 딸 함의공주가 낙양에서 성대한 혼례식을 치렀다. 이때 옥환은 공주를 도와주기 위해 혼례식에 참석했다. 일찍이 그녀의 미모가 뛰어나다는 소문을 들었던 수왕 이모는 누이의 결혼식에서 그녀를 처음 본 순간 완전히 매료되었다.

아직 왕비를 얻지 못했던 수왕은 생모인 무혜비에게 그녀와 혼인시켜줄 것을 청한다. 무혜비는 무측천의 친척으로 현종이 가장 총애하던 비였다. 현종은 정비인 왕황후가 정치적 사건에 연루되어 피살된 뒤부터는 정식으로 황후를 두지 않았는데 한때는 무혜비를 황후로 책봉하려고 한 적이 있었다. 물론 대신들의 반대로 뜻을 이루지는 못했지만, 그녀의 말이라면 무엇이든 거절하는 법이 없었다.

그해 12월, 현종은 무혜비의 요청을 받아들여 옥환을 황자비로 책봉한다는 칙서를 내렸다. 이렇게 해서 부부의 인연을 맺게 된 수왕 이모와 옥환은 꿈같은 신혼생활을 보냈다.

그로부터 3년 후인 736년 12월 초이렛날, 현종이 그토록 총애하던 무혜비가 병으로 세상을 떠났다. 그녀의 죽음으로 현종은 커다란 정신적 충격을 받았다. 그는 매일 죽은 무혜비를 그리워하며 무력하고 우울한 나날을 보냈다. 그러나 이러한 궁중의 사정이 알콩달콩 부부의 정을 나누며 조용히 살아가던 수왕과 옥환에게 엄청난 운명의 회오리로 작용하게 될 줄은 누구도 예상을 못 했다.

현종은 해마다 10월이 되면 온천으로 유명한 여산 화청궁으로 휴양을 떠났다. 어느 날, 황실 내관 고력사가 수왕 부부를 찾아왔다.

"황제 폐하께서는 돌아가신 혜비마마 생각에 병환이 날로 깊어지고 있습니다. 며칠 전에는 문득 며느님이신 왕비마마 이야기를 하시며 눈물을 보이셨습니다. 혜비마마 생전에도 두 분이 많이 닮으셨다는 말씀을 자주 하셨던 것으로 보아 아마도 이번 온천행에 왕비께서 폐하와 함께 가주시길 원하는 듯했습니다."

고력사는 현종이 즉위하기 전 위황후 일족과 태평공주 세력을 몰아내는 데 결정적인 역할을 했던 환관이었다. 이후 그는 현종의 신임을 등에 업고 일인지하 만인지상의 권력을 휘두르게 되었다. 현종 대의 실세로 통했던 재상 이임보, 양국충, 안녹산 등이 모두 고력사와 결탁하여 요직에 올랐다. 그런 자가 황제의 병환을 운운하며 옥환에게만 온천에 동행할 것을 요구한 것이다. 수왕 부부는 고력사의 요청은 곧 황명이라는 것을 알고 있었다.

"아직 부부로서 살아온 날이 많지 않은 나도 잠시라도 당신이 안 보이면 마음이 허전한데 폐하께서야 오죽하시겠소? 어머님 생전에 그렇게도 금실이 좋으셨으니 말이오. 부인의 위로가 폐하의 병환을 낫게 하는 데 도움이 된다니 다행입니다."

수왕 이모는 설마 그것이 마지막 이별이 될 줄 모르고 옥환을 고력사에게 딸려 보냈다. 얼마 후, 옥환은 화청궁에서 시아버지 현종의 수청을 들어야 하는 치욕스러운 밤을 맞이한다. 옥환은 당시로서는 보기 드물게 풍만한 몸집에 유난히 살결이 희고 부드러웠다. 수줍은 듯 얼굴을 붉히며 황제 앞에 머리를 조아린 그녀에게서 남편의 사랑을 듬뿍 받은 여인의 완숙미가 물씬 풍겼다.

이날 밤 그녀의 아리따운 자태에 넋이 나간 현종은 상대가 자신의 며느리란 것도 잊고 밤새워 욕정을 불태웠다.

이튿날 날이 훤하게 밝도록 황제의 침전에서 아무런 기척이 없는 것을 보고, 고력사는 이미 그가 옥환에게 푹 빠졌다는 것을 알 수 있었다. 고력사는 현종의 속내를 누구보다 빨리 간파하고, 알아서 척척 움직이는 입안의 혀 같은 존재였다. 그는 옥환과 첫날밤을 보낸 현종에게 의미심장한 말을 던진다.

"수왕비마마는 효심이 지극하기로 소문이 자자합니다. 특히 억울하게 돌아가신 두태후마마의 일을 늘 슬퍼하고 계신다고 합니다."

두태후는 무측천에게 비참하게 살해된 현종의 생모였다. 고력사는 교활하게도 옥환의 효심을 이용하여 자연스럽게 궁으로 데려갈 방법을 현종에게 넌지시 일러주고 있었다. 현종 대에는 그 어느 때보다 도교가 성행했는데 옥환이 자청해서 여도사가 되기로 한 것처럼 꾸미면 사람의 이목을 속일 수 있을 것이라는 말이었다.

현종이 듣기에도 그럴듯한 논리였다. 아무리 천하를 틀어쥐고 있는 황제의 신분이라고 해도 아들의 품에서 며느리를 강탈한다는 것은 어쨌든 세인들의 웃음거리가 아닐 수 없었다. 그는 먼저 옥환에게 여도사가 되어 궁중에 들어와 살면서 두태후의 명복을 빌어 달라고 요구했다.

거절하면 불충이고 불효가 되는 것이니 살기 위해서는 선택의 여지가 없었다. 결국 그녀는 굴욕적인 삶을 택해야만 했다.

애욕에 눈먼 황제에게 아들 부부의 사랑 따위는 안중에도 없었다. 현종은 곧 옥환에게 '태진'이란 도호를 붙여주었다. 그리고는 궁중에 여도관을 설치하고, 이곳을 '태진관'이라고 불렀다. 이때부터 옥환은 여도사의 신분으로 궁중에서 황제의 시중을 들게 되는데 정식으로 후궁 책봉을 받지 않았을 뿐 사실은 죽은 무혜비처럼 황비 대역이었다.

현종은 그녀를 태진비라고 불렀고, 시녀들은 그녀를 마마라고 불렀다. 시어머니를 많이 닮았다는 이유로 시아버지의 여자가 돼야 하는 가혹한 운명의 여인, 황제의 사랑이 대단하다고 해도 생이별한 남편에 대한 그리움까지 없애지는 못했다. 옥환은 울적할 때마다 후원에 나가 꽃을 보며 마음을 달랬다. 하루는 그녀가 산책하다가 무심코 꽃을 건드렸는데, 옥환의 손이 닿는 순간 활짝 폈던 꽃이 잎을 말려올라갔다. 이 모습을 본 현종은 그녀가 꽃조차도 부끄럽게 만드는 아름다움을 지녔다며 '절대가인'으로 칭송해 마지 않았다.

현종은 그녀가 궁에 들어온 이후 전과는 180도 다른 모습으로 변했다. 정사에는 아예 관심조차 없고 조정에도 잘 나가지 않았다. 그는 옥환을 위해서 수시로 연회를 열었고, 재능 있는 문인을 초청해서 그녀를 위한 글을 짓도록 했다. 늘 수심에 잠겨 있던 그녀가 유일하게 흥미를 느끼는 시간이었다.

현종은 그녀를 더 기쁘게 해주기 위해 문학시종을 초청한 연회석상에서 글 잘 짓는 인재를 추천하게 했다. 이때 객경의 신분으로 동석했던 도사 오균이 "이백의 시문이 천하제일"이라고 말했다. 옥환은 그 말에 반색하며 자기도 읽어본 적이 있다고 이백의 재능에 대해 찬사를 늘어놓았다.

현종은 즉시 이백을 조정에 불러들여서 한림학사로 책봉했다. 촉나라 사람으로 10여 년간 중국 전역을 돌아다니며 떠돌이 시인으로 이름이 높았던 이백은 이 일을 계기로 조정에 들어와 우아하면서도 아름다운 궁정 시문을 많이 썼다.

어느 봄날, 궁정 뒤뜰에 모란꽃이 활짝 피어나 장관을 이루었다. 그날따라 옥환의 표정은 전에 없이 밝았다. 현종은 모처럼 밝은 표정의 그녀를 보고는 잔뜩 흥이 나서 이백에게 시를 청했다.

"이름 있는 꽃구경을 하겠다, 태진비도 있겠다, 오늘 선생의 새로운 시문으로 이 일을 후세에 남기도록 하시오."

원래 자유분방하면서 호기로운 시문을 짓기로 유명한 이백은 즉석에서 세 편의 시를 지었다.

구름 같은 옷 단장에 꽃 같은 용모라
봄바람에 활짝 핀 어여쁜 꽃이여
군옥산 산정에서의 만남이 아닐런가
요대궁 달빛 아래 상봉했나 하노라

한 송이의 붉은 꽃 그 향기 그윽한데
무산의 구름 비 잡는다고 애태워 무엇 하랴

한궁에 묻노니 그 누가 가인이더냐

명화도 미인도 함께 즐기며
임금님은 웃음꽃만 피우시네
침향정 북쪽 난간 기대고 섰노라니
봄바람에 하 많은 걱정 말끔히 실려가네

이백의 작품은 세상에 둘도 없는 미인 양옥환에 대한 현종의 사랑을 묘사한 것이었다. 현종은 몹시 흡족해하며 이 아름다운 시문에 곡을 붙이도록 했다. 옥환은 언제나 그 노래를 흥얼거리고 다녔다.

"궁중이 너무 적적합니다. 저도 폐하의 즐거움을 위해서 일하게 해주십시오."

어느 날 옥환은 소일거리 삼아서 궁중의 가무음곡사를 길러내겠다는 뜻을 밝혔다. 현종 이를 흔쾌히 수락하면서 무용과 음악에 소질이 있는 수많은 소녀를 궁으로 불러들였다. 옥환은 그들에게 춤과 글을 가르쳤다. 또 대형 악대를 편성하여 연회 때마다 아름다운 악곡들을 연주하게 했다. 이리하여 궁중에는 가는 곳마다 가무음곡사들로 가득했고 매일 아름다운 악곡 소리가 흘러나왔다.

그렇게 만 5년이라는 세월이 흘렀다. 그동안 옥환은 궁중의 여도사로, 때로는 태진비로 불리면서 신분이 분명치 않은 채 지내왔다. 그녀가 황제의 여자라는 것은 다 아는 사실이지만 공식적으로는 단지 두태후의 명복을 빌어주기 위해 남편을 떠나 궁에 들어온 효성스러운 며느리로밖에 인정을 받지 못하는 처지였다. 옥환은 그런 자신의 어정쩡한 신분에 대해 치욕감을 느꼈지만 서글픈 현실을 벗어날 방법이 없었다.

그때까지도 수왕은 왕비를 새로 들이지 않은 채였다. 부부이면서 부부로 살지 못하고, 그렇다고 해서 완전히 갈라섰다고도 말할 수 없는 수왕과 옥환의 이상한 관계를 정리해줄 사람은 황제인 현종뿐이었다.

745년, 현종은 칙령을 내려 좌위훈 이부위랑장 위소훈의 둘째 딸을 수왕비로 책봉했다. 이렇게 해서 수왕과 옥환의 혼인관계가 소멸했음을 만천하에 선포한 것이다.

✦특권이라는 매혹의 빛과 그림자

수왕 이모를 새장가 보낸 몇 달 뒤 현종은 여도사 양옥환을 귀비로 책봉했다. 마침내 그녀에게도 합법적인 지위가 주어진 것이다. 남녀 간에 5년이면 싫증이 날 만도 한 시간이었다. 더구나 궁중에는 수천 명의 궁녀가 이제나저제나 황제의 눈에 띄기만을 기다리고 있었다. 황제의 변함없는 사랑은 양귀비의 가슴 한구석에 남아 있던 회한을 말끔히 씻어주었다.

양귀비는 본래 수줍음이 많고 온순하면서도 애교가 많은 여자였다. 현종은 그녀의 자근자근한 말투와 부드러운 미소를 좋아했다. 그는 양귀비가 싱싱한 '여지'를 먹을 때면 특히 행복해한다는 것을 알게 되었다. 여지는 속살이 희기로는 눈꽃 같고, 즙은 달고 새콤하기가 감주 같다고 하는 아주 달콤한 과일이었다. 그런데 이 진귀한 과일은 사천이나 광동 등지의 남방에서만 나기 때문에 당시처럼 교통이 불편한 형편에서 북방 사람들이 그것을 맛보기란 쉽지 않았다.

그러나 현종은 사랑하는 귀비가 즐거워하는 모습을 보기 위해서 여지가 익는 계절이면 하루가 멀다 하고 수천 리나 떨어진 남쪽 지방으로 관리들을 보냈다. 여지는 특히 상하기 쉬운 과일이었다. 현종은 양귀비에게 최고로 싱싱한 여지를 선사하기 위해 특별히 말 잘 타는 기수들을 뽑았다. 그리고 대궐 앞에서부터 남방까지 기수들을 일정한 간격으로 배치하여 릴레이식 초특급 운송작전을 펼쳤다. 과일이 운송되는 시간을 최대한 아끼려는 것이었다. 만약 조금이라도 과일이 상한 채로 들어오면 기수들에게는 호된 문책이 떨어졌다.

"먼지 쓴 역마의 말발굽 소리에 귀비가 웃음 짓나니
　여지가 실려 오기 때문인 줄 누가 알랴."

당시 사람들 사이에서 유행하던 노랫가락이다. 밤낮으로 쉬지 않고 수천 리 길을 달려오느라 지친 말이 쓰러져 죽기도 하고 기수가 벼랑에서 굴러떨어지는 등 사고도 다반사로 일어났다.

양귀비는 그렇게 자기를 위해 구해온 여지를 먹으면서 사랑스러운 미소를 지었다. 그 먼 데서 가져왔는데도 여지는 항상 갓 딴 것이나 다름없었다. 그 와중에 얼마나 많은 사람이 야밤의 말발굽 소리에 단잠을 깼으며, 얼마나 많은 말과 기수가 지쳐 죽었는지도 모른 채 행복해하는 그녀를 현종은 그저 흐뭇한 눈길로 바라보았다.

양귀비는 황제가 자신을 그토록 총애하는 이유가 따로 있다는 것을 알고 있었다. 정기적으로 온천 약수에 목욕하고 언제나 풍만한 몸매와 매끈한 피부를 유지할 수 있도록 정성 들여 치장하는 것은 그녀가 황제의 사랑을 잃지 않기 위해 기울이는 최선의 노력이었다. 궁중에는 그녀만을 위해 천을 짜고 수를 놓는 일꾼이 700명이 넘고, 장신구를 만드는 전문 세공인들만 해도 수백 명에 달했다.

황제의 총애를 받는다는 것은 곧 그녀의 권세가 높아진다는 것을 의미했다. 영남절도사 장구장과 광릉장사 왕익이 귀비에게 보물을 많이 바친 공으로 진급했다는 소문이 퍼지자 다른 관료도 이에 질세라 재물을 갖다 바쳤다. 양귀비가 황제의 총애로부터 비롯된 이 모든 특권에 달콤한 매혹을 느끼는 것은 당연한 일이었다.

그러나 모든 황제가 그랬듯이 현종의 마음은 한곳에만 쏠려 있지 않았다. 그녀가 궁중에 들어오기 전에 현종은 강채빈이라는 후궁을 잠시 총애한 적이 있었다. 채빈은 매화를 무척 좋아해서 일명 '매비'라고도 했다. 매비는 용모가 아름답고 재주가 뛰어난 여인이었다.

어느 날 현종은 매화꽃을 구경하던 중 문득 옛정이 되살아나 고력사에게 매비를 취화서각으로 데려오도록 했다. 부름을 받자 즉시 달려온 매비의 예쁜 눈에는 눈물이 가랑가랑 맺혀 있었다.

그날 밤 두 사람은 모처럼 단꿈에 빠져들었다. 현종은 이튿날 아침 정사를 돌보는 것마저 까맣게 잊은 채 매비를 품에서 떼어내지 못했다. 황제가 침실에 들기만을 기다리며 뜬눈으로 밤을 새운 양귀비는 소문을 듣고 독이 바짝 오른 얼굴로 취화서각으로 달려갔다.

"날이 훤하게 밝았는데 황제 폐하께선 조정 대신들에게 벌이라도 세우실 작정입니까?"

현종은 당황한 나머지 어안이 벙벙한 표정이었다. 아무리 사랑하는 귀비라 해도 황제의 침전에까지 찾아와 면박을 주는 것은 용납할 수 없는 행동이었다. 더구나 채빈은 후궁에서도 서열이 꽤 높은 축에 속했다.

"여긴 귀비가 올 곳이 아니니 돌아가서 기다리시오."

"못 갑니다. 저와 함께 대전으로 가십시오."

현종은 화를 꾹 누르며 점잖게 타이를 생각이었지만 양귀비는 조금도 물러설 태세가 아니었다. 격분한 현종은 황명을 거부한 죄로 그녀를 궁에서 쫓아내도록 고력사에게 명령을 내렸다. 양귀비는 그날로 사촌 오빠 양섬의 집으로 쫓겨나고 말았다.

그녀가 궁에서 쫓겨 오자 양씨네 일가는 겁이 더럭 날 수밖에 없었다.

"귀비께서 워낙 폐하께 의지하다 보니 엉겁결에 큰 잘못을 저질러 놓고는 후회막심으로 몸 둘 바를 모르고 있습니다. 부디 폐하께 용서받을 길을 찾아주십시오."

양섬은 즉시 평소 친분이 두터운 고력사를 찾아가서 도움을 간청했다. 고력사는 이미 황제가 홧김에 한 행동이란 것을 알고 있었다. 그는 곧 황제가 귀비를 다시 부를 것이라며 양섬을 안심시켰다. 실제로 현종은 귀비를 쫓아낸 다음부터 안절부절못하고 식욕마저 잃은 데다 저녁 내내 한숨만 쉬면서 잠을 이루지 못했다.

"들으니 귀비마마도 후회와 탄식으로 식음을 전폐하고 계신다고 합니다. 이번 실수는 너그럽게 눈감아주시는 게 어떨지요?"

고력사의 제안에 현종은 대뜸 머리를 끄덕이면서 안흥방문(나라의 중요한 군무대사가 아니고는 야간 통금시간에 절대 열지 못하게 되어 있는 문)을 활짝 열어놓고 그가 직접 가서 양귀비를 맞아오라고 명령을 내렸다.

이렇게 해서 다시 궁으로 돌아온 양귀비는 황제 앞에서 하염없이 눈물을 흘렸다. 현종은 그녀를 얼싸안으며 다시는 이런 일이 생기지 않게 하겠노라고 다짐까지 했다. 그러나 비슷한 일은 이후에 또 한 차례 벌어졌다. 미인을 보면 어쩔 수 없이 발동하는 현종의 호색한 기질 때문이었다.

어느 날 현종이 또 다른 후궁과 노닥거리고 있는 모습을 양귀비가 보게 되었다. 양귀비는 전에 철석같이 약속해놓고 다시 다른 여자에게 눈을 돌리는 황제가 원망스럽기만 했다.

"폐하께서 하시는 말씀이라면 한마디 한마디가 하늘의 법처럼 존귀한 것인 줄 알았는데 지난날 저에게 하신 약속은 꿈결에 흘리신 헛소리였나 보군요?"

흥분한 양귀비는 질투심에 눈이 멀어 한바탕 황제를 비난하는 말들을 마구 쏟아냈다. 그녀는 마치 상대가 황제라는 사실도 잊은 듯했다. 현종은 그 자리에서 즉시 양귀비를 본가로 쫓아 보내고 앞으로는 절대로 궁에 들어오지 못하게 한다는 칙령을 내렸다.

두 번째로 황궁에서 쫓겨난 양귀비는 심한 허탈감에 빠졌다. 황제의 여자로서 살아간다는 게 어쩌면 포악한 범을 시중드는 것과 마찬가지로 불안한 일이라는 생각마저 들었다. 어떻게든 잘해보려고 갖은 노력과 정성을 기울였건만 결국 나이 들면 철 지난 부채처럼 쓸모없이 버려지는 게 궁궐 안에서 살아가는 여자들의 인생인가.

황제의 마음이 이미 자신으로부터 떠났다고 생각하니 분하고 억울한 마음이 들었다. 또 그런 한편으론 궁에서 버림받고 쓸쓸하게 늙어 죽느니 바깥세상의 자유를 누리며 마음 편하게 살고 싶기도 했다. 그러나 그녀는 오랜 세월 몸에 밴 그 화려했던 궁중생활을 차마 잊을 수가 없었다. 자주 한눈을 팔아서 그렇지 그녀를 대하는 황제의 사랑이 각별하다는 것도 알고 있었다.

양귀비는 이번에도 황제가 자신을 다시 불러주기만을 애타게 기다렸다. 그러나 시일이 지나도록 황궁에서는 아무런 소식이 없었다. 양씨네 일족들도 혹 자신들에게 화가 미치지 않을까 불안해서 어쩔 줄을 몰랐다. 그러던 어느 날 하동절도부사 길온이 조정에 볼일이 있어 상경하는 길이라는 소식을 듣게 되었다. 양씨 가족은 그를 찾아가서 황제를 만나거든 양귀비의 근황을 전해달라고 부탁했다.

이 무렵 현종은 침식을 전폐하다시피 하면서 후회와 자책감에 사로잡혀 있었다. 양귀비 없는 궁궐은 텅 빈 것만 같았다. 그만큼 그녀와의 생활이 익숙했던 것을 현종 자신도 뒤늦게 깨닫는 중이었다. 현종은 그녀의 아리따운 자태와 살뜰한 정이 그리워질 때마다 외롭고 공허한 마음을 달랠 길이 없었다. 그러던 차에 길온이 입궁하여 그녀가 깊이 반성하고 있다는 소식을 전하자 현종은 기다렸다는 듯이 중사 장도광을 시켜 음식을 하사했다.

"소첩이 죽을죄를 지었지만 살려주신다니 영영 후궁을 떠날까 하나이다. 소첩의 모든 것은 황제께서 주셨으나, 유독 몸과 머리털, 피부만은 소첩의 부모가 주신 것인지라 각별히 머리털 한 줌을 베어 올리오니 이로써 소첩의 충성심을 헤아려주소서!"

양귀비는 장도광을 통해서 자기의 머리카락을 현종에게 바쳤다. 귀비의 머리털을 받아든 현종은 대경실색할 수밖에 없었다. 현종은 그녀가 무슨 딴마음을 먹고 죽기라도 할까봐 급히 고력사를 시켜 양귀비를 데려오도록 명령했다.

비록 궁에서 두 번이나 쫓겨나는 뼈아픈 경험을 했지만, 양귀비는 현종의 변함없는 사랑을 다시 한번 확인했다. 황제의 사랑은 아름다움만으로 지켜지는 게 아니었다. 그녀는 궁중의 그 어떤 여인들보다 황제의 마음을 잘 읽는 여인이 되는 것으로 자기의 지위를 지켜냈다.

✦ 위태위태한 전성시대

노년기에 들어선 현종은 차츰 다른 여인을 향한 욕정을 버리고 양귀비에게만 모든 사랑을 쏟아부었다. 우여곡절 끝에 황제의 총애를 회복한 양귀비에게는 전처럼 호화로운 생활이 다시 시작되었다.

틈만 나면 황제를 따라 각지로 유람을 다녔고, 외신들을 접견했으며 친척을 불러다 연회를 베풀었다. 그녀가 말을 타고 외출할 때면 재상이나 다름없는 지위를 가진 고력사가 말고삐를 잡아줄 정도였다.

그녀의 지위가 높아짐에 따라 양씨네 일가도 무더기로 출셋길에 올랐다. 양귀비의 부친은 세상을 떴건만 태위 제국공으로 추봉되었고 모친은 양국부인으로, 숙부 양현교는 광록경으로, 사촌오빠 양섬은 전중성 소감으로 책봉되었으며 또 다른 사촌오빠 양기는 감찰시어사로 책봉하면서 태화공주와 혼인까지 시켰다. 태화공주는 무혜비의 소생으로 현종이 가장 아끼는 공주였다. 현종은 그들 부부가 무시로 드나들 수 있도록 궁궐 잇닿은 곳에 저택도 지어주었다. 그뿐만 아니라 양귀비와 가까운 다섯 친척에게도 각각 으리으리한 저택을 지어주었다.

753년, 현종은 재상 이임보가 죽자 양귀비의 육촌오빠 양국충을 그 자리에 앉혔다. 이임보는 돈으로 환관과 후궁을 매수하여 재상까지 오른 인물로, 천하에 둘도 없는 악덕 간신이었지만 양국충은 한술 더 떴다. 그는 양귀비의 친척이라는 것 말고는 아무 재능도 없는 위인이었다. 덕분에 양씨네 일족의 기세만 하늘을 찌를 듯 올라갔다.

현종은 여산 화청궁으로 휴양을 떠날 때면 으레 양귀비를 화려한 수레에 태워 동행했는데 이른바 '양씨 다섯 집'의 수레들도 그에 못지않았다. 양씨네 일가는 집집이 따로 한 대열을 이루었다. 저마다 오색찬란한 보석으로 수를 놓은 비단옷으로 치장한 행렬이 장안성에서 여산으로 통하는 대통로를 꽉 메우면서 지나가는 모습은 장관이었다.

현종은 여산에도 양씨네 다섯 집에 온천과 저택을 선물했다. 이처럼 양귀비를 향한 황제의 총애가 양씨네 일가한테까지 온갖 특혜로 돌아오자 그들의 오만방자한 행동은 끝이 없었다. 조정 대신들은 물론 황실 친척들도 반감을 품고 있었지만, 누구 하나 나서서 불만을 얘기하지 못하는 상황이었다.

어느 해 정월 대보름 날, 마침내 조정과 민간을 떠들썩하게 만드는 사건이 터졌다. 정월 대보름은 특별히 장안성의 야간 통금이 없는 날이다. 이날 양씨네 일행은 마차를 타고 달구경을 나왔다가 광녕공주와 그녀의 남편 정창윤이 탄 마차 행렬과 마주치게 되었다. 그런데 양씨네 행렬은 상대가 공주의 마차임을 알면서도 꿈쩍도 하지 않았다. 관례대로라면 외척인 그들이 황실 가족에게 길을 내주는 게 당연한 일이었다. 결국 양쪽 하인들끼리 싸움이 붙었다. 이 과정에서 부마 정창윤이 마차에서 내려 다투지 말라고 꾸짖다가 양씨네 하인들에게 채찍을 맞고 나가 쓰러졌고, 공주의 마차도 부딪쳐 못쓰게 되었다. 공주가 울면서 황제에게 하소연하자 현종은 양씨네 하인 중 한 명만을 처형시키고 정창윤의 관직을 파면시켰다. 이 사건으로 양씨네 일족은 더욱 거리낌 없이 세도를 부리게 되었지만, 민심은 그들에게서 완전히 등을 돌려버렸다.

이 무렵 평로, 범양, 하동 절도사를 겸하면서 군과 조정의 막강한 실세로 떠올랐던 안녹산은 현종이 죽기만을 기다리고 있었다.

호족 출신인 안녹산은 비열하고 권력에 아첨하기 좋아하는 위인이었으나 이임보에게 뇌물을 주고 조정에 들어와 현종과 양귀비의 환심까지 얻어내는 데 성공한 야심가였다. 안녹산은 몸집이 비대하고 배가 몹시 튀어나온 거구였다.

한번은 현종이 안녹산의 배를 손가락질하며 농담을 던졌다.

"장군의 뱃속에는 대체 무엇이 들었길래 그렇게나 큰 거요?"

안녹산의 대답이 걸작이었다.

"소인의 뱃속엔 오직 폐하를 향한 일편단심이 들어 있을 뿐이옵니다."

그 소리를 들은 현종은 크게 기뻐하며 그가 장안에 올 때마다 성대한 연회를 베풀었다.

황제가 직접 황태자를 불러 안녹산과 함께 궁궐을 둘러보게 하고, 양귀비에게 연회를 주관하게 하는 등 온갖 특별 대우를 하자 사람들은 안녹산이 재상보다 높은 대우를 받는다고 말이 많았다. 양국충은 그런 소리를 들을 때마다 격분했다.

또 한 번은 연회석에서 현종이 안녹산에게 양귀비가 추는 예상우의무를 보여준 적이 있었다. 황제를 위해 만든 음악과 노래에 맞춰 하늘하늘 춤추는 양귀비의 고혹적인 자태는 눈이 부실 정도였다. 그러자 안녹산도 답례하겠다며 나서서 호선무를 추기 시작했다. 호선무는 쾌속선회를 주로 하는 춤인데 안녹산은 비록 몸집은 비대했지만 춤은 아주 잘 추었다. 워낙 춤을 즐기는 양귀비가 반할 만큼 역동적인 춤이었다.

안녹산은 춤이 끝나자 모두가 깜짝 놀랄 만한 광경을 연출했다. 그는 먼저 귀비를 향해 무릎을 꿇고 큰절을 올리고 나서야 황제에게 절을 올린 것이다. 현종이 의아해서 까닭을 물으니 안녹산은 정색하며 이렇게 말했다.

"호족의 습관에 따르면 모친을 앞자리에 놓나이다."

현종은 비로소 고개를 끄덕이며 안녹산이 솔직하고 충성스러운 신하라며 추켜세웠다. 얼마 후 안녹산은 다시 동평군왕으로 책봉되었다. 현종은 또 그를 위해 장안에 화려한 관저를 지어주고 많은 재물을 하사하는 등 각별한 신임을 보여주었다.

양귀비도 안녹산에 대해서는 특별한 호감을 품고 있었다. 세간에는 두 사람이 은밀한 관계라는 소문이 나돌 정도로 안녹산은 뻔질나게 황궁을 드나들었다. 안녹산의 생일날 양귀비는 그를 궁중으로 불러 파촉(지금의 사천성) 일대의 풍속을 따른다면서 갓난아기가 태어난 지 사흘 만에 해주는 목욕 놀이를 시켰다. 이를 두고도 사람들은 말이 많았다.

황제가 일개 변경의 수비군 장군에게 전례 없는 사랑을 베풀자 재상으로 있던 양국충은 안녹산에게 본능적인 경계심을 느꼈다. 그는 황제에게 안녹산의 병권을 감축시키고 장안으로 불러들여야 한다고 수차 진언을 했으나 받아들여지지 않자 성급한 마음에 안녹산의 장안 관저를 포위하고 문객들을 모두 죽여버렸다. 안녹산의 첩자를 제거한다는 것이 이유였다. 이 일은 안녹산에게 군사를 일으킬 수 있는 훌륭한 구실을 제공했다.

천보 14년(기원 755년) 10월, 안녹산은 15만 명의 군사를 이끌고 장안성으로 진격했다.

"역적 양국충을 처단하여 황제의 좌우를 바로 잡자!"

이때 안녹산은 양국충에게서 돌아서버린 민심을 반란의 명분으로 활용했다.

✦ 깨져버린 연리지의 꿈

현종과 양귀비가 양씨네 가족과 더불어 여산에서 겨울을 나고 있을 때 안녹산이 반기를 들고 일어났다는 급보가 전해졌다. 화청궁은 삽시간에 혼란에 휩싸였다. 지난 40여 년간 태평세월이 지속되면서 안락한 생활에 도취하여 살아온 현종은 영웅의 포부 같은 건 이미 사라져버린 늙은이에 불과했다.

조정에는 군사를 통솔할 장수도 변변히 남아 있지 않았다. 표기대장 군이라는 관직을 가진 고력사는 황제에게 아첨할 줄만 알았지 군사를 다스릴 능력이 없었고, 재상 양국충도 자질이 부족하고 학식이 짧아 반군을 제압하기에는 역부족이었다. 그와는 반대로 안녹산의 군사는 파죽지세로 진격하면서 이미 하북의 각 도시와 진을 점령했고 잇따라 동도 낙양마저 함락시켰다.

현종은 마침내 태평성세라는 환각 속에서 깨어나야 했다. 그는 전포를 입고 직접 군사를 통솔해 자기의 위풍을 떨쳐보고 싶었지만, 그 나이로는 힘에 부치는 일이었다. 게다가 양국충과 고력사가 극구 말리고 양귀비마저 눈물을 뿌리며 막고 나서는 바람에 현종은 직접 싸움터에 나가려던 생각을 접고, 장군 곽자의와 가서한에게 출격 명령을 내렸다.

진압군은 용감하게 싸웠다. 곽자의와 몇몇 장수들은 하북을 맡았고, 가서한은 장안으로 들어오는 중요한 관문인 동관을 사수하면서 전세는 점차 호전되기 시작했다. 안녹산은 진압군의 기세에 밀려 낙양에서 진격을 포기해, 전쟁은 일단 소강 상태로 접어들었다.

휴전이 되기 바쁘게 궁정에서는 예상우의곡을 연주하기 시작했고, 양귀비는 다시 너울너울 춤을 추기 시작했으며, 현종은 또다시 향락에 빠져들었다. 이때 충신 가서한은 동관에 20만 군사를 집결시켜 놓고 안녹산의 병력을 견제하고 있었다. 각 전장에서도 일부 승리의 희소식이 속속 전해왔다.

이때 양국충은 황제에게 시기가 되었으니 하루속히 반격해야 한다고 주장했다. 반군의 사기가 떨어졌을 때 공격의 고삐를 늦추지 말아야 완전하게 제압된다는 것이었다. 판단력이 흐려진 현종은 가서한에게 낙양 탈환의 명령을 내린다. 연로한 데다 노환까지 겹친 가서한은 자기의 능력으로는 무리한 요구인 줄 뻔히 알고 있었다. 게다가 갓 모집한 군사를 데리고 출격해봤자 승산이 없다는 것은 불 보듯 뻔한 일이었다.

그가 지키고 있던 동관은 지세가 험한 천연 요새라 훈련이 덜 된 군사들도 작전을 잘 쓰면 충분히 활용 가치가 있었다. 그러나 이곳을 벗어나 정면으로 적과 부딪쳤을 땐 한 치 앞을 장담하기 어려운 처지였다. 가서한은 전세가 불리하니 동관을 사수하면서 때를 기다리자는 상소를 올렸고 곽자의 등 하북 지방에 가 있는 장수들에게서도 같은 보고가 올라왔다. 그런데도 현종은 양국충의 손을 들어주며 가서한에게 재차 출격 명령을 내렸다.

756년 6월 4일, 가서한은 눈물을 머금고 출격했으나 얼마 못 가 동관 부근에서 안녹산의 정예부대에 생포되고 말았다. 기대를 걸었던 가서한의 반격이 실패하자 장안성은 다시 혼란에 빠졌다. 어리석은 양국충이 이번에는 황제에게 아예 성을 버리고 파촉으로 피난을 가자고 권했다. 파촉 지역은 양국충의 근거지였다.

6월 12일 아침, 현종은 대신들 앞에서 직접 군사를 거느리고 안녹산을 치러간다며 조정의 정무는 황태자에게 맡긴다고 선포했다. 좌우 양쪽에 잠자코 늘어선 문무백관은 누구도 황제의 말을 곧이듣지 않았다. 조정을 나선 그들은 모두 피난 갈 준비를 했다.

6월 13일 이른 새벽, 현종은 동트기 전부터 금군의 호위를 받으며 황망히 궁문을 나와 수십 년 세월을 보낸 장안성을 떠났다. 양씨네 일족들도 황제의 행렬을 따라 피난길에 올랐다.

6월 14일 정오, 뙤약볕이 내리쬐는 속에 피난 대열은 마외역에 이르렀다. 황제와 비빈들, 피난을 따라온 일부 조정 대신들과 왕족들은 넓은 역사 안을 차지하고 점심을 먹으며 휴식을 취하고 있는데 수행 군사들은 무더위 속에서 배를 곯아가면서 보초를 서느라 맥이 빠지고 점점 불만이 쌓여갔다. 이때 토번(티베트족) 사자 20여 명이 재상 양국충을 가로막고 점심을 먹여달라고 요구했다.

"양국충이 호족과 손을 잡고 반기를 들려 한다!"

병사 중 누군가 그 장면을 보고 소리를 질렀다. 다년간 양국충이 권력을 독단한 데다 양씨네 일가가 횡포와 사치를 일삼아오면서 사람들 마음속에 쌓인 분노가 그 소리에 활화산처럼 터져나왔다. 양국충과 그의 아들 양훤은 순식간에 군사들에게 살해되었다. 군사들은 그들의 잘린 목을 창끝에 꽂고 다녔다. 어사대부 위방진과 몇몇 대신이 그들을 말리려다가 그 자리에서 살해되었다.

폭동의 주모자는 양국충과 앙숙이었던 용무대장군 진현례였다. 진현례는 군사들을 이끌고 황제의 거처를 포위했다. 현종은 겁에 질려 부들부들 떨면서도 지팡이를 짚고 역문을 나와 군사들에게 물러가라고 호통을 쳤다. 그러나 군사들은 소금도 물러서지 않았다.

"양국충이 반역을 책동했으니 우리는 귀비를 그대로 모실 수 없습니다. 폐하께서 귀비의 목을 치도록 허락하시면 저희는 물러가겠습니다."

진현례의 말을 들은 현종은 사색이 되었다. 그는 차마 귀비를 버릴 수 없다며 고력사만 쳐다보았다. 밖에서는 군사들이 금방이라도 들이닥칠 듯 양귀비의 목을 치라고 아우성을 쳤다.

"지금은 군사와 백성의 분노가 극에 달해서 폐하의 안전이 경각에 달려 있습니다. 속히 결단을 내리소서!"

고력사마저 양귀비를 죽여야 한다고 하자 현종은 떨리는 목소리로 물었다.

"귀비는 여태껏 궁에서 살았는데 양국충의 일이 귀비와 무슨 상관이 있단 말이냐?"

"글쎄 귀비는 무죄일 수도 있겠지만 군사들이 벌써 양국충의 목을 베어버렸으니 귀비가 계속 폐하의 옆에 있다면 저들이 어찌 마음을 놓을 수 있겠나이까? 이는 폐하의 안전과 관계되는 일이니 깊이 통촉해주소서."

현종은 고력사의 냉담한 태도에 한숨을 내쉬며 입을 다물었다.

한편, 양국충이 살해되었다는 소식을 듣고 두려움에 떨던 양귀비는 군사들이 자기 목을 내놓으라고 외치는 소리에 천 길 낭떠러지로 내몰리는 듯한 공포를 느꼈다. 그러면서도 그녀는 황제가 자기를 지켜줄 것이라고 철석같이 믿었다. 장생전에서의 맹세가 있는 한 황제는 결코 자신을 버리지 않을 것이었다. 그러나 그녀의 기대는 고력사의 말 한마디에 산산이 조각나고 말았다.

"폐하께서 귀비에게 죽음을 명하셨나이다!"

일이 이렇게 되자 그녀는 오히려 냉정해졌다. 그녀는 천천히 눈물을 닦고 현종의 문 앞으로 가서 침묵으로 마지막 고별인사를 했다. 늙은 황제가 의자에 앉아 있는 모습이 어렴풋하게나마 그녀의 눈에 들어왔다. 16년간 아낌없이 사랑하고 사랑받았으나 목숨의 갈림길에서는 설 자리가 다를 수밖에 없는 것인가. 잠시 후 그녀는 고력사와 함께 길가의 작은 불당으로 갔다. 고력사는 그곳에서 석 자 길이의 흰 비단 천으로 그녀의 생명을 마무리 지었다.

군사들은 그녀의 죽음을 확인하고 난 뒤에야 환호성을 지르며 병영으로 돌아갔고, 얼마 후 안녹산의 난도 평정되었다. 양귀비는 죽은 뒤에도 황실의 묘지에 묻힐 수 없었다.

그 어떤 수식어보다 '미인박명'이나 '화무십일홍'이라는 말이 더 잘 어울리는 여자, 양귀비.

한 사람의 사랑으로 인해 만인에게는 증오의 대상이 되었던 여자. 그 사랑 때문에 살아서는 여인 최고의 행복을 누렸으나 그로 인해 누구보다도 비참한 최후를 맞이했던 여자.

후세 사람들은 양귀비의 비참한 종말을 닮은 꽃에 '양귀비꽃'이라는 이름을 붙였다. 활짝 피어날 땐 꽃 중의 꽃으로 온 세상 빛을 독차지하며 사람들의 이목을 끌지만, 한번 지기 시작하면 삽시간에 검붉은 빛으로 썩어가 다시는 화병에 꽂고 싶지 않은 꽃.

황제라는 이름의 타인이 주는 사랑에만 의지하여 살았던 그녀의 삶이 불러들인 운명이다.

조선의 팜므파탈,
희빈 장씨

장옥정은 조선의 제19대 왕 숙종의 빈이며, 제20대 왕 경종의 생모다. 숙종보다 2년 연상인 그녀는 조선 왕조 사상 유일하게 궁녀에서 왕비가 된 입지전적인 여성이다.

역관의 여식으로 태어난 그녀는 11세 때 부친을 잃고 궁에 들어와 살다 숙종의 총애를 받았다. 숙종의 모후인 대비 김씨는 이를 몹시 못마땅하게 여겼다. 결국 대비의 미움을 사게 된 그녀는 강제로 출궁당해 6년간 오라비 집에서 어머니와 함께 지냈다.

그녀가 궁으로 다시 돌아온 것은 김 대비가 죽고 3년 상을 치른 뒤였다. 차마 모후의 뜻을 거역하지 못하고 그녀를 궁에서 내보내야만 했던 숙종이 후궁 간택령을 통해 그녀를 불러들인 것이었다.

이때 중궁전의 안주인은 숙종의 계비 인현왕후였다. 숙종은 첫째 왕비를 병으로 잃고 둘째 왕비로 인현왕후를 들였으나 후사를 잇지 못한 상태였다. 게다가 장옥정에게 마음을 빼앗겨 중궁전은 거의 찾지도 않았다. 인현왕후는 자신의 측근인 영빈 김씨를 간택 후궁으로 들여 숙종의 관심을 돌려보려고도 했으나 별 소득이 없었다.

장옥정은 궁녀에서 소의(昭儀.내명부 정이품)로 승격하여 왕실이 그토록 고대하던 왕자를 낳았다. 이 왕자가 훗날 조선 왕조 제20대 왕 경종에 오르게 된다. 인현왕후 가문은 당시 조정을 주도하던 서인 세력이었는데, 그들 입장에서는 후궁의 몸에서 왕자를 얻은 것이 달가울 수가 없었다.

숙종은 장옥정의 생모 윤씨에게 산후조리를 돕게 했다. 그런데 어명을 받고 입궁하던 윤씨를 서인 관리 중 한 사람인 지평 이익수가 가마에서 강제로 끌어내리고 하인들을 매질하여 체포하는 이른바 '옥교 사건'이 벌어졌다. 덮개가 달린 가마를 옥교라 한다. 옥교를 탈 수 있는 부녀자는 국법으로 신분이 정해져 있었다. 이익수는 천한 역관의 아내인 윤씨가 옥교를 탄 것은 엄연한 불법이라는 이유로 강제로 끌어내린 것이었다.

비록 왕자의 외할머니라 해도 국법이 그렇게 정해진 이상 어쩔 수 없는 일이었다. 숙종은 생모가 수모를 당한 일로 원통해하는 장옥정의 자존심을 한방에 회복시켜주었다. 그녀가 낳은 아들을 원자로 책봉한 것이다. 또한 원자의 생모 소의 장씨를 정1품 빈(嬪)으로 책봉하여 후궁 1위로 만들었다.

인현왕후의 먼 외가 친척이기도 한 송시열은 원자 책봉을 철회하라는 상소를 올렸다. 그러자 숙종은 한술 더 떠서 장옥정의 선조 3대를 정승으로 추증하고, 그녀의 외조부인 역관 윤성립은 이품 정경으로 추증했으며, 외삼촌인 윤정석에게 사포별제 직을 내려 그녀의 가족이 더 이상 비천한 가문 출신이라는 손가락질을 받지 않도록 했다.

왕의 마음이 한쪽으로만 기울자 문제는 점점 더 심각해졌다. 인현왕후는 장옥정의 행동이 방자하다는 이유로 내명부 수장의 자격으로 매질을 하는가 하면 숙종에게도 그녀의 험담을 늘어놓았다. 중전에 대한 악의적인 험담으로 왕의 심기를 어지럽히는 것은 장옥정도 마찬가지였다.

그러나 숙종은 내전에서 궁인의 당파를 나누어 붕당을 일으킨 죄목으로 인현왕후를 공개적으로 망신 주고 퇴출했다. 심지어 그녀의 생일날 궁에서 내쫓으면서 '인성이 여후와 흡사하다'는 악담을 퍼붓기도 했다. 여후는 한 고조 유방의 아내 여치를 뜻했다.

중전을 궁에서 내보낸 뒤 숙종은 따로 계비를 들이지 않고 희빈 장씨를 왕비로 삼을 것을 선포했다. 이는 궁녀 출신인 후궁이 국모가 되는 조선 역사상 최초의 사건이었다.

언제부턴가 백성들 사이에서 이런 노래가 유행하기 시작했다.

미나리는 사철이오, 장다리는 한 철일세
철을 잊은 호랑나비 오락가락 노닐더니
제철 가면 어이 놀까, 제철 가면 어이 놀까.

미나리는 인현왕후, 장다리는 장옥정, 호랑나비는 숙종을 뜻했다. 노랫가락 때문이 아니라도 장옥정의 세상은 끝나갈 조짐을 보이기 시작했다.

인현왕후가 폐출된 지 5년이 지났을 때였다. 서인이 사라진 조정을 차지한 남인은 폐비가 반성의 기미를 보이지 않는다는 상소를 올렸다. 그녀가 서인의 복귀를 위해 세력을 규합하여 정치자금을 모으고 있다는 내용이었다. 서인은 이에 맞고발로 대응했다. 여기에는 중전 장씨의 오빠 장희재가 숙원 김씨를 독살하려 했다는 내용이 포함되어 있었다.

숙빈 최씨(훗날 영조의 생모)는 이 무렵 숙종이 새로이 총애하던 후궁이었다. 상황은 한순간에 역전되었다. 이미 장옥정에게 싫증이 나 있던 숙종은 인현왕후를 폐한 것을 후회하고 있던 데다 집권당인 남인을 몰아낼 구실을 찾고 있던 터에 세 가지 문제를 한꺼번에 해결했다. 인현왕후를 복위시켜 남인을 무력하게 만들고, 장옥정은 중전에서 폐한 뒤 궁녀 신분으로 별궁에 머물도록 한 것이다.

오랜 지병을 앓던 인현왕후가 이듬해 세상을 떠나면서 장옥정도 자신의 운명에 종지부를 찍어야만 했다. 숙빈 최씨는 인현왕후의 죽음이 장옥정의 저주 때문이라 주장했다. 숙종은 일고의 여지도 없이 장옥정에게 사약을 내렸다.

이 사건의 본질은 선악과 애정의 문제라기보다는 정치적 이해관계가 가장 강력한 변수로 작용했다. 장옥정이나 인현왕후나 왕의 정치적 판단에 따라 힘없이 휘둘린 운명의 희생양이었을 뿐이다.

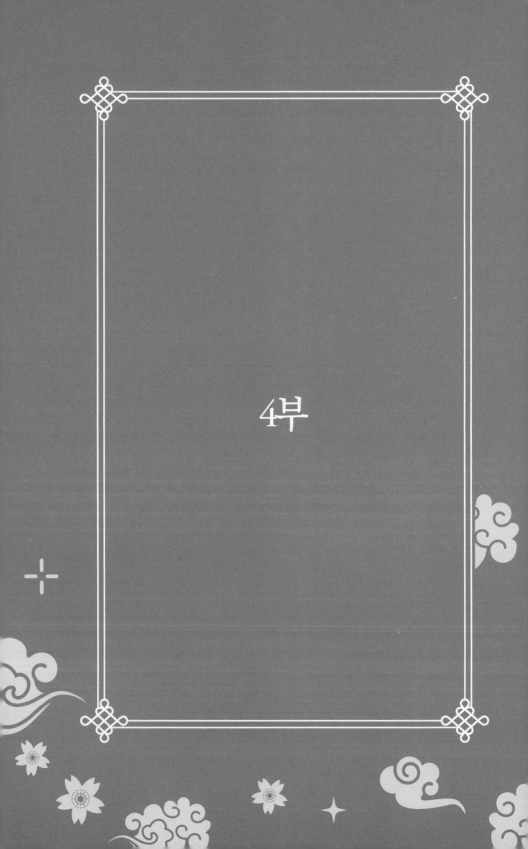

4부

찬란했지만 슬픈 사랑

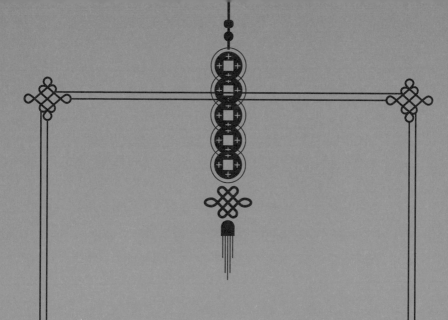

10장

위자부

[衛子夫]

유리 구두를 잃어버린 신데렐라

간추린 중국사

한무제 유철은 정복 군주인 동시에 호색한으로도 유명했다. 황궁 안에 머물던 궁녀만도 수천 명에 달했다. 그는 16세에 즉위하여 55년간 보위를 지키다 71세를 일기로 세상을 떠났다. 무려 반세기가 넘는 그의 통치 기간에 한나라는 영토를 동서남북으로 확장하여 최고의 전성기를 구가했다.

그러나 나라를 다스리는 데는 강인한 통치력을 발휘했던 그는 변덕스럽고 의심 많은 성격으로 무수한 인간적 오점을 남겼다. 두 명의 황후를 참혹하게 사지로 내몰고 자신의 친아들까지 반역자로 오해하여 스스로 목숨을 끊게 만든 일은 말년의 그를 불행하고 쓸쓸한 삶의 나락으로 이끌었다.

그녀의 프로필

한무제의 두 번째 황후. 본명은 위자부(衛子夫).

그녀는 비천한 기녀 출신으로 지존인 황제의 마음을 사로잡았다. 그로 인해 그녀의 혈족은 벼락출세를 했고 오라비와 조카들은 나라에 큰 공을 세웠다. 그녀는 정치가 뭔지도 모르고 스스로 권력을 탐하지도 않았으나 사랑을 잃고 모든 것을 잃어야 했다. 그녀의 비극적인 운명은 황제의 선택을 받는 순간 이미 예정되어 있었다.

유리 구두를 잃어버린 신데렐라,
위자부

무제는 경제의 11번째 아들로 후궁의 소생이다. 대권과는 무관한 듯
보였던 그가 황제의 자리에 오른 것은 두태후와 관도장공주의 영향이
컸다. 두태후는 경제의 생모였고 관도장공주와는 모녀지간이다. 경제
의 첫 번째 황후는 아이를 낳지 못해 궁에서 쫓겨났다. 두태후 모녀는
황후전이 비어 있는 틈을 이용하여 내명부를 휘어잡고 막강한 권력을
휘두르게 되었다.

하루는 관도장공주가 황실의 어린아이들을 모아놓고 궁궐에서 두태
후를 위한 연회를 열었다.

"저들 가운데 누가 우리 아교의 짝이 되려나?"

태후는 아이들의 재롱에 흠뻑 빠져 있었다. 아교는 관도장공주의 딸,
태후가 가장 아끼는 외손녀였다. 관도장공주는 아교와 연회장을 뛰어

다니며 노는 교동왕 유철을 유심히 살펴보았다. 태자의 생모 율희와 사이가 좋지 않은 그녀는 열심히 아교의 짝을 찾는 중이었다. 여차하면 태자를 갈아치우고 다른 왕자를 그 자리에 앉혀 아교와 결혼시키려는 심산이었다.

"아교가 그렇게 좋으냐?"

공주가 유철에게 물었다.

"네, 고모님! 나는 세상에서 아교가 제일 좋아요!"

"그럼 너희 둘이 한집에서 살게 해줄까?"

"아교가 나의 색시가 된다면, 금으로 지은 집에 모셔놓고 매일 나 혼자만 쳐다볼 거예요!"

유철은 연회장이 떠나가도록 큰소리로 대답했다. 아교와는 일곱 살 동갑내기였다.

이후 유철의 생모 왕미인과 결탁한 관도장공주는 두 아이를 맺어주기로 작정하고 틈만 나면 두태후가 황제 앞에서 유철을 추켜세우고 태자를 헐뜯는 말을 하게 했다.

하루는 두태후가 황제의 문병을 하러 갔다. 태후는 황실의 앞날을 걱정하는 척하며 눈물을 흘리다 갑자기 교동왕 유철과 왕미인에 대해 장황하게 칭찬을 늘어놓았다. 그 자리에는 태자의 생모인 후궁 율희도 함께 있었다. 그전부터 율희는 태후의 눈 밖에 나 있었다. 황후 감으로는 덕이 부족하다는 게 그 이유였다.

"만약 내가 죽어도 황실 가족을 잘 보살펴줄 수 있겠소?"

태후가 방에서 나간 뒤 황제가 율희에게 물었다. 이미 태후가 뱉은 말 때문에 속이 뒤틀려버린 그녀는 퉁명스럽게 대꾸했다.

"모르겠습니다. 다른 사람들이야 태후마마께서 저토록 좋아하시는 교동왕 모자가 알아서 잘 보살펴줄 것이고, 제겐 오직 태자뿐입니다!"

그녀가 설움에 복받쳐 대성통곡하는 모습에 황제의 표정이 싸늘하게 굳어졌다. 평소 두태후와 관도장공주로부터 귀에 못이 박이도록 그녀의 험담을 듣고도 설마 했던 황제는 오만 정이 다 떨어졌다. 결국 태자는 폐위되었고 율희는 스스로 목숨을 끊었다.

경제가 죽고 금옥장교(金屋藏嬌, 아교를 위해 금으로 집을 짓겠다)의 두 주인공이 나란히 즉위식을 치렀다. 교동왕 유철과 아교, 이들이 바로 무제와 진황후였다. 무제는 첫사랑 아교를 위해 황금으로 장식한 호화로운 궁궐을 선사했으나 그 사랑은 그리 오래가지 못했다. 결혼한 지 6년이 지나면서 바람기가 발동한 것이다.

무제의 누이 평양공주는 일찍이 남편을 여의고 궁궐 밖 경치 좋은 곳에 살면서 자주 연회를 베풀었다. 풍류를 즐기는 호색한들이 그녀의 손님이었다. 연회를 잘 치르기 위해서는 악사는 물론 춤추고 노래하는 기녀도 필요했다. 평양공주는 기녀들 가운데 빼어난 미인들을 따로 뽑아서 무제의 침실로 들여보내곤 했다. 그 옛날 관도장공주가 죽은 오라비의 환심을 사기 위해 썼던 것과 똑같은 수법이었다. 그러나 그 여인들은 두 번 다시 황제의 얼굴을 볼 수가 없었다. 진황후도 이 사실을 알고 있었다.

"황상은 그새 지난날의 맹세를 잊어버리셨단 말이오?"

황후가 울고불고 난리를 피운 날이면 어김없이 장모인 관도장공주와 두태후의 비난이 쏟아졌다. 태후는 무제의 조모이기 전에 진황후의 외조모였다. 그녀는 친정인 두씨 가문의 세력을 키우기 위해 온갖 수단과 방법을 가리지 않았다. 무제의 태자 시절, 태후는 그가 호락호락한 인물이 아님을 알아보고는 자신이 손에 쥐여준 태자 자리마저 빼앗으려고 했던 적이 있다. 무제는 친구의 도움으로 겨우 위기를 모면할 수 있었지만, 이때부터 외척에 대한 긴장을 한시도 늦추지 않았다.

결국 무제는 금옥장교의 맹세를 깨고 진황후를 버렸다. 여기에는 처가 식구들에 대한 반감이 크게 작용했다. 진황후가 아이를 낳지 못한다는 것은 명목상의 핑계에 불과했다. 그러나 그 자리를 대신할 사람이 비천한 노비 집안 출신의 기녀라고는 아무도 상상하지 못했다.

✦ 위험한 간택

위자부의 어머니는 평양공주 집 몸종이었다. 그녀는 남편이 죽자 정씨 성을 가진 그 집 일꾼과 눈이 맞아 아들까지 낳았으나 상대는 유부남이었다. 그 아이가 바로 훗날 무제의 신임을 얻어 흉노족 토벌의 대업을 이룬 위청 대장군이다. 그는 낳자마자 본가로 보내졌으나 사생아라는 이유로 온갖 구박을 겪다가 집을 뛰쳐나와 생모와 함께 살면서 성도 위씨로 바꾸었다.

위자부는 슬픈 노래를 특히 잘 불렀다. 가난 때문에 자유가 뭔지도 모르고 남의 집에 얹혀살아야 했던 외로움 탓이었을까. 고개를 약간

숙인 채 속눈썹이 그늘처럼 내려앉은 눈을 살며시 내리깔고 비파를 타며 노래하는 모습이 까닭 없이 보는 이의 마음을 아리게 만들었다.

평양공주는 그녀 정도라면 충분히 황제의 마음을 사로잡을 수 있을 것이라 믿었다. 그녀는 황제의 가마가 자기 집으로 향하고 있다는 소식을 듣고는 위자부를 따로 불러 단단히 다짐을 받았다.

"정성을 다해 황제를 즐겁게 모셔라. 혹 성은을 입고 높은 자리에 오르거든 절대 내 은혜를 잊어선 안 된다."

"공주마마의 은혜는 평생 잊지 않겠지만, 황제 폐하처럼 고귀하신 분이 저 같은 걸 쳐다보시기나 하려고요?"

이제 갓 열여덟의 소녀에게선 어느덧 여인의 향기가 물씬 풍겨났다. 평양공주는 얼굴에 홍조를 띠며 부끄러워하는 위자부를 흐뭇한 눈길로 바라보았다.

이윽고 황제가 도착했다. 평양공주의 신호에 따라 대기하고 있던 여인들이 앞으로 나와 차례로 술을 따랐다. 평양공주가 특별히 가문을 따져가며 뽑은 얌전한 규수들이었지만 무제는 그저 시큰둥한 반응을 보였다. 얼른 다음 순서를 준비했다.

화려하게 치장한 아리따운 무희들이 거문고와 비파를 들고 나타났다. 비로소 황제의 얼굴에 화색이 돌기 시작했다. 거문고와 비파가 울리고 주옥으로 단장한 가녀들이 빙빙 돌아가며 노래를 불렀다. 황제의 불타는 눈길이 한 여인에게 멈췄다. 그는 마치 넋이 나간 듯 술잔이 넘쳐 옷자락을 적시는 것조차도 느끼지 못했다. 키가 한 푼이라도 더 크면 너무 커 보이고, 한 푼이라도 작으면 너무 작아 보이며, 연지를 바르면 너무 빨갛게 보이고, 분을 바르면 너무 희게 보일 정도로 완벽한 아름다움을 지닌 그녀, 위자부였다.

"저 아이가 마음에 드십니까?"

황제는 몇 번을 물어도 그 말이 귀에 들어오지 않는 듯 한 곳에만 정신이 팔려 있었다. 평양공주의 눈빛에 장난기가 서렸다.

"아, 나에게 묻는 거요?"

한참을 그러고 있던 황제가 고개를 돌려 평양공주를 쳐다보았다.

"참으로 보기 드문 절세미인이로다!"

황제는 술잔을 단숨에 비우고 다시 그녀를 빤히 응시하며 이름을 물었다.

"본적은 평양이고 이름은 위자부라고 합니다."

"아, 평양의 위자부!"

황제는 마치 그녀의 모든 것을 뇌리에 새기기라도 하려는 듯 몇 번이고 '평양의 위자부'라는 말을 거듭해서 되뇌더니 갑자기 자리에서 일어났다.

"몸에 열이 올라 좀 쉬어야겠소."

황제가 몸을 일으키자 평양공주가 위자부에게 손짓을 했다.

"황제께서 피곤하신 모양이다."

위자부는 평양공주가 시키는 대로 황제를 따라 상의헌으로 들어갔다. 화장실 겸 탈의실로 꾸며진 방이었다.

"공주께서 도와드리라고……."

무제는 머뭇거리며 들어선 위자부를 뚫어지게 바라보았다. 손가락을 만지작거리며 어쩔 줄 모르고 서 있는 그녀의 입귀는 약간 들려 있었고 얼굴에는 홍조가 피어올랐다. 그 모습이 노래를 부르며 춤을 출

때보다 더욱 아름다웠다. 순간 무제는 격정을 억누를 길 없어 그녀의 턱을 가볍게 받쳐들었다.

"이렇게 예쁘고 사랑스러운 네가 홀로 있으니 얼마나 쓸쓸하고 가련하냐! 짐은 미인을 사랑하고 아끼노라. 네가 이 마음을 알겠느냐?"

황제의 물음에 위자부의 하얀 얼굴이 빨갛게 달아올랐다.

"쓸쓸하다고 제 신세를 원망하지는 못하겠나이다. 그저 폐하께서 불쌍히 여겨주시옵기를 바라나이다."

그녀의 목소리가 가늘게 떨리자 황제의 얼굴에는 부드러운 미소가 피어올랐다.

"짐이 너를 궁중에 데리고 간다면 따라오겠느냐?"

"천한 몸이 감히 용체를 더럽히지나 않을까 두려울 뿐입니다."

위자부는 수줍어하면서도 또박또박 황제의 물음에 답하며 고개를 조아렸다. 무제는 너무나 사랑스러운 눈길로 그녀를 바라보다가 덥석 끌어안으며 이렇게 속삭였다.

"너는 아직 나이도 어린데 참으로 영리하고 기특하구나!"

반나절이 지나서야 상의헌을 나온 그는 평양공주에게 보답으로 금화 1,000냥을 하사했다.

"위자부를 궁중에 보내 폐하를 섬기도록 하겠습니다."

무제는 평양공주의 말에 흡족한 미소로써 화답했다.

해는 어느덧 서쪽 하늘로 기울어져 저녁노을이 붉게 물들었다. 위자부는 궁궐로 떠나기 전 평양공주에게 무릎을 꿇고 고마움의 눈물을 흘렸다. 공주는 그런 그녀에게 재차 다짐을 받았다.

"황궁에 가서 더 큰 은총을 받게 되면 절대 나를 잊어서는 안 된다."

"키워주신 은혜를 모르면 어찌 사람이라 할 수 있겠습니까. 죽는 날까지 공주마마를 잊지 않겠습니다."

위자부는 곧 황궁으로 떠났다. 자신을 태운 수레가 으리으리한 관문들을 지날 때마다 과거의 슬픈 기억이 하나씩 지워졌다. 더 이상 눈물의 노래 따위는 부르지 않으리. 그러나 황궁 생활은 그 쓰라렸던 지난날을 잠시 잊게 해주는 호사에 불과했다.

✦ 변덕스러운 황제

황제의 주변을 수없이 많은 궁녀와 후궁이 에워싸고 있었다. 그 가운데 하룻밤 은총의 대상은 오직 한 사람뿐이다. 황궁의 여인들은 이제나저제나 그날이 오기만을 기다리며 처량하게 시간을 보냈다.

때로는 질투와 시기로 인해 목숨을 걸어야 하는 곳이 황궁이라는 무시무시한 경쟁의 세계였다. 개중에는 애써 차지한 사랑을 어느 날 이유도 모른 채 다른 여인에게 빼앗기고 자신의 운명을 탓하며 시들어가거나, 한평생 원한을 품고 살다가 스스로 목숨을 끊어버리기도 하고, 언제 식을지 모르는 감정에 기대어 오만이 하늘을 찌르는 여인도 있었다.

젊고 아름다운 여인을 향한 권력자의 탐욕은 도무지 만족을 몰랐다. 하여 이 부질없는 사랑의 전쟁터에서는 승자라고 해도 영원히 안전하지는 못했으며 저마다 수시로 새로운 위협에 말려들곤 했다. 이제 막 황궁 문을 들어선 위자부가 그 치열한 암투의 세계를 상상이나 할 수 있었을까.

　황궁에서의 첫날밤을 치르기 위해 무제는 위자부를 데리고 곧바로 침실로 향했다. 그런데 공교롭게도 침실 문 앞에서 진황후와 맞닥뜨리고 말았다.

　"황제께서 오신다기에 기다리고 있었는데 괜한 짓을 했나 봅니다."

　이미 위자부가 누군지 알고 있던 황후가 비아냥거리듯 덧붙여 물었다.

　"그런데 이 아이는 어디서 무얼 하다 고매하신 황제 폐하 눈에까지 띄었는지 궁금하기 짝이 없습니다. 부디 내력이나 좀 들려주시지요."

　가녀린 몸매에 아직 솜털이 가시지 않은 듯 앳된 얼굴의 위자부를 바라보는 눈빛에 불덩이가 튀었다. 무제는 그 오만불손한 말투에 비위가 상했으나 아직은 진황후 일족에 대한 부담감에서 벗어나지 못한 처지라 대답이 궁색할 수밖에 없었다.

　"큰누이 집의 몸종인데, 특별히 짐의 시중을 들도록 딸려 보내주었소."

　"그래요?"

　황후는 버들잎 같은 눈썹을 바짝 치켜올리며 황제와 위자부를 매섭게 쏘아보았다.

　"좋으시겠군요!"

　노골적으로 한마디 더 내뱉고 황후가 획 몸을 돌렸다.

　"이제부터 네가 살 곳이다. 나는 황후와 나눌 이야기가 있으니 푹 쉬어라."

무제는 곤혹스러운 얼굴로 발길을 돌렸다. 궁궐에 온 첫날부터 위자부는 황제에게 버림받은 신세가 되어버렸다.

그날 밤 황후를 달래느라 다시는 위자부를 찾지 않겠다고 맹세한 무제는 그대로 그녀를 잊었다. 한낱 천한 무희와의 하룻밤 인연쯤이야 잊고 말고 할 것도 없었다. 궁궐에는 차고 넘치는 게 여인들이다. 그렇게 1년이 지나도록 위자부는 단 한 번도 황제의 얼굴을 보지 못했다.

진황후는 시중드는 궁녀들조차 가까이하지 못하도록 철저히 그녀를 고립시켰다. 한동안은 문밖 출입도 하지 못하게 했다. 차라리 평양으로 돌아가고 싶었지만, 황제의 여인이었다는 이유로 궁 밖으로 나갈 수도 없었다.

그러던 어느 날, 황궁 안에 이른바 '궁녀 물갈이' 시행령이 떨어졌다. 궁녀가 너무 많아 예쁜 여자 고르기가 모래 속에서 금가루를 찾아내는 것보다도 더 복잡하고 어렵다고 느낀 무제는 모두를 재심사하여 거취를 결정하겠노라 선포했다. 다시 봐서 용모가 마음에 들지 않는 궁녀는 집으로 돌려보내질 운명이었다.

소문이 퍼지자 궁 안에 있던 여인들은 차라리 심사에서 떨어지기를 원했다. 대부분 하룻밤 인연을 끝으로 하루하루를 외롭게 살아온 여인들이었다. 위자부도 그녀들과 마찬가지 생각이었다. 더 이상 황제의 사랑 따위는 기대조차 하지 않았다. 평생 갑갑한 궁중에 갇혀 사느니 이제라도 좋은 남편을 만나 행복하게 살고 싶었다.

그녀는 화장기 없는 얼굴로 궁녀들을 따라갔다. 황제 눈에 예쁘게 보이고 싶은 마음은 전혀 없었다. 이윽고 황제가 명부를 들고 대전에 나타났다. 그는 궁녀의 이름이 적힌 명부를 하나하나 점검하여 생각나는 대로 어떤 궁녀는 내보내고 어떤 궁녀는 그냥 남겨둘 것인지를 미리 표시해놓았다.

위자부, 낯익은 글자가 눈에 들어온 순간 황제는 불현듯 지난날의 기억을 되살려냈다.

"너는 이 궁에 남아 있고 싶으냐, 아니면 집으로 가고 싶으냐?"

위자부가 앞으로 나오자 무제는 짐짓 그 이름을 기억하지 못하는 척하고 물음을 던졌다.

"미천한 것이 황궁에 남아 있는들 무슨 소용이 있겠나이까? 바라건대 이 몸을 궁 밖으로 내쳐주십시오."

위자부는 황제 앞에 엎드려 담담하게 말했다. 잠깐 설움의 눈물이 솟구치기는 했지만 이미 자신을 잊었다고 생각하니 미련도 부질없었다.

"가족이 보고 싶으면 궁으로 불러도 좋다."

이 말은 궁에 남아 있으란 소리였으나 그녀는 미처 황제의 속뜻을 알지 못했다. 그리고 그날 밤 잠결에 황제의 부름을 받았다. 황제는 진황후의 눈을 피해 대전에서 멀리 떨어진 별궁에 둘만의 밀회 장소를 꾸며놓고 그녀를 기다리는 중이었다. 워낙 급작스러운 일이라 의복을 갖추고 화장할 시간도 없었다.

"이 술 한 잔 마시면 잠이 확 달아날 것이다."

그녀가 방으로 들어가자 무제는 큰 잔에 가득 술을 따라 손에 쥐여주었다. 그녀는 입술을 벌릴 듯 말 듯 단숨에 술잔을 비웠다. 무제는 사랑스러운 눈길로 그녀를 바라보며 아래턱만 쓰다듬다가 너털웃음을 짓더니 또 한 잔을 권했다. 위자부는 이번에도 단번에 잔을 비웠다.

그렇게 연거푸 석 잔을 마셨다. 정녕 나를 기억 못 하시는 겁니까. 그녀는 발갛게 달아오른 얼굴로 황제를 원망스럽게 바라보았다. 순간 무제는 그녀를 와락 가슴에 끌어안았다.

"평양의 위자부, 그대 이름을 본 순간 짐의 마음이 평정을 잃었도다!"

✦치명적 질투

이튿날, 진황후는 무제가 기어코 위자부를 찾은 사실을 알고 길길이 뛰었다.

"요사스러운 것이 감히 궁중의 질서를 어지럽히다니!"

그 즉시 궁녀들을 거느리고 위자부의 거처로 달려간 황후는 온몸을 밧줄로 묶어놓고 마구 욕을 퍼부었다.

"여우 같은 년이 겁도 없이 황제를 유혹하고도 살아남길 바라느냐!"

"황후마마! 부디 노여움을 거두시고 저의 죄를 용서해주소서. 어제는 폐하께서 취중에 절 찾으신 것뿐이니 다시는 뵐 날이 없을 것입니다."

겁에 질린 위자부가 엎드려 사죄했으나 황후는 미친 듯이 소리를 질렀다.

"천한 기녀 주제에 어디서 말대답이냐! 어젯밤에는 황제 앞에서 온갖 교태를 부렸을 텐데 오늘은 왜 이렇게 순진한 척하는 것이냐? 이

얼빠진 년을 정신이 번쩍 들게 해줘라!"

황후의 명령이 떨어지자 수십 명의 궁녀가 달려들어 사정없이 그녀를 짓밟았다.

"발칙한 것 같으니라고."

황후는 전신에 피멍이 들어 겨우 숨만 헐떡거리는 그녀를 그대로 내팽개친 채 궁녀들을 거느리고 가버렸다.

얼마 후 위자부가 황제의 아이를 잉태했다는 소문이 온 장안에 퍼졌다. 자신의 몰락이 임박했다는 사실을 알 리가 없는 황후는 무제를 찾아가 한바탕 소란을 피웠다.

"많고 많은 후궁 중에 하필 그 천박한 기녀가 황실의 핏줄을 잉태하다니, 이는 나라의 수치입니다."

황후는 위자부의 출신까지 거론하며 황제의 여성 편력을 문제 삼았지만 돌아오는 것은 싸늘한 비웃음뿐이었다.

"그러면 가문 좋고 혈통 좋은 황후께서 태자를 낳아주지 그랬소? 누구든 짐의 아들을 낳는 여인은 황실의 보배요. 그런 여인을 어찌 사랑하지 않을 수 있겠소!"

황후는 말문이 막혀 안색이 하얗게 질렸다. 무제는 황후로부터 위자부를 보호하기 위해 매일 그녀를 찾았다. 이때부터 황후는 아예 거들떠보지도 않았다. 금옥장교의 맹세는 아득한 옛말이 되었다.

진황후는 친정어머니 관도장공주와 함께 복수의 칼날을 갈았다. 위자부의 남동생 위청이 표적이었다. 그런데 이들 모녀가 모르는 사실이 있었다. 비록 평양공주 집 마부로 일했지만, 위청은 기골이 장대하고 총명한 사내였다. 남몰래 그를 마음에 두고 있던 평양공주는 그에게 글을 가르쳤다. 위청은 글을 배우는 속도가 빨라, 말을 돌보는 틈틈이 책을 읽었다.

그러던 어느 날 아침, 몇 명의 자객이 위청을 덮쳐 밧줄로 꽁꽁 묶은 후 말에 태워 납치하려는 순간 마침 근처에 있던 친구들이 그들을 물리쳤다.

"진황후가 꾸민 일이 분명합니다."

평양공주는 곧 황제를 찾아가 이 사실을 알렸다. 무제는 위자부의 직위를 한 단계 높이고 위청을 황궁으로 불러들여 벼슬까지 내려 진황후를 자극했다. 금옥은 이미 냉궁이 된 지 오래였다. 무제는 진황후를 아예 폐할 생각이었으나 두태후의 노여움을 살까 염려되어 차일피일 미루던 중이었다. 바로 이럴 때 황후가 돌이킬 수 없는 악수를 두고 만 것이었다.

황실의 여인들 사이에서는 은밀히 무속이 성행하고 있었다. 진황후는 무술을 써서라도 무제의 마음을 돌리려고 안간힘을 썼다. 그 와중에 용하기로 소문난 무녀를 궁궐로 불러들였다.

무당은 위자부의 거처에 배 속의 아이를 저주하는 물건들을 파묻어 놓고 궁 안에서 굿판을 벌였다. 이 일을 알게 된 무제는 오히려 두씨 일족을 제거할 결심을 굳혔다. 장탕은 성미가 포악하고 잔인하기로 악명이 높은 관리였다. 무제는 장탕을 시켜 사건에 관련된 사람을 모조리 잡아다 처형하도록 명령했다.

장탕은 무제의 마음이 이미 황후전을 떠난 것을 알고는 죄 없는 사람까지 마구 연루시켰다. 애초에 황후의 질투심에서 비롯된 사건은 일파만파로 확대되고 조작되어 희생자가 무려 300명에 달했다.

무제는 진황후를 폐위하고 장문궁에 가두었다. 결국 진황후는 그곳에서 미쳐 죽고 말았다.

✦ 황제가 잊은 여인

위자부는 계속해서 딸만 둘을 낳았다. 아들이 태어나기만을 학수고대하던 무제로선 애가 탈 노릇이었지만 그녀를 멀리하지는 않았다. 궁중에 들어온 지 11년째 되던 해, 마침내 위자부가 아들을 낳았다. 무제는 만조백관을 궁으로 불러 성대한 연회를 베풀었다.

궁궐 안은 온통 축제 분위기였다. 변경에서는 위청이 흉노족을 격파했다는 낭보가 전해져 왔다. 고조 유방 때부터 이어져 온 조정의 숙원사업을 70여 년 만에 달성한 것이었다. 이로써 한나라는 명실상부한 강대국이 되었다.

무제는 위자부를 황후로 책봉하고 아들에게는 거(据)라는 이름을 지어 준 뒤 태자로 책봉했다. 그녀의 집안에도 대대적인 포상을 시행했다. 위청은 군 최고지휘관인 대사마 대장군에 임명하고 제후로 봉했으며, 그 세 아들과 조카 역시 제후로 봉했다. 이로써 위자부의 혈족 가운데 다섯 명의 제후가 탄생했다. 그야말로 초고속 신분 상승이었다.

위청은 얼마 후 평양공주와 혼인했다. 당시 사람들 사이에서는 이러한 민요가 널리 퍼졌다.

"아들 낳았다고 기뻐 말고 딸을 낳았다고 노여워 말라! 온 천하가 위자부의 손안에 들었다네!"

인생사 새옹지마라 했던가. 세상 모든 행복을 다 누리는 듯했던 위자부에게도 흉악한 운명의 소용돌이는 어김없이 다가왔다. 그녀는 어느덧 중년이 되었고 무제는 왕부인이라는 후궁에게 흠뻑 빠져버렸다. 그녀의 몸에서 아들까지 낳았다.

세월은 소리 없이 흘러 꽃 같은 젊은 시절을 허망하게 지워버렸다. 황제는 쉴 새 없이 여인들을 갈아치우느라 황후가 살아 있는지조차 모르는 사람 같았다. 나이가 들수록 여색을 밝히는 버릇은 도를 더해갔다.

왕부인의 아름다움이 사라진 뒤에는 이부인이 그 자리를 대신했다. 이부인이 병으로 죽자 후궁 윤씨와 형씨가 서로 황제의 사랑을 독차지하려고 암투를 벌였다.

만년의 무제는 조나라 출신 구익부인이라면 사족을 못 썼다. 64세의 황제에게 아들을 낳아준 여자였다. 황제는 그 아들에게 불릉(弗陵)이라는 이름을 지어주었다. 그가 바로 무제의 뒤를 이어 한나라 제8대 황제에 오른 소제(昭帝)다.

"조만간 위황후와 태자는 물러나게 될 것이고 구익부인의 아들 불릉의 세상이 될 것이다."

언제부턴가 궁궐 안팎으로 수상한 소문이 퍼져나갔다. 태자 거는 성품이 온화하고 신중한 편이었다. 무제의 호전적인 기질과는 판이했다.

무제는 병력을 키워 영토를 확장하고 한나라를 가장 강력한 국가로 만드는 것을 최우선 과제로 삼았다. 그런 이유로 해마다 정복 전쟁을 일으켰다.

반면 태자는 백성들이 안전하고 평화롭게 살아가는 나라를 원했다. 자연스럽게 부왕과는 점점 사이가 벌어졌다. 무제는 태자가 간곡하게 전쟁을 반대하는 뜻을 내비칠 때마다 냉정하게 선을 그었다.

"힘든 일은 내가 할 터이니 너는 앞으로 조용히 나라나 다스리고 편안히 살아가도록 해라."

말은 이렇게 해도 마음은 이미 태자를 떠나 있었다. 장차 대제국이 될 나라를 맡기기가 영 못마땅한 것이다.

무제의 갈등을 간파한 위황후는 불안한 나날을 보낼 수밖에 없었다. 그는 다만 처남인 대장군 위청을 의식하여 쉽사리 속을 드러내지 않을 뿐이었다. 위청은 군대 내에서 막강한 영향력을 가진 인물이었다. 그가 군대를 통솔하고 있는 한 무제는 자신의 과업을 완수할 수 있으리라 믿어 의심치 않았다.

"이제 내정은 대체로 안정되어가고 있으나 국경의 외적이 여전히 골칫거리요. 만약 국방을 튼튼히 하지 않으면 백성이 도탄에 빠지게 될 것이오. 전쟁은 짐의 대에서 끝내도록 해야 하오."

전쟁터에 나가는 위청을 격려하기 위해 무제는 마음에도 없는 말을 덧붙이기도 했다.

"이후로는 덕망 있는 태자가 백성을 잘 보살피고 나라를 안정시킬 수 있을 것이오. 듣자 하니 요즘 황후가 태자 걱정을 많이 하는 모양인데 처남이 나 대신 그들을 잘 위로해주시오."

위황후는 동생이 전하는 말을 듣고 비로소 안도의 한숨을 내쉬었다. 애정은 식었어도 황제가 의리마저 저버린 건 아니라고 생각했다. 그러나 그것이 부질없는 믿음이었다는 사실이 위청이 죽은 후 곧바로 드러났다. 대장군의 위세에 눌려 바짝 몸을 낮추고 있던 사람들이 서서히 마각을 드러내기 시작했다.

진황후를 몰아내는 데 한몫했던 강충은 이제 구익부인 편에 서서 태자의 지위를 위협했다. 그는 황실 내관을 심복으로 삼아 수시로 태자를 모함하게 했다. 하루는 무제가 태자의 행방을 물었다.

"태자께서 오늘은 온종일 후궁에 머물면서 궁녀들을 희롱하고 있습니다."

"태자도 여색을 가까이할 때가 되었겠구나."

무제는 내관의 말에 태연스럽게 대꾸했지만 괘씸해하는 기색이 역력했다. 이때 태자는 위황후를 문안하러 후궁에 들른 것뿐이었다.

이미 칠십 노령의 무제는 자주 정신이 오락가락하고 판단력이 흐려졌다. 툭하면 누가 자신을 해치지나 않을까 의심을 품었다. 그러던 어느 날 몸이 좀 불편해서 태자를 찾았다. 내관은 태자에게 알리지도 않고 거짓을 고했다.

"태자는 피치 못할 사정으로 문안드릴 형편이 못 된다고 하시는데, 황제께서 편찮으시다는 말을 듣자 왠지 얼굴빛이 밝아지셨습니다."

무제는 이 말을 곧이곧대로 믿고 완전히 마음이 돌아섰다.

하루는 내관이 승상 공손하의 아들 공경성이 양석공주와 사통하고 있다는 고발장을 가져왔다. 양석공주는 위자부가 낳은 딸이었다. 더구나 상대가 공손하의 아들이라는 사실을 알고 무제는 노발대발했다. 위황후의 형부가 공손하였기 때문이다. 승상은 불릉을 태자로 세우려면 제일 먼저 제거해야만 될 대상이기도 했다.

"사건의 진상을 철저하게 밝혀내도록 하라."

황제의 명을 받은 두주는 강충과 한통속이었다. 둘이 작당하여 승상 부자에게 죄를 뒤집어씌워 황후 일족을 몰살할 음모를 꾸몄다. 그러자면 공주와 사통한 것만으로는 부족했다.

그 무렵 세간에는 나무 인형으로 사람의 혼을 불러내는 미신이 유행하고 있었다. 강충은 황제의 침실 주변에 나무 인형을 숨겨놓고 자기가 발견한 것처럼 호들갑을 떨었다. 분노한 무제는 대역죄인을 남김없이 잡아들이도록 지시했다. 위황후와 태자의 궁에서 난데없이 수십 개의 나무 인형과 황제를 저주하는 글이 쓰인 비단 조각이 나왔다. 모두 강충이 꾸민 일이었다. 그는 승상 부자와 양석공주뿐만 아니라 위청의 아들까지 줄줄이 역모로 엮었다. 즉각 황명이 떨어졌다.

"더 알아볼 것도 없다. 전부 강충의 뜻대로 처리하라."

위황후는 하루아침에 언니와 형부, 조카와 딸을 모두 잃어야 했다. 이것은 재앙의 시작일 뿐이었다.

✦ 예정된 파국

"강충이란 자가 대체 우리와 무슨 원한이 있기에 그토록 끔찍한 일을 저지른단 말인가!"

위황후는 시시각각으로 죽음의 공포를 느꼈다. 사방에 자신과 태자를 해치려는 적이 포진해 있는데도 누구 한 사람 도움을 청할 상대가 없었다.

황후로서 그녀가 바라는 것은 아무것도 없었다. 권력을 탐한 적도 없고 다른 후궁을 질투한 적도 없었다. 그저 황제의 사랑을 잃었다는 이유만으로 모자가 목숨까지 내놓아야 하는 운명을 원망하는 수밖에 없었다.

"너무 걱정하지 마십시오. 소자가 어떻게 해서든 살아날 방도를 찾아보겠습니다."

태자는 모든 게 강충의 교묘한 술책이라는 것을 잘 알고 있었다. 그러나 말로는 부왕을 설득할 자신이 없었다. 어릴 때부터 말을 더듬는 버릇이 있었기 때문이다. 다른 사람과는 큰 문제가 없어도 부왕 앞에만 가면 심장이 떨려서 더욱 입이 떨어지지 않았다.

상황은 날이 갈수록 더 급박해졌다. 그는 스승 석덕을 찾아가 대책을 논의했다. 석덕은 먼저 강충을 잡아다놓고 해결책을 찾아볼 것을 제의했다. 어차피 막다른 골목이었다. 태자는 스승의 계책대로 심복을 시켜 강충을 납치했다. 불행히도 이 광경을 목격한 사람이 있었다. 그것도 다름 아닌 강충의 부하였다. 그는 헐레벌떡 궁으로 달려가 이 일을 고했다. 격분한 무제는 사건을 반란으로 규정하고 조서를 내려 군대를 소집했다.

"대역부도한 저 태자는 이미 내 아들이 아니다. 사로잡을 수 없으면 시체라도 가져오라!"

살기 위해 선수를 친다는 것이 반역이 되고 말았다. 태자는 장안성의 죄수들을 무장시켜 부왕의 군대와 맞섰다. 부자간의 싸움은 결국 태자군의 패배로 끝났다.

"황제의 뜻이 여기 있었구나!"

태자가 스스로 목숨을 끊었다는 소식을 듣고 위황후는 오장이 끊어질 듯 슬피 울었다.

이미 피해망상에 사로잡힌 무제는 태자의 두 아들마저 처형장으로 내몰았다. 강희제, 옹정제와 더불어 중국 역사상 가장 위대한 군주로 손꼽히는 무제도 이때는 광기로 이성을 잃은 노인에 불과했다. 그는 자식을 모두 잃고 통곡하는 어미의 황후 도장마저 몰수해버렸다. 죽으라는 소리였다.

마지막 남은 한 가닥 희망도 사라지고 말았다. 좋은 날보다 슬픈 날이 더 많았던 인생, 진황후처럼 미쳐버리기 전에 빨리 이 고통을 벗어나는 게 차라리 다행인지도 몰랐다.

위황후는 한때나마 그녀를 가장 아끼고 사랑했던 황제에 의해 형장에서 목이 잘려나갔다. 무제는 그녀가 죽은 후에야 강충의 음모를 알아차렸다. 분노한 무제는 이미 태자가 숨통을 끊어버린 강충의 시체를 끌어내 갈가리 찢고 삼족을 멸했다. 이제 그가 위황후를 위해 할 수 있는 일이라고는 죽는 날까지 참회의 눈물을 흘리는 것뿐이었다.

조선 역사상 유일한 여성 창업자, 소서노

한민족에게도 무제는 결코 달가운 인물이 아니었다. 그는 고조선을 여러 번 침공하여 한반도를 혼란에 빠뜨렸다. 그로 인해 심각한 내분을 겪던 고조선은 기원전 108년 수도 왕검성을 빼앗기고 서서히 몰락을 길을 걸었다.

소서노는 이러한 정치적 변혁기에 백제를 건국한 비류와 온조의 어머니이자 고구려 동명성왕 주몽의 두 번째 부인이다. 졸본부여의 부유한 상인 연타발의 딸로 태어난 그녀는 북부여왕 해부루의 손자 우태와 혼인하여 비류와 온조 두 아들을 낳았다.

우태는 일찍 세상을 떠났다. 젊은 나이에 과부가 된 그녀는 두 아들을 데리고 친정인 졸본으로 돌아왔다. 그리고 이곳에서 유부남인 주몽을 만났다. 주몽의 부인 예씨와 아들 유리는 남부여에 살고 있었다. 그는 오랫동안 남부여로 돌아가지 못하고 소서노와 재혼하면서 고구려 창업의 야망을 키웠다.

《삼국사기》 백제 본기는 당시 상황을 이렇게 전한다.

"주몽이 나라의 기틀을 열고 왕업을 이루는 데 소서노의 내조가
매우 컸으므로 주몽이 그를 특별한 사람으로 대했고 비류와 온조

를 자기 자식과 같이 여겼다."

그러나 유리가 태자로 책봉되자 소서노의 처지가 애매해졌다. 비류가 동생 온조에게 분통을 터뜨리는 장면을 통해서도 당시 사정을 짐작해 볼 수 있다.

"처음에 대왕이 부여에서 난을 피해 이곳으로 도망쳤을 때 우리 어머니가 가산을 털어 대업을 성취하도록 도왔다. 그러나 대왕이 돌아가신 후에 나라가 유리에게 귀속되니 우리가 헛되이 여기서 몸의 군더더기처럼 사느니 차라리 남쪽으로 가서 따로 나라의 도읍을 세우는 것만 같지 못하다."

소서노는 가망 없는 왕위계승권에 미련을 갖기보다 자기만의 왕국을 세우기로 결심한다. 고구려 건국에 깊숙이 관여했던 경험이 백제의 창업에 결정적인 역할을 했다.
백제인에게 소서노는 단순히 왕의 모후가 아닌 창업 군주였다. 그들은 나라의 큰 제사 때마다 동명성왕과 소서노를 한자리에 모셨다. 백제의 뿌리는 부여에 두고 소서노를 시조로 인정한다는 의미였다. 온조왕의 사당이 창건된 것은 조선시대로 접어든 이후다.

두 아들을 데리고 개경 이남에 나라를 세운 소서노는 국호를 백제라

칭하고 여왕으로서 군림했다. 그런데《삼국사기》는 온조를 백제의 시조로 기록하고 있다. 이에 대해《조선상고사》의 저자 신채호는 남성 중심, 신라 중심 역사관이 작용한 탓이라 보고 그녀를 다음과 같이 평가했다.

"소서노는 조선 역사상 유일한 창업자일 뿐 아니라 고구려와 백제 두 나라를 건설한 한민족의 위대한 여제였다."

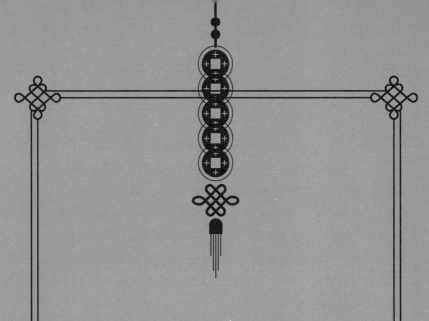

11장

왕소군

[王昭君]

한나라 궁녀, 흉노족 국모가 되다

간추린 중국사

한나라 제11대 황제로 즉위한 원제는 지나치게 유교에 심취한 이상주의자였다. 또한 우유부단하기까지 했다. 한마디로 통치자로서 갖춰야 할 덕목과는 거리가 멀었던 인물. 그는 불합리한 경제정책으로 백성의 삶을 도탄에 빠뜨렸다. 국방이라고 문제가 없을 수 없었다. 북방의 흉노는 호시탐탐 한나라를 노렸다. 그들은 언제든 나라의 근간을 흔들어댈 만큼 위협적인 세력이었다. 이럴 때 흉노 두령이 한나라 황실에 혼인을 청했다. 원제는 혼인정책으로 전쟁을 피해 볼 심산으로 흉노 두령의 제안에 응했다. 이때 흉노로 시집 가 이민족의 국모로 살았던 비운의 여인이 바로 왕소군이다.

그녀의 프로필

원제의 후궁. 본명은 장(嬙), 자는 소군(昭君).
서시, 초선, 양귀비와 더불어 중국의 4대 미인으로 불린다.

> 평성이 포위된 후 누차 화해를 했건만
> 변경엔 봉화와 전쟁의 먼지가 아직 남아 있을 때
> 홀로 이역으로 가
> 조국을 안정시켰으니
> 그 공적 누구에 비할까.

원나라의 유명한 문필가 오사도가 왕소군의 희생을 기리며 쓴 〈소군 출새도〉라는 시의 전문이다. 중국 역사에 그녀를 나라의 치욕으로 기록한 사람이 있는가 하면 국가가 오히려 그녀에게 큰 빚을 졌다고 통탄하는 사람도 흔히 볼 수 있다. 한 여자의 일생에 관한 평가가 이렇듯 극단적으로 나뉘는 것을 보면 선택의 여지가 없었던 그녀의 기구한 운명을 바라보는 중국인의 시각이 얼마나 곤혹스러웠는지 알 수 있다.

한나라 궁녀, 흉노족 국모가 되다
왕소군

✦ 탐욕스런 화공의 농간

왕소군은 경치가 아름답고 토질이 비옥한 강남의 한 농촌 가정에서 태어났다. 사람들은 그녀의 어머니가 은쟁반처럼 크고 둥근 달이 품에 안기는 태몽을 꾸고 낳았다 하여 훗날 '월궁의 선녀'라는 애칭을 붙여 주었다.

소군은 어릴 적부터 글 읽는 것을 좋아했다. 부친 왕양은 그녀가 열 살 되던 해 집 앞에 '망월루'라는 정자를 지어주었는데, 소군은 이 망월루에서 책을 읽고 그림을 그리며 악기 다루는 연습을 했다. 소군의 용모가 뛰어나고 총명하다는 소문은 멀리 타지에까지 전해졌다. 하루가 멀다 하고 구혼자가 찾아왔다. 그러나 왕양의 속셈은 따로 있었다.

"황궁 안주인이 되고도 남을 딸을 여염집 며느리로 만들 순 없지."

그는 소군이 열일곱이 되자 황실 후궁으로 들여보냈다. 때는 원제 즉위 초, 후궁에는 황제가 불러주기만을 기다리는 궁녀 천지였다. 그 수가 얼마나 많았던지 원제 자신도 누가 누군지 분간을 못 했다. 어쩌다 운 좋게 황제의 눈에 든 경우를 제외하고는 대부분 궁녀가 평생 답답한 후궁에 갇혀 허송세월해야만 했다.

원제는 지독히 게으른 호색한이었다. 수많은 궁녀를 일일이 다 만나보고 하룻밤 배필을 정하는 것마저 그에게는 성가신 일이라 나름 꼼수를 썼다. 어느 날, 얼굴 그림을 잘 그리는 궁중 화가 모연수는 황제의 명령을 받았다.

"황실 안에 있는 궁녀들 얼굴을 그대로 그려내도록 하라."

황제는 일단 초상화를 보고 마음에 드는 상대를 접견하려는 것이었다. 모연수는 눈치 빠르고 탐욕스러운 사람이었다. 그는 궁녀들한테서 뇌물을 받고 초상화에 장난질을 치기 시작했다. 뇌물의 정도에 따라서 얼굴 모습이 달라졌다. 추녀를 미녀로 둔갑시키는 건 일도 아니었다. 황제가 찾아주기만을 고대하던 궁녀들은 너나 할 것 없이 주머니를 털어 적게는 5만 냥, 많게는 10만 냥의 뇌물을 갖다바쳤다.

왕소군도 입궁한 지 얼마 안 되어 모연수에게 불려갔다. 그는 다른 궁녀들에게 그랬던 것처럼 노골적으로 뇌물을 요구했다.

"자네 같이 이름 없는 궁녀가 황제의 총애를 받고 출세를 하느냐, 못하느냐는 다 내 손에 달려 있지. 그때가 되면 이 종이 한 장의 위력을 알게 될 걸세."

"초상화란 얼굴의 생김새를 있는 그대로 그리는 거라고 알고 있는데, 종이 한 장으로 사람이 출세하고 말고가 정해진다니 뜻밖입니다.

생긴 대로만 그려주십시오."

왕소군은 모연수의 뻔뻔한 요구를 일언지하에 무시했다. 화공 따위에게 뇌물을 쓰는 것은 그녀의 자존심이 용납지 않았다. 이 일이 평생 그녀를 옭아맬 운명의 족쇄가 될 줄이야 어찌 상상이나 했을까.

화가 난 모연수는 그녀를 진흙 인형처럼 표현했다. 아름다운 자태는 간 곳이 없고 피부는 거무죽죽하며 이목구비가 우악스럽기 그지없는 모습이었다. 원제는 그녀의 화상을 보고 질겁해서 이렇게 외쳤다.

"어떻게 이런 추녀가 궁에 들 수 있었단 말인가. 내 눈앞에 얼씬도 못 하게 하라!"

궁녀의 하루하루는 감옥살이나 다름없었다. 하는 일이라고는 매일 정성 들여 몸단장하는 것뿐이었다. 그러다 끝내 부름을 받지 못하면 꽃다운 청춘을 헛되이 보내고 쓸쓸히 늙어가는 게 그녀들의 운명이었다.

모연수의 농간으로 왕소군은 입궁한 지 3년이 지나도록 황제 앞에 나설 기회조차 얻지 못했다. 궁궐의 높은 담장 안에 갇혀 사는 처지가 원망스러울 때마다 그녀는 차라리 고향으로 돌아가기를 기도했다.

그러던 어느 날, 흉노족 두령 호한야 선우가 한나라 조정을 찾았다. 흉노 5부족 간의 치열한 권력 투쟁에서 최후의 승자가 된 인물이었다. 당시 흉노는 세력이 예전만 못했으나 한나라에 위협적인 상대인 것만은 틀림없었다. 원제의 부왕 선제는 흉노 5부족 가운데 가장 막강한 세력을 유지하던 호한야 선우와 질지 선우로부터 차례로 협력 요청을 받았다.

호한야 선우가 흉노를 장악하게 된 배경에는 선제의 역할이 컸다. 그는 양쪽 모두에게 호의를 내비치면서 상황을 한나라에 유리하게 이끌었다. 먼저 협력을 요청해온 호한야 선우에게는 군대와 군량미를 보내주었다. 이에 위기를 느낀 질지 선우 측에서도 뇌물 공세를 취하며 화해 분위기 조성에 힘썼다. 선제는 질지 선우 부족이 국경의 서부 지역에 자리를 잡는 것을 묵인하는 척하며 그들의 경계심을 풀었다. 그런 뒤 기습 공격으로 그 세력을 격파했다. 이로써 호한야는 흉노족의 일인자가 되었다.

호한야는 원제가 즉위하자 양국의 친선 관계를 확고히 다지기 위해 한나라 황실의 사위가 되고 싶다는 뜻을 전했다. 원제로서는 거부할 이유가 없었다. 그렇다고 오랑캐와 진짜 사돈을 맺고 싶은 의향은 추호도 없었다. 이때 원제가 적임자로 떠올린 것이 후궁으로 선택받지 못한 궁녀들이었다.

"누구든 흉노로 시집갈 의향이 있으면 짐의 공주로 삼겠노라."

황명이 떨어지자 자진해서 나선 궁녀가 바로 왕소군이었다.

✦ 기러기의 날갯짓마저 멈추게 한 아름다움

이듬해 봄, 호한야가 신부를 데려가기 위해 국경을 넘어왔다. 원제는 호한야의 내방을 환영하는 뜻에서 연호를 '경녕'이라 고치고 성대한 연회를 베풀었다. 왕소군이 흉노 두령에게 시집간다는 소식에 전국이 떠들썩했다. 백성들은 흉노족이라면 무조건 두려움에 떨었다. 여자들은 흉노족과 결혼하느니 차라리 죽는 게 낫다고 할 정도였다.

고조 유방 때도 흉노족과 황실의 혼인 문제가 거론된 적이 있었다. 전쟁을 해도 승산이 없다고 판단한 고조는 노원공주를 모돈 선우에게 시집보내려고 했다. 이때 여황후가 하나뿐인 딸자식을 흉노에게 줄 수 없다고 반발하는 바람에 궁녀를 공주 삼아 보냈다. 원제는 호한야 선우를 사위로 맞을 것을 결심하며 지난날의 선례를 떠올렸다. 기억에도 없는 후궁의 궁녀 하나쯤 내준다고 해서 아쉬울 것도 없었다.

"이것은 나라를 편안하게 하는 일이다. 소군의 일족은 자손 대대로 부귀영화를 누리게 될 것이다!"

원제는 크게 기뻐하며 왕소군의 오라비들에게 벼슬을 내렸다. 그녀에게도 충분한 혼수와 지참금이 주어졌다.

이윽고 황궁에서 신랑·신부 상견례를 겸한 환송식이 열렸다. 왕소군은 곱게 단장하고 황제 앞에 나가 작별 인사를 올렸다. 이때 그녀의 실물을 처음 본 원제는 뒷머리를 부여잡지 않을 수 없었다. 복숭아빛 발그스름한 홍조를 띤 얼굴, 곱게 휘어진 반달 같은 눈썹에 드리운 원망 어린 기색마저 애간장을 녹였다. 앞으로 보나 뒤로 보나 흠잡을 데 없이 아리따운 용모, 궁궐 안에 절세미인이 숨어 있었다니. 원제는 입맛을 다시며 눈살을 찌푸렸다. 눈앞에 진주를 두고도 알아보지 못했으니 속이 쓰릴 만도 했다.

"지금까지 수없이 많은 미인을 보았지만 공주님만 한 절색은 없습니다."

호한야도 그녀의 아름다움에 넋이 빠져 벌어진 입을 다물지 못했다.

이제 와서 혼인을 물리자고 할 수도 없는 노릇이었다. 연회를 파한 후 원제는 모연수가 그린 왕소군의 초상화를 다시 가져오게 했다. 어째서 진작 그녀를 알아보지 못했는지 이유라도 알고 싶었다.

"이 못된 놈이 나를 속이다니!"

화상을 확인한 원제는 불같이 화를 냈다. 비슷하기는커녕 천하에 둘도 없는 추녀로 그려놓았으니 황제의 관심을 끌기 어려웠던 것이다. 모연수는 그 자리에서 처형당했다.

이렇게 해서 왕소군은 외롭게 살아온 궁궐을 등지고 머나먼 이국땅으로 향했다. 비록 정략결혼의 희생양으로 선택된 몸이지만 결혼식은 여느 공주 못지않게 화려하게 치러졌다. 그녀가 시집가는 모습을 보기 위해 수없이 많은 인파가 모여들었다. 왕소군은 붉은 모자에 붉은 망토를 걸치고 비파를 품에 안은 채 흰 말을 타고 궁을 나왔다. 궐문 밖에는 호화롭게 치장한 수레가 기다리고 있었다. 사막을 지날 때는 낙타를 탔다. 호한야는 왕소군을 데려가면서 '한나라와 흉노는 한집안 식구처럼 세세 대대 서로 침범하지 않는다'는 우호 맹약을 맺었다.

훗날 당나라 시인 이백은 이때의 장면을 시로 읊었다.

소군이 옥(玉) 안장 추어올려 말에 오르니,
붉은 뺨에는 눈물이 흐르네.

오늘은 한나라 궁녀이지만,
내일 아침이면 오랑캐 땅 첩이 되겠지.

혼례 행렬이 국경의 어느 들판을 지날 때였다. 왕소군은 고개를 들어 하늘을 보았다. 기러기 떼가 줄지어 날고 있었다. 그녀는 점점 멀어지는 고향 하늘을 하염없이 바라보며 눈물을 흘렸다. 창공을 자유롭게 날아다니는 저 새들처럼 나도 날개를 갖고 있다면 얼마나 좋을까. 이제 국경을 넘어가면 두 번 다시 못 보게 될지도 모를 고향 땅이다. 그녀는 애절한 마음을 비파의 선율에 실었다. 어느 순간 갑자기 기러기 떼가 땅으로 떨어져내리기 시작했다.

"소군의 아름다운 비파 소리에 기러기들이 날개를 움직이는 것조차 잊어버린 듯합니다."

호한야가 까닭을 묻자 한 신하가 대답했다. 이때부터 '낙안(落雁)의 미인'이라는 말이 생겼다. 왕소군의 미모와 재주가 출중하여 날아가는 기러기도 떨어뜨렸다는 뜻이다.

흉노 사람들은 이민족인 그녀를 국모로서 극진히 대했다. 호한야는 왕소군을 왕후로 맞이하여 부족의 안녕을 얻었다는 의미를 담아 '영호연씨'로 봉했다.

왕소군은 새로운 생활에 빠르게 적응했다. 흉노족은 가죽옷을 몸에 두르고 천막에서 지냈으며 가축의 고기와 우유를 주식으로 삼았다. 그녀는 유목민 특유의 생활습관을 적극적으로 따르는 한편 한나라의 문화를 그들에게 전하기도 했다. 흉노 사람들은 직조법과 옷 만드는 기술, 농사짓는 방법을 가르쳐준 그녀를 은인으로 생각했다.

그러나 마음속에는 언제나 고향에 대한 향수가 짙게 드리워져 있었다. 고향의 부모 형제가 못 견디게 그리울 때면 시를 지어 마음을 달래

기도 했다.

소슬한 가을바람에 나뭇잎은 누렇게 되고
산속의 새들도 뽕나무밭으로 찾아드네.
어린 몸이 자라서 용모가 예뻐지면
여자의 몸인지라 시집을 가게 마련이지.

황궁을 멀리 떠나 몸도 마음도 허전한데
우울한 이 심사는 풀 길이 없구나.
어이하여 이 몸은 상례를 깨었을까.

훨훨 나는 제비들도 서역 땅으로 가는구나.
높은 산은 아득하고 흐르는 물은 도도한데
멀리 떨어진 곳에서 부모를 그리네.
아아, 이 신세, 애타는 이 마음이여!

원제에게도 애달픈 심정을 호소하는 서신을 보냈다.

'소녀는 부족한 몸으로 후궁에 들어가 죽은 후에라도 이름을 남기고 싶었으나, 그 소원을 이루지 못하고 이역 땅으로 왔습니다. 하지만 이는 폐하께서 베푸신 은혜를 갚고자 자청한 일이거늘, 어찌 자신을 원망할 수 있겠습니까? 다만 고향 땅이 그립고 친지들이 눈에 밟혀 날마다 고국을 향해 애통한 마음을 달랠 뿐입니다.'

한 번이라도 고향에 다녀갈 수 있게 해달라는 간절함이 묻어나는 글이었다. 원제는 그녀를 다시 데려올 수 없음을 통탄할 따름이었다. 그러다 그만 상사병이 도져 44세의 나이로 이승을 하직하고 말았다.

✦ 아들의 부인이 된 여인

왕소군은 흉노로 간 이듬해 호한야의 아들을 하나 낳았다. 그런데 호한야는 3년 만에 병으로 죽고 첫째 부인 소생의 복주루 선우가 뒤를 이었다. 왕소군은 더 이상 흉노에 남아 있을 이유가 없었다. 성제가 즉위한 지 얼마 안 되던 때였다. 그녀는 본국으로 돌아갈 수 있게 해달라고 간청하는 편지를 보냈다. 얼마 후 한나라 황궁에서 전갈이 왔다.

"우리 조정은 무엇보다도 양국 간의 친선을 소중히 여긴다. 그대
는 흉노의 여자가 되었으니 그 풍속을 따르라."

그때까지 흉노에는 원시 혼인제도의 악습이 남아 있었다. 아버지가 죽으면 계모를 아내로 삼는 풍습이 그것이다. 성제는 그녀에게 복주루 선우의 아내로 살라는 청천벽력 같은 답변을 보내왔다.

흉노에서 여자는 결혼과 동시에 남편의 씨족으로 종속되는 존재였다. 아내는 남편이 죽은 후에도 시가의 씨족에 얽매여 살아야 했다. 생모를 제외하고는 아버지의 아들이나 형제가 그들의 혼인관계를 계승하여 씨족 공동체를 벗어날 수 없게 만드는 것이다. 남편이 살아 있어

도 여자가 원하면 자유롭게 재혼할 수 있었던 한나라 사람들에게는 도무지 용납할 수가 없는 풍습이었다.

왕소군은 충격과 절망에 휩싸였다. 고향으로 돌아갈 수 있을지도 모른다는 일말의 기대가 물거품이 돼버린 것보다도 더 참담한 것은 그런 흉노의 풍습을 따르도록 강요하는 한나라 조정의 처사였다.

"비록 친아들이 아니라고는 해도 어찌 아들이 어머니를 범하는 풍습을 따르란 말입니까? 그러느니 차라리 죽는 게 낫습니다. 죽은 몸이라도 고향 땅에 묻힐 수 있게 해주십시오."

"이것은 조국의 명령이니 다른 말이 있을 수 없소."

사신은 나라의 평화를 위하는 일임을 강조하며 그녀의 간청을 무시했다.

왕소군은 양국 평화의 상징적이며 절대적인 존재였다. 그녀가 흉노의 왕비로 남아 있는 한 그들은 한나라를 사돈의 나라로 알고 적대감을 느끼지 않을 것이란 게 조정의 일반적인 여론이었다.

성제는 부왕 못지않게 매정하고 무능하기 짝이 없는 군주였다. 그는 생모인 왕황후의 치마폭에 싸여 정사를 왕씨 일족에게 떠맡기고 주색잡기에만 몰두했다. 말하자면 평생 제왕이라기보다 차라리 한량에 가까운 모습으로 살았다. 그 와중에 국방력이 크게 약화하여 흉노와 전쟁이라도 터진다면 당장 나라의 앞날을 장담하기 어려운 처지라 또다시 그녀를 희생양으로 삼으려는 것이었다.

"내가 겪을 치욕으로 나라가 평안해진다면 팔자를 탓하지도 않겠습니다. 이제부터 나는 죽는 날까지 조국을 위해 살아갈 것입니다. 다만 아무쪼록 이런 나의 처신으로 후세 사람들이 부끄러워하지 않기를 바랄 뿐입니다."

왕소군은 피를 토하는 심정으로 한나라 조정에 편지를 썼다. 그리고 얼마 후 복주루 선우의 왕비가 되었다. 여자로서는 더없이 기구한 현실이었으나, 왕소군은 죽는 날까지 자신에게 주어진 정치적 역할에 충실한 삶을 살았다. 흉노 사람들은 그녀를 여전히 국모로 받들었다. 덕분에 적어도 60여 년 동안은 한나라와 평화롭게 지낼 수가 있었다.

복주루 선우는 그녀가 호한야 사이에서 낳은 아들을 일축왕으로, 자기와 재혼해서 낳은 두 딸은 족장 가문에 출가시켜 각각 수복공주와 당우공주로 봉했다.

한나라는 친정의 나라였고 흉노는 시댁의 나라였다. 그러나 한나라 조정은 필요할 때만 그녀를 이용할 뿐이었다. 그들은 황제의 후궁이었던 여인이 오랑캐 부자의 아내로 산다는 것을 황실과 나라의 치욕으로 여겼다.

왕소군은 평생 단 한 번도 고국 땅을 밟지 못한 채 시댁의 나라에 뼈를 묻었다. 한나라의 기록에는 그녀가 언제 어디서 죽었는지조차 나와 있지 않다. 다만 흉노의 왕비로서 병들어 죽었다는 이야기만 전할 뿐이다. 조정은 백성의 뇌리에서 그녀의 존재 자체가 지워지기를 원했다.

오직 흉노 사람들만이 끝까지 의리를 지켰다. 내몽골에는 10여 개나 되는 왕소군의 가묘가 곳곳에 조성되어 있다. 흉노 풍습에 가묘는 고인의 고향임을 뜻하는 상징적인 장소다. 가묘가 이렇게 많은 것은 그녀에 대한 흉노 사람들의 애정과 존경을 나타낸다. 그들 모두가 자기가 사는 땅을 왕소군의 고향과 동일시하는 것을 자랑으로 여겼다.

"어미는 한나라의 딸로 태어나 흉노의 아내로 평생을 살았다. 그러므로 너는 이 땅의 공주이기도 하지만 한나라의 외손녀이기도 하다. 어미의 피붙이를 생각해서라도 훗날 네게 주어진 소임을 다해주길 바란다."

생전에 왕소군이 큰딸 수복공주에게 당부한 말이다. 그녀가 죽은 뒤 수복공주는 어머니의 뜻을 이어받아 양국의 화목을 위해 힘썼다. 평제가 즉위하자 수복공주가 왕태후의 병문안을 위해 직접 한나라로 건너가 시중을 들 만큼 양국은 평화 상태를 잘 유지했다.

이후 왕망이 평제를 독살하고 정권을 장악하게 되면서 상황은 급변했다. 왕망은 흉노의 내분을 부추겨 그들의 세력을 와해시키려는 음모를 꾸몄다. 그런데 흉노 측에서 이 일을 알고 사신을 보냈다. 왕망은 내정 간섭에 항의하는 사신을 은밀히 죽이려다 미수에 그쳤다.

이 무렵 흉노의 새 족장으로 즉위한 오주루 선우는 수복당 부부가 옹립한 인물이었다. 한동안 잠잠하던 국경에 전운이 감돌았다. 격분한 오주루는 즉각 군대를 출동시켰고, 왕망은 30만 군사를 동원하여 반격에 나섰다. 한나라군은 숫자만 많을 뿐 충분한 훈련이 안 되어 오합지졸이나 다름없었다. 그에 비해 흉노는 막강한 전투력을 갖고 있지만, 수적인 열세라는 부담이 있었다. 쌍방 어느 쪽에도 승산 없는 싸움에 죄 없는 백성들만 죽어 나갈 판이었다.

수복공주와 그녀의 남편 수복당은 전쟁을 막기 위해 목숨을 걸고 막후 교섭에 나섰다. 무엇보다 그들이 왕소군의 딸과 사위라는 점이 양국 정부를 설득하는 데 힘을 실어주었다. 먼저 한나라에서 왕소군의 두 조카가 오주루 선우의 즉위를 축하하는 선물을 싣고 왔다. 흉노 사람들에게는 왕소군의 친척이 온 것만으로도 대단한 사건이었다. 결국 오주루도 분노를 가라앉히고 군대를 거둬들였다.

✦ 푸른 무덤의 전설

왕소군은 중국 역사상 가장 많은 사람의 존경과 사랑을 받았다. 그녀를 소재로 한 글만 수백 종에 이른다. 개중에는 왕소군을 흉노로 보낸 일을 국가적 수치로 표현하는 글도 있지만, 그녀의 얄궂은 운명을 탄식하는 내용이 대부분이다.

흉노족에게 그녀는 평화와 번영을 상징하는 존재였다. 지금도 그들의 터전 곳곳에서 발견되는 그녀의 가묘들은 과거의 태평성대를 기념하는 산물이 되었다. 그중 가장 규모가 크고 웅장한 것은 면적이 600여 평이나 되고 높이가 100자(약 30미터)에 달한다. 사람들은 흑하를 배경으로 푸른 수풀에 둘러싸인 이 흙무덤을 '푸른 무덤'이라 불렀다. 해마다 쌀쌀한 9월이 되면 장성 밖의 풀들이 죄다 누렇게 말라죽어도 유독 그녀의 무덤 위에 자라는 풀만은 여전히 푸른색을 띠었다고 한다.

후세의 시인들은 늘 푸른 무덤의 풀을 그녀의 충정에 빗대어 수많은 시를 지었다. 그중 원나라 사람 장저의 시가 가장 널리 알려졌다.

줄지어 늘어선 수레와 작은 말
그림같이 연지를 둘러싸는데
한궁의 궁녀들 비길 수 없게 문을 닫아거누나.

미인의 눈썹을 보니 시샘이 나는데
몸 뒤에 무덤을 남길 줄 누가 알았던고?

푸른 풀 천 년을 푸르고
그녀의 이름 길이 빛나리

고려를 불바다로 만든 기황후

한나라에 왕소군이 있었다면 고려에는 일개 공녀 출신으로 원 제국을 쥐락펴락한 희대의 여걸 기황후가 있었다.

고려는 제25대 충렬왕이 원나라 세조 쿠빌라이의 딸과 결혼한 이래 원의 부마국으로 전락했다. 그가 혼인하기 전 변발에 호복을 하고 나타났을 때 백성들은 통곡했지만 원의 지배는 근 80년간 지속되었다. 왕실과 조정의 복식은 모두 원의 풍습을 따랐고 해마다 수많은 고려 여인들이 공녀로 끌려갔다. 원에 아부하여 권력을 취한 부원배의 횡포가 극에 달했을 때였다.

제31대 공민왕 역시 원 황실의 딸인 노국대장공주와 혼인했다. 그러나 즉위 후 고려의 자주성 회복을 외치며 부원배 척결에 나섰다. 기철 일파가 대표적인 세력이었다. 공녀 출신으로 원의 사실상 마지막 황제인 순제의 총애를 한 몸에 받았던 기황후의 오라비가 바로 기철이었다. 황태자를 낳은 뒤 기황후의 위세는 하늘을 찔렀다. 그녀의 영향으로 원 황실은 물론 민가에서도 고려풍이 유행하여 고려 물건을 최고로 쳤다. 요즘으로 치면 한류 열풍의 주역이었던 셈이다.

몽골족이 아닌 그녀가 황후에 오르기까지는 수많은 우여곡절이 있었다. 반대파는 이민족을 황후로 책봉하여 나라에 천재지변이 자주 일어난다는 상소를 올리기도 했다. 그러나 조정의 요직을 고려 출신으로 채운 그녀는 마침내 정적들을 몰아내고 황실의 실권을 장악했다.

고려에서는 이와 때를 같이 하여 기철 일파의 국정 농단이 시작되었다. 기황후의 위세를 등에 업은 그들에 의해 조정은 부원배가 판치는 세상이 되었고, 왕의 권위는 땅에 떨어졌다. 기철은 공민왕 앞에서 자기를 신하라 칭하지 않을 정도로 오만방자한 행동을 일삼았다. 그러다 마침내 철퇴를 맞은 것이었다. 친정 식구가 주살당했다는 소식을 듣고 기황후는 복수심에 치를 떨었다.

"반드시 이 원수를 갚고 말겠다."

1364년, 기황후는 심복 최유를 시켜 고려를 불바다로 만들고, 공민왕을 끌어내리도록 지시했다. 한편으로는 순제를 움직여 볼모로 잡혀 있던 충선왕의 셋째 아들 덕흥군을 고려왕에 책봉한다는 교지를 내렸다. 그러나 기황후가 보낸 군대는 최영과 이성계의 합동 작전으로 대패하고 그사이 원은 급격한 쇠퇴의 길로 접어들었다. 원명 교체기에 접어든 이 무렵 각지에서 반란 세력이 크게 일어났다. 원이 고려에 반격하고 싶어도 국력이 달려 어쩔 수가 없는 상황이었다.

결국 1368년 명나라를 세운 주원장이 수도 연경을 점령함으로써 원은 역사에서 완전히 자취를 감추었고, 기황후는 태자와 함께 순제를 따라서 내몽골로 도망치는 신세가 되었다. 그로부터 2년 후 순제가 죽고 기황후의 아들이 보위를 이어받았으나 이후 두 모자의 행적은 어떤 기록으로도 전해지지 않는다.

경기도 연천군 상리에는 기황후의 묘로 알려진 고분이 있다.

12장

견비

[甄妃]

난세에 미인으로 태어난 죄

간추린 중국사

왕망의 몰락 후 후한시대로 접어든 한나라는 서기 26년, 남양 호족 출신인 광무제(光武帝) 유수의 등극으로 정치적으로나 사회적으로나 30여 년간 대내외적으로 안정과 번영을 누렸다. 서역과의 교역이 활발하게 이루어져 실크로드가 개척된 것도 이 무렵의 일이었다.

그러나 후한 말기로 접어들면서 외척과 환관의 득세로 정국은 다시 혼란에 빠졌고 각지에서 반란이 끊이질 않았다. 서기 184년, 거록 사람 장각이 후한 타도를 외치며 정치적 봉기를 일으켰다. 이른바 '황건적의 난'이다. 머리에 황색 두건을 썼다 해서 황건적이라 불렀던 이들은 결국 정부군에 의해 진압되었지만 후한 왕조는 이후 붕괴의 길을 걷게 된다.

그녀의 프로필

위문제(魏文帝)의 비. 위명제(魏明帝)의 생모.

그녀는 천하의 패권을 두고 겨루던 두 영웅 집안에 차례로 시집을 갔다. 첫 남편은 당대의 명장 원소의 아들이었고, 두 번째 남편은 그의 숙적 조조의 아들이었다. 그녀는 원소의 군대가 조조에게 패한 뒤 포로의 몸으로 조조의 아들 조비에게 잡혀가 그의 아내가 되었으나, 권력을 둘러싼 형제간 알력 다툼의 희생양이 되었다.

남편은 만인이 우러러보는 황제가 되었으나 자신은 끝내 황후가 되지 못한 채 비참하게 생을 마감한 기구한 운명의 주인공이 되었다. 그녀가 후한 말기 영웅호걸들의 애간장을 녹였던 절세미인 견비(甄妃)다.

난세에 미인으로 태어난 죄,
견비

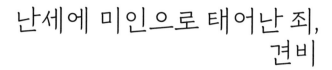

✦축복받지 못한 탄생

쿠데타로 한나라를 무너뜨린 왕망의 신나라는 서기 23년, 한나라 복원 세력에게 쫓기던 그가 미앙궁에서 맞아 죽음으로써 15년 만에 막을 내렸다. 이후 중국은 후한시대로 접어들면서 극심한 내외적 혼란에 휩싸인다.

서기 25년, 후한 초대 황제로 등극한 광무제 유수는 수도를 장안에서 낙양으로 옮기고 한나라 황실의 복구를 위해 힘썼다. 그러나 광무제가 죽고 외척과 환관의 입김이 거세지기 시작한 후한은 극심한 내분에 휩싸였고, 각지에서 세력을 다투던 군벌에 의해 3국으로 쪼개진다.

이 무렵 기주 중산국 무극현의 견씨네 집에서 한 여자아이가 태어났다. 견씨 가문은 전한 말엽부터 대대로 세도를 누려온 명문가였으나 후한시대로 접어들면서 급격히 그 세가 기울어가던 중이었다.

"아들이나 하나 더 낳았으면 했는데, 또 딸인가?"

갓 태어난 아이가 딸이라는 말을 듣고 가족은 실망감을 감추지 못했다. 견씨 부부는 원래 아들이 셋이었으나 맏아들이 일찍 죽고 말았다. 기울어가는 가문을 일으켜 세우려면 아들이 많을수록 좋다고 생각한 아버지 견일은 더 많은 아들을 원했다. 그런데 부인이 딸 넷을 줄줄이 낳은 뒤 이번에도 또 딸을 낳았다고 하니 낙담할 수밖에 없었다. 그러나 그 아이가 훗날 위 문제의 아내가 되어 역사의 한 면을 장식하게 될 줄은 상상도 하지 못했다.

견일은 늦게 얻은 딸이 세 살 되던 해에 세상을 떠났다. 견일의 아내 장씨는 아버지의 사랑을 받아보지 못한 딸들에게도 아들 못지않은 교육을 시켰다. 그중에서도 특히 막내는 어릴 때부터 참하고 야무진 데가 있었다. 아이는 다섯 살 때 이미 글을 배우기 시작했다. 여덟 살 때부터는 책을 읽고 글쓰기를 즐겼으며, 자주 오빠 견식의 서재에 들어가 먹을 갈아 붓으로 글을 썼다. 글을 쓰고 책을 읽는 것은 남성의 전유물로 인식되던 때였다.

"어째서 너는 바느질은 배우지 않고 붓대부터 만지느냐? 커서 학자가 되기라도 할 셈이냐?"

하루는 그녀가 붓을 잡고 있는 것을 의아하게 생각한 견식이 물었다.

"여자도 출세하려면 세상 돌아가는 일을 알아야 한다고 배웠습니다. 책에는 과거 사람들의 흥망성쇠가 고스란히 담겨 있으니 살아가면서 거울로 삼을 수 있지 않겠습니까?"

어린 동생의 똑 부러지는 대답에 견식은 감탄하지 않을 수 없었다.

얼마 후, 중국 역사를 뒤흔든 황건적의 봉기가 일어났다. 반군은 20여 년간 세력이 지속했고, 각지에서 군벌이며 의병이 들고일어나 전쟁이 끊일 새가 없었다. 오랜 전쟁으로 농사를 지을 수 없게 된 백성의 삶은 피폐하기 짝이 없고 전염병까지 돌았다.

그 와중에도 견씨 가문 창고에는 곡식이 차고 넘쳤다. 장씨 부인은 나라에 흉년이 든 틈을 이용해서 많은 금은보화를 사들였다. 이때 견씨 나이는 열 살 안팎이었다. 그녀는 어머니가 금품을 사재기하고 있다는 사실을 알고는 간곡하게 설득했다.

"사방에 굶어죽는 사람이 많다고 들었는데 집에다 재물을 많이 쌓아두면 화근이 될 수 있습니다. 어머니, 지금이라도 저 금은보화를 팔아서 어려운 이웃을 도와주는 것은 어떨까요? 요즘같이 형편이 어려울 때 은혜를 베풀면 온 집안이 오래오래 무사할 수 있을 것입니다."

장씨는 어린 딸의 지혜로운 안목과 식견에 감동하며 즉각 집안의 창고를 개방하고 굶주린 백성에게 곡식을 나눠주었다. 이 일로 견씨 가문은 오랜 동란의 세월에도 화를 입지 않았을 뿐만 아니라 기주 지방에서 가장 덕망이 높은 가문으로 사람들 입에 오르내렸다.

이처럼 사리판단이 분명한 견씨의 품성은 집안 분위기를 화목하게 만드는 데도 큰 역할을 했다. 그녀가 열네 살에 접어들던 해, 둘째 오빠 견엄이 죽었다. 세 살 때 부친을 여읜 견씨에게는 둘째 오빠도 아버지나 다름없었다. 그런데 어머니 장씨는 특히 며느리 단속이 심했다.

어느 날 견씨는 어머니에게 올케 이야기를 하면서 눈물을 흘렸다.

"올케는 젊은 나이에 불행하게도 남편을 잃었지만, 끝까지 견씨 집 안에 남아 자식을 훌륭하게 키우겠다고 합니다. 이는 우리 견씨 가문을 돕는 일입니다. 어머니께서 올케를 며느리가 아닌 딸처럼 아껴주신 다면 큰 힘이 될 것입니다."

"내가 아들을 잃은 것만 생각하고 며느리의 슬픔을 돌보지 못했구 나!"

어린 딸의 말을 듣고 장씨는 곧 마음을 바꾸었다. 이렇듯 견씨는 어릴 때부터 남을 배려할 줄 아는 너그러운 품성과 따뜻한 인간미를 갖고 있었다. 게다가 미모까지 출중하여 늘 그녀의 주변에서는 칭송이 끊이질 않았다.

"남에는 두 교씨가 있고, 북에는 견씨가 으뜸이다."

어린 견씨가 자라서 성년이 되자 사람들 사이에서는 이런 말이 널리 퍼졌다. 두 교씨란, 오나라 황제 손권의 아우 손책과 명장 주유의 아내가 된 교씨 자매를 일컫는 말이다. 이 두 자매는 중원 천지에 그 명성이 자자할 만큼 뛰어난 미색이었다. 북의 견씨란 말할 것도 없이 훗날의 견비를 지칭하는 것이었다.

당시 기주를 비롯한 황하 이북 지역은 삼국시대 초기 최대 군벌이었던 원소의 세력권 내에 있었다. 견씨 집 막내딸은 그 지역 최고의 신붓감으로 통했다. 원소는 그녀를 자신의 둘째 며느리로 맞아들였다. 이로써 견씨는 일개 지방 부호의 딸에서 군벌가의 일족이 된다. 그녀의 이러한 신분 변화는 후한 말기 흥망성쇠를 거듭하며 치열한 패권 다툼에 나섰던 삼국지 영웅들의 파란만장한 인생 역정만큼이나 극적인 운명을 예고하는 것이었다.

✦ 남편을 죽인 원수의 아내가 되다

원씨 집안은 4대에 걸쳐 삼공의 지위에 오른 후한 말기의 대표적인 명문가였다. 견씨는 이 대단한 가문의 둘째 며느리로 시집을 갔지만, 결혼생활이 그다지 행복한 편은 못 되었다. 그녀의 남편 원희는 원소의 자식들 가운데 가장 재능이 떨어진다는 평판과 함께 집안에서도 별 인정을 못 받는 존재였다. 그런 사람의 아내로서 시집살이한다는 게 얼마나 고단한 일인지는 충분히 짐작할 수 있을 것이다. 견씨는 결혼 첫해부터 남편을 전쟁터로 떠나보내고 독수공방을 해야 했다.

그 무렵 황하를 사이에 두고 치열한 접전을 벌이던 원소와 조조의 대립이 극에 달했다. 원소와 조조는 한때 부패한 환관들을 처단하고 역신 동탁을 토벌하기 위해 힘을 합쳐 군사를 일으켰던 동지였다. 그러나 하늘 아래 두 영웅은 존재할 수 없는 법, 마침내 두 영웅은 천하의 패권을 다투며 피할 수 없는 숙적의 관계로 돌아서고 말았다.

역사는 한 여인의 운명에도 영향을 미쳤다. 공교롭게도 견씨는 당대의 최대 군벌이었던 이 두 집안의 며느리가 됨으로써 기구한 운명의 소용돌이에 휘말리게 된 것이었다.

서기 200년, 원소는 저 유명한 관도전투에서 10만의 대군을 가지고도 조조군 5,000명에게 대패하고, 화병이 들어 피를 토하며 죽었다. 견씨의 첫 남편 원희도 이 전쟁으로 목숨을 잃었다. 원소의 장남 원담과 그 형제들은 그로부터 약 4년간 남은 병력을 이끌고 조조군에게 맞섰지만, 형제간의 알력다툼으로 결국은 자멸의 길을 가고 말았다.

204년 8월, 견씨는 시어머니 유씨와 함께 하북성에 남아 있다가 조조군이 쳐들어왔다는 소식을 들었다. 한밤중에 성 밖에서 들려오는 병사들의 함성에 놀란 견씨는 무시무시한 공포와 절망감에 휩싸였다. 그녀의 나이 이제 스물둘, 적군의 포로가 되어 비참한 최후를 맞기에는 지나온 인생이 너무나 허망할 따름이었다.

"살아남고 싶으면 당장 문을 열어라!"

어느덧 성내로 진입한 조조군의 병사들이 무섭게 고함치는 소리가 밤공기를 가르며 쩌렁쩌렁 울려퍼졌다. 원씨 집안의 명예를 위해 스스로 목숨을 끊어야 할 것인가, 치욕을 당하더라도 살아야 할 것인가. 짧은 순간 견씨의 머릿속으로 온갖 생각이 스쳐지나갔다.

결혼한 지 4년이라는 세월이 흘렀지만, 그녀는 한 사람의 아내라기보다는 한 집안의 이방인처럼 살아왔다. 남편은 몇 달에 한 번이나 얼굴을 볼 수 있었고 그나마 이제는 과부의 몸이 된 처지였다. 죽자니 서럽고 살자니 앞날을 기약할 수 없는 삶. 이윽고 대문이 부서지는 소리가 나더니 병사들이 안으로 뛰어들어오는 기척이 느껴졌다. 견씨는 황급히 시어머니 유씨의 방으로 숨어들었다.

"이미 우리 집안은 망했다. 몰락한 가문에서 과부로 늙어 죽든 포로로 잡혀가든 팔자가 사나운 건 마찬가지다. 어떻게 해서라도 살길을 찾아야 한다."

　유씨는 원래 성미가 사납기로 유명한 여자였다. 그녀는 평소 둘째 아들 원희를 유독 못마땅하게 여겼다. 자연 며느리 견씨를 대하는 눈도 곱지가 않았다. 견씨는 그 무서운 시어머니가 이제 집안이 조조군에게 포위당했다는 사실을 알고는 무슨 생각을 하고 있는지 상상조차 하지 못했다. 바로 그때 대문 밖에서는 한 젊은 장수가 백마를 타고 달려와 병사들을 가로막았다.

　"누구든 한 발짝도 안으로 들어오지 마라!"

　호통을 치면서 혼자 내실로 들어선 사람은 다름 아닌 조조의 아들 조비였다. 아직 전투 중인데 그는 무엇 때문에 이곳에 왔을까?

　원씨 가문의 며느리 견씨가 아름답고 재주가 뛰어난 여자라는 소문은 조씨 부자의 귀에도 들어갔다. 여색을 탐하기로는 부자가 똑같았다. 일설에는 조조가 업성을 돌파하자마자 원씨 집을 포위하도록 군사들을 보낸 것은 견씨의 신병을 확보하기 위한 목적도 있었다고 한다. 그러나 먼저 실속을 챙기러온 사람은 그 아들 조비였다.

　조비가 방으로 들어섰을 때 견씨는 시어머니 유씨의 무릎 사이에 얼굴을 파묻고 고개조차 들지 못했다.

　"부인, 놀라게 해서 미안합니다. 해치지 않을 테니 무서워하지 마십시오. 그리고 며느리에게 머리를 들라 하십시오."

　유씨는 얼른 며느리 견씨의 머리를 두 손으로 들어올렸다. 그녀의 이런 행동은 자청해서 며느리를 조씨 집안에 바치겠다는 뜻이었다. 엉겁결에 고개를 들게 된 견씨는 조비와 눈길이 마주치자 황급히 고개를 숙이며 애처롭게 눈물을 흘렸다. 조비는 그녀의 얼굴을 본 순간 너무나 황홀한 나머지 말 한마디 못하고 멍청히 서 있었다.

이때 조비의 나이 18세, 일찍이 아버지를 따라 전쟁터를 누비며 명성을 떨쳤던 그도 견씨의 아름다운 자태 앞에서는 맥을 못 추었다.

조비는 한참 후에야 제정신으로 돌아왔다. 다시 눈을 똑바로 뜨고 바라보니 약간 헝클어진 그녀의 쪽 진 머리며 흑진주같이 반짝거리는 눈망울, 겁먹은 사슴처럼 두려움에 떠는 그 모습이 한없이 사랑스럽기만 했다.

"승상께는 내가 보고를 올리겠으니 너희들은 절대 집 안으로 들어가지 말라!"

잠시 후 조비는 원씨 집을 지키던 군사들에게 엄포를 놓고는 부친의 진영으로 말을 달렸다. 그러고는 견씨를 아내로 맞아들이겠다며 허락을 구했다. 졸지에 아들한테 선수를 빼앗겼으니 조조 입장에서는 입맛이 쓸 법도 한 일이었지만, 그는 흔쾌히 조비의 청을 들어주었다(물론 정사에는 과거 조씨 부자가 똑같이 견씨를 마음에 두고 있었다는 기록이 없다. 최근에는 조조라는 인물의 가치를 깎아내리기 위한 악의적인 허구라는 주장이 설득력을 갖기도 한다). 그러나 이때의 일은 훗날 견씨의 운명에 치명적인 악재로 작용하게 된다.

✦황후가 되지 못한 왕비

견씨는 이때 적군의 포로로 잡혀 노비가 되거나 죽음을 면치 못할 운명이었다. 그나마 적장의 첩으로라도 들어가 살게 된 것이 다행이라고 해야 할까. 죽은 원소나 그 아들 원희가 알면 지하에서도 치를 떨 노릇이겠지만 이때부터 견씨의 운명은 새로운 국면으로 접어들었다.

조비보다 5년 연상인 견씨는 새로운 생활에 적응이 빨랐다. 그녀는 조씨 집안으로 재가한 후에 철저하게 그 집 가풍에 따라 움직였다. 조조는 환관의 양자로서 눈부신 신분 상승을 이룬 입지전적인 인물이었다. 그는 사소한 일에는 별로 신경 쓰지 않았지만, 가정을 다스리는 일에는 매우 엄했다. 그 아내 변씨 또한 무척 가정적인 여자였다.

변씨는 비천한 가정에서 태어났지만, 사리에 밝고 어진 성품을 지녔다. 남편은 물론 그 형제들과 하인들까지 알뜰하게 보살피는 그녀의 한결같은 태도는 충분히 본받을 만했다. 그런데 변씨는 몸이 약해서 한 번 병이 도지면 오랫동안 병석에 누워 일어나지 못했다. 그때마다 견씨는 한시도 떠나지 않고 시어머니 곁에서 시중을 들었다. 조조는 새 며느리 견씨의 이런 됨됨이를 평소 눈여겨보고 있었다.

견씨는 시어머니 변씨의 행동을 본받아 식솔을 챙기는 데 각별히 신경을 썼다. 그녀에게는 특별히 사람의 마음을 끌어당기는 재주가 있었다. 총명하면서도 성격은 나긋나긋하고 애교도 많았다. 견씨는 조비에게 재가한 이듬해에 아들 하나를 낳았는데 그가 바로 훗날 위명제가 된 조예였다. 조예는 어릴 때부터 할아버지 조조가 가장 애지중지하는 손자였다.

조비는 성미가 거칠고 독선적인 사람이었지만 견씨 앞에서만큼은 사족을 못 썼다. 그는 종종 견씨를 위한 연회를 열어 손님들을 초청해 놓고 그녀의 아름다움을 자랑하며 우쭐해하기도 했다. 그러나 그녀의 행복은 여기까지였다.

관도전투에서 원소군과 맞붙어 대승을 거둔 뒤 중원을 통일하고 위(魏)의 왕이 된 조조가 스물다섯 명이나 되는 아들 가운데 조비에게 왕위를 물려주기까지는 여러 우여곡절이 있었다.

216년, 견씨는 조비의 태자 책봉과 더불어 태자비 자리에 올랐다. 재혼한 지 13년째 되던 해였다. 그로부터 4년 후인 220년 봄에 조조가 병으로 죽고 조비가 위왕으로 즉위하면서 견씨는 정식으로 왕비가 되었다.

같은 해 11월에 조비는 명목상 황제 노릇을 하고 있던 헌제를 몰아내고 스스로 황제의 자리에 올랐다. 그러나 견씨는 황후가 되지 못했다. 그동안 아버지의 눈 밖에 나지 않으려고 바짝 몸을 낮추고 있던 조비의 본색이 마침내 드러나기 시작한 것이다.

조조는 글을 좋아하고 시를 잘 짓기로도 유명한 문사였다. 그는 평소 누구든 한 가지 재주만 뛰어나도 등용하겠다는 말을 자주 했는데 특히 글재주가 뛰어난 사람을 높이 평가하는 경향이 있었다. 장남인 조비와 셋째 아들 조식은 그런 아버지의 영향을 가장 많이 받았다. 조조는 이들에게 종종 즉석에서 글을 지어보도록 하면서 둘의 재능을 비교하는 버릇이 있었다.

아직 조비가 태자 책봉을 받기 이전의 상황이었다. 눈치 빠른 사람은 그것이 차기 권력의 향방을 가르는 기준이 될 수도 있다는 것을 알고 있었다. 자연 두 형제를 중심으로 정치꾼들이 모여들어 물밑 세력 다툼이 치열하게 전개되는 상황이었다.

한번은 조조가 여러 신하를 거느리고 새로 수축한 동작대를 유람하게 되었다. 조비와 조식도 이 자리에 함께했다. 조조는 이번에도 아들들에게 즉석에서 소감을 읊어보도록 했다. 조비가 머뭇거리고 있는 사이 조식이 먼저 저 유명한 〈동작대부〉를 읊었다.

"역시 문장에는 너를 따를 자가 없구나!"

조조는 몹시 흐뭇한 표정으로 조식의 재주를 칭찬하며 신하들을 둘러보았다. 이후에도 그는 종종 까다로운 문제를 내놓고 아들들에게 글짓기 경쟁을 시켰는데 그때마다 조식의 글은 막힘이 없었다. 그럴수록 속이 타는 것은 태자 책봉을 코앞에 두고 있는 조비였다.

조조는 셋째 아들 조식에 대한 편애를 노골적으로 드러내며 그를 태자로 세우려는 마음마저 품게 되었다. 그러나 위 왕조의 창업에 조비의 공이 큰 데다 장남을 제치고 셋째 아들에게 왕위를 물려주는 것은 도리에 어긋난다는 일부 대신의 강력한 반대에 부딪혀 몇 년째 결단을 내리지 못하는 중이었다.

조비는 날이 갈수록 자신의 지위를 압박해오는 조식에 대한 질투심과 불안감으로 잠을 이루지 못했다. 이럴 때 더더욱 그를 예민하게 만든 것은 자신의 아내 견씨까지 시부모들 앞에서 시동생인 조식의 재주를 칭찬하는 것이었다.

조조가 며느리들 가운데 특히 견씨를 총애하고 있다는 사실은 조비의 태자 책봉에 결정적으로 유리한 조건이 될 수 있었다. 그런데 견씨는 무엇보다도 형제간의 우애를 강조하며 시동생을 감싸고돌았다.

시아버지 조조의 눈에는 견씨의 그런 모습이 더없이 기특하고 대견스러웠겠지만 조비 입장에서는 믿는 사람에게 발등 찍힌 격이었다. 그는 부왕인 조조가 자신을 태자로 책봉하지 않고 질질 끄는 것은 조식을 총애하기 때문이기도 하겠지만 다른 이유가 또 있으리라는 피해 의식에 사로잡혔다.

어쨌거나 조비의 태자 책봉에 견씨가 적극적으로 큰 도움을 주지 못한 것만은 사실인 모양이다. 그녀는 조식의 글재주에 대해서 늘 찬사를 아끼지 않았고 이런 태도는 남편 조비의 정치적 행보에 걸림돌이 될 수밖에 없었다. 이럴 때 발 벗고 나서서 장남인 조비에게 표를 몰아줘야 한다고 여론 몰이에 앞장선 것은 곽씨와 이씨 성을 가진 후궁들이었다.

결국 조조는 오랜 갈등 끝에 장남의 손을 들어주었고 마침내 황제의 자리에 오른 위문제 조비는 견씨를 평민으로 강등시켜 업성에 유배시켜버렸다. 한 치 앞을 모르는 게 인생이다. 하루아침에 황궁에서 쫓겨난 견씨에게는 세상의 온갖 흉한 수식어가 따라붙었다.

어떤 사람들은 그녀가 시동생과 불륜 관계였다고 떠드는가 하면, 시아버지와 그렇고 그런 사이였기 때문에 그나마 진작 쫓겨나지 않았던 것이라고 수군대는 사람들도 있었다. 운수가 사나워 남편을 죽인 적장의 아내가 되었어도 20년을 한결같이 살아왔건만, 어째서 인생은 이렇듯 부질없는가. 그녀는 자신의 기막힌 심정을 담은 시 한 수를 지었다.

내 늪에서 자라는 부들 숲

그 잎들은 어이 저리 무성한고?

곁에서 인의를 행해왔건만

누가 이 심정을 알 수 있으랴?

뭇사람의 말에 황금도 녹아

님께서 나와 생이별을 했네.

님과 갈라진 그때를 못 잊어

나는 늘 홀로 슬프도다.

님의 얼굴 그리다

이내 몸 애간장 끓기네.

님 그리는 이 마음 슬퍼

밤이면 밤마다 잠 이룰 수 없네.

출중한 재간을 가졌다고

평소의 사랑을 버리지 마소서.

고기 맛이 별미라고

파나 염부추를 버리지 마소서.

나가도 끝없는 애수요

들어가도 끝없는 애수로다.

변강의 바람 슬픔에 젖어 부는데

수목은 어이하여 길길이 자라느뇨?

님이여, 홀로 쾌락하시고

천 년 만 년 장수하시라.

견씨는 앞으로 다가올 운명을 예감하기라도 한 듯 버림받은 여인의 슬픔과 고독을 노래한 이 시를 통해서 남편 조비에 대한 원망을 직접 드러내며 신세 한탄을 하고 있다. 결국 그녀는 이 한 편의 시로 인해 조비에게 자살을 강요당한다. 이때 그녀의 나이 마흔 살이었다.

✦참혹한 죽음 뒤에 복구된 명예

견씨는 이름조차 후세에 전하지 않는다. 위문제 조비는 그녀를 죽게 한 뒤에도 분이 풀리지 않아 장례도 황실의 예법에 따라 치르지 못하게 했다. 심지어 겨 가루로 죽은 견씨의 입을 틀어막은 다음 머리칼까지 풀어헤쳐서 그대로 땅에 파묻어버리게 했다.

얼마 후 곽씨가 황후로 책봉되었다. 황후 곽씨는 자식을 낳지 못하는 여자였다. 그녀는 견씨의 아들 조예가 훗날 생모의 일을 알게 되면 자신을 살려두지 않을 것이라며 그를 양자로 삼게 해달라고 문제를 졸랐다.

견씨가 죽었을 때 조예는 열일곱 살이었다. 그는 생모가 핍박에 못이겨 죽었다는 것을 잘 알고 있었다. 그런 이유로 문제는 한동안 그를 황후 곽씨의 양자로 들이는 것은 물론 왕위를 물려주는 것조차 꺼리고 있었다.

그러던 어느 날, 그는 조예를 데리고 사냥을 나갔다. 부자가 사냥터에 도착하자 어미 사슴 한 마리가 새끼를 데리고 숲속으로 도망치는 모습이 보였다. 문제는 어미 사슴을 겨누어 활을 쏘았다. 화살은 정확하게 명중했다. 그러자 새끼 사슴이 겁을 먹고 내달리기 시작했다. 문제는 아들 조예에게 새끼 사슴을 가리키며 빨리 쏘라고 소리쳤다. 그러나 조예는 눈물을 흘리며 이렇게 말했다.

"어미 사슴이 죽었으니 새끼가 불쌍해요. 저는 차마 쏘지 못하겠습니다."

문제는 활을 내리고 한참 동안 생각에 잠겼다.

그가 한나라 황실을 찬탈한 지 6년째 되던 해인 서기 226년, 마침내 조예는 태자로 책봉된다. 조예는 같은 해 폭정으로 백성의 원성을 샀던 문제 조비가 죽자 즉위하여 위명제가 되었다. 명제는 즉위하자마자 견비를 문소견황후로 봉하고 황실 의식에 따라 새로 장례를 치렀다. 또한 생모를 위해 절을 짓고 세상 사람들에게 견황후의 미덕을 찬양하는 조서를 발표했다. 외가인 견씨 가문 인척들에게도 작위와 벼슬을 내렸다.

명제 때 견씨네 후손으로서 작위를 받은 사람이 여덟이나 되는데 그중에는 견황후의 생모와 올케까지도 포함되었다. 이렇게 해서 견씨 가문은 다시 빛을 보기 시작했지만 그렇다고 해서 기구하게 살다간 그녀의 인생까지 복구될 수 있는 것은 아니었다.

조국을 버리고 사랑을 위해 죽은
낙랑공주

우리 역사에는 두 개의 낙랑이 존재한다. 한무제가 설치한 낙랑군과
외적이 침입하면 저절로 소리를 내어 그 사실을 알린다는 신비의 북
자명고로 유명한 낙랑국.

낙랑국은 고구려 대무신왕이 오랫동안 탐내던 땅이었으나 자명고 때
문에 뜻을 이루지 못했다. 그에게는 용맹하고 잘생긴 아들 호동왕자가
있었다. 호동은 부왕의 명을 받고 사냥꾼으로 위장하여 국경을 넘던
중 때마침 순행 길에 오른 낙랑국왕 최리와 마주쳤다. 상대가 고구려
왕자라는 사실을 안 최리는 그를 궁궐로 데려가 후하게 대접했다. 최
리는 이때 호동과 자신의 딸 낙랑을 짝지어준다면 고구려와 평화롭게
지낼 수 있으리라는 계산을 품고 있었다.

낙랑공주는 호동왕자를 처음 본 순간부터 운명적인 사랑에 빠졌다. 왕
자가 떠난 후 최리는 고구려에 사신을 보내 국혼을 청했다. 대무신왕
은 회심의 미소를 지으며 즉시 화답을 보냈다.

고구려 풍습에 남자는 결혼 후 아이를 낳을 때까지 신부 집에 머물기
로 되어 있었다. 그러나 호동은 부왕의 부름을 받고 수시로 고구려를
오가며 공주의 애간장을 태웠다.

"공주가 진정한 고구려의 여인이 되어야만 우리 왕실의 가족이 될 수 있을 것이다."

대무신왕의 엄명이 떨어졌다. 자명고를 찢지 못하면 공주를 고구려에 들이지 않겠다는 뜻이었다. 호동왕자에게는 선택의 여지가 없었다.

"당신이 진정으로 날 사랑한다면 자명고를 찢으시오. 그것만이 우리가 부부로서 평생 행복하게 살 수 있는 길이오."

호동왕자의 편지를 받고 번민에 휩싸인 공주의 마지막 선택은 사랑이었다. 그녀는 자명고를 찢었고 부왕에게 발각되어 죽임을 당했다. 그 즉시 고구려 군대가 들이닥쳤다. 최리는 국운이 다했음을 통탄하며 스스로 목숨을 끊었다.

낙랑공주의 시신은 고구려로 운구되어 성대한 장례식이 치러졌다. 사랑을 위해 모국마저 버린 그녀의 죽음을 애도하며 구름처럼 많은 인파가 몰려들었다. 호동왕자는 고구려의 영웅이 되었으나 7개월 후 그 또한 낙랑공주를 따라갔다.

13장

완용
[婉容]

고독한 만인의 연인

간추린 중국사
~~~~~~~

서태후가 죽은 지 3년 후, 만주족이 세운 청나라의 운명을 가르는 '신해혁명'의 첫 포성이 울렸다. 일본 유학파 출신의 손문과 황진의 주도하에 호북성 무창에서 시작된 혁명의 깃발은 순식간에 중국 전역을 휩쓸며 폭압에 지친 민중의 대대적인 지지를 얻는 데 성공한다. 이로써 청나라는 완전히 무너지고 2,000여 년간 이어져 온 중국의 전제 왕조는 역사의 무덤 속으로 사라지고 말았다.

청나라를 무너뜨리고 새로 수립된 중화민국의 총통이 된 원세개는 중국 역사상 마지막 황제인 부의에게 몇 가지 특혜를 준다. 그는 부의의 청국 황제 존호를 폐지하지 않고 황실 일가의 자금성 거주를 허용해주었으며, 황실 근위대와 재산도 그대로 두었다. 이때부터 자금성은 중화민국 안에 존재하는 또 하나의 국가였다.

그녀의 프로필
~~~~~~~

청나라의 마지막 황제 부의(溥儀)의 황후. 본명은 완용(婉容).

그녀는 여성으로서 가장 존엄한 지위를 가졌으나 황후로서 가져야 할 권력과 존경을 얻지는 못했다. 황제의 여자라는 사실이 일찍이 페미니즘에 눈뜬 그녀를 황폐한 삶의 주인공으로 만들었다.

> "그녀가 세상에 태어나면서부터 운명이 정해졌다고 하지 않더라도 결혼을 하면서부터 그녀의 운명도 이미 정해진 것이다."

남편 부의는 그녀의 인생을 이 단 하나의 문장으로 요약했다. 부의는 그녀를 성적으로 학대하고 방치했다. 아편은 그녀 자신을 죽음으로 몰아가는 치명적 선택이었다. 평생 그녀는 벗어날 수 없는 운명처럼 고독과 함께 살았다. 그리고 그녀는 고독하게 죽었다. 그녀의 시신이 묻힌 곳은 아무도 모른다.

고독한 만인의 연인,
완용

✦ 폐위된 황제의 아내

1908년 12월 12일, 중국의 마지막 황제 부의의 즉위식이 열렸다. 이
날 세 살배기 꼬마는 수많은 사람이 자기 앞에 머리를 조아리고 서 있
는 것을 보고 놀라서 울음을 터뜨렸다. 곁에 있던 순친왕 재풍이 아들
을 두 팔로 감싸안았다. 그러나 겁에 질린 꼬마 황제는 좀처럼 울음을
그치지 않았다. 재풍은 아이의 귀에 대고 작은 소리로 속삭였다.

"이제 곧 끝나니까 조금만 참아라."

용상 아래쪽에서는 북소리가 둥둥 울려퍼지고 만조백관의 만세삼창
이 시작되었다. 아이는 더욱 자지러지며 발버둥을 쳤다. 사람들은 어
린 꼬마가 겁에 질린 모습을 보고 알 수 없는 불안감에 휩싸였다.

어린 꼬마를 대신해서 순친왕 재풍과 용유태후(죽은 광서제의 정비)가
섭정을 하기로 했지만 둘 다 정치 경력이 짧았다. 그런 사람들에게 국

정을 맡기기에는 나라 안팎으로 돌아가는 사정이 너무 좋지 않았다.

신해혁명이 발발한 것은 그로부터 3년이 채 못 되었을 때였다. 용유태후는 혁명군의 압력에 못 이겨 황제를 폐한다는 조서를 내리고 부의는 자신이 폐위된 사실도 모른 채 자금성 안에서 유년기를 보냈다.

중화민국이 수립된 지 10년째 되던 해인 1921년 초, 즉위식에서 발버둥을 치며 울던 꼬마 황제는 열다섯 살이 되었다. 그는 지난 13년 동안 호화로운 자금성 안에서 부족한 것 없이 자랐다. 그가 매일 신하들의 문안 인사를 받으며 호의호식하는 동안 중국은 엄청난 격변에 휩싸였다.

청나라 말기 조정과 혁명군 사이를 오가며 양다리를 걸쳤던 원세개는 1916년 1월, 군주제를 부활시켜 스스로 황제라 칭했다. 그러나 중국인은 결코 왕조의 부활을 원치 않았다. 대세의 흐름을 외면한 원세개의 그릇된 욕망은 결국 그의 수하들까지 반기를 들게 만들어 등극한 지 81일 만에 물거품이 되어버렸다. 원세개는 그해 3월 황위를 내놓고 몇 달 후 화병으로 죽었다.

그보다 앞선 1914년 7월, 오스트리아의 세르비아 침공을 시작으로 제1차 세계대전이 발발했다. 전쟁은 영국, 프랑스, 러시아, 일본, 이탈리아를 주축으로 한 연합국과 독일, 오스트리아, 헝가리, 터키의 동맹군과의 세계대전으로 확대되어 연합군의 승리로 끝났다.

그 결과 1917년 10월, 러시아에서는 사회주의 정권이 수립되었다. 이 10월 혁명의 영향으로 북경대 학생들을 중심으로 마르크스에 관한 연구가 활발하게 진행되었다. 이 무렵 중국의 노동자 수는 이미 200만 명 정도에 달했고 지식인들은 이들을 상대로 무산계급이 정권을 장악하는 사회주의라는 새로운 사상을 전파했다.

1919년 1월, 연합국 대표들은 패전한 동맹 4국을 대상으로 파리에서 강화조약을 체결했다. 중국 정부는 이때 독일이 중국에서 차지했던 이권을 일본에 양도한다는 조항에 서명하게 된다.

조약의 결과가 전해지자 중국인은 분노했다. 그해 5월 4일, 3,000여 명의 북경대 학생들이 천안문 광장에 집결하여 반제국주의, 반봉건주의를 외치며 '파리 강화조약'의 무효를 주장하는 시위를 벌였다. 북양 군벌로 이루어진 정부군은 학생들을 무력으로 진압하려 했으나 시위는 전국적인 반일, 반정부운동으로 번져나갔다. 시위대의 확산에 놀란 정부는 할 수 없이 구속된 학생들을 석방하고 파리 강화조약의 무효를 선언했다.

1921년 7월, 모택동과 동필무, 주불해 등이 상해의 한 유람선 안에서 중국 공산당을 창립하고, 전국대표대회를 개최했다. 공산당의 창립으로 중국은 새로운 국면에 접어들었다.

세상이 급박하게 돌아가는데도 자금성 안에서는 우물 안 개구리들이 목청을 높이고 있었다. 이제 성년이 된 선통제 부의의 결혼식 때문이었다. 황실 종친들은 각기 자신들과 가까운 집안의 여자를 황후로 들이려고 혈안이 되었지만 정작 당사자인 부의는 결혼에 대해 아무런 관심도 없었다. 후보에 오른 여성들을 보려고도 하지 않았다.

그로부터 1년 전 스코틀랜드 출신인 존스턴이 부의의 개인교사로 자금성에 들어왔다. 존스턴은 세상 물정 모르는 어린 황제에게 가장 큰 영향을 끼친 사람이었다. 부의는 그를 통해서 국제 정세와 중국의 현실, 나아가서는 봉건제도의 모순과 자신의 위치에 대해 자각하게 되었다. 자기를 최고로 알고 살았던 부의에게 존스턴이 가르쳐준 현실은 엄청난 충격이었다. 이때부터 그는 극도의 우울증에 빠져 대인 기피 증세까지 보였다.

부의가 결혼에 도통 관심이 없자, 종친들은 사진을 보고 황후를 직접 고르도록 했다. 부의에게 가져간 사진은 모두 넉 장이었다.

"네 사람은 다 똑같은 몰골이었고 다 밀가루로 빚어 만든 사람들 같았다. 사진에서 볼 수 있는 얼굴은 모두 너무 작아서 이쁜지 미운지도 알아볼 수 없었다. 만일 꼭 골라야 한다면 겉옷의 꽃무늬가 누구의 것이 특별한가가 기준이 될 뿐이었다. 나는 그때 결혼 같은 문제는 생각지도 않았으며 이상형으로 삼고 있는 여성상도 없었다. 황후를 고르라기에 그저 아무런 생각도 없이 눈에 거슬리지 않는 한 사진 위에 연필로 동그라미를 그려놓았다."

훗날 부의는 당시의 심경을 이렇게 적었다. 2년이 지나도록 그는 황후를 결정하지 않았다. 종친들은 끈질기게 찾아왔다. 마지못해 그가 선택한 사진은 단공의 딸 문수('문연', 또는 '문연'이라고도 함)였으나 종친들이 원하는 상대는 내무대신 영원의 딸 완용이었다.

부의는 그들의 뜻에 따라 완용을 황후로 삼았고 문수는 후궁이 되었다. 이때 완용의 나이 17세, 문수는 12세였다. 완용이 황후로 확정된 후 그의 아버지 영원은 승은공으로 책봉되고 오빠와 동생은 호군삼령이 되었다. 완용은 중국 역사상 마지막으로 황후로서 대우를 받았으나 현실적으로는 폐위된 황제의 아내였기 때문에 존호가 주어지지는 않았다.

1922년 12월 1일, 중화민국 정부는 북경에 계엄을 선포하고 군대와 경찰을 동원하여 거리 곳곳을 지키게 했다. 이날은 부의의 결혼식이 있는 날이라 만일의 사태에 대비한 것이다. 자금성 안에는 전날 밤부터 만주족과 몽골족 대신들이 입궁하여 황제의 영친 행렬(황후를 맞아들이러 가는 의식)을 따르기 위해 대기 중이었다.

12월 1일 자정이 되어 청나라 황제의 예복을 차려입은 부의는 의장대를 앞세우고 몰락한 제국의 대신들과 함께 황후를 맞으러 건청궁으로 향했다. 의장대 앞에는 200여 명의 군악대가 축가를 연주하며 흥을 돋우었다. 영친 행렬은 새벽 3시경 황후가 있는 곳에 이르렀다.

완용은 궁녀들의 시중을 받으며 황후의 예복을 차려입고 가마가 오기를 기다리고 있었다. 쪽 찐 머리에 쌍 비녀를 꽂고 용과 봉황을 수놓은 보를 머리에 쓴 채 단정하게 앉아 있는 그녀의 모습은 너무나 우아하고 아름다웠다. 손에는 평소 그녀가 좋아하는 사과 한 알을 쥐고 있었다.

이윽고 황제의 영친대열이 도착하자 완용은 16명의 의장대가 매는 금으로 장식된 가마에 올랐다. 이때 8명의 의장대원은 티베트에서 들여온 향불을 들고 앞장을 섰다. 완용이 탄 가마는 곧 동화문을 거쳐 교태전으로 들어섰다. 황제의 혼례를 전담한 관리들이 그녀가 가마에서 내릴 수 있게 도왔다. 여기서부터 그녀는 여관들의 호위를 받으며 황제가 기다리고 있는 곤녕궁 동난각으로 향했다.

동난각에서 완용을 맞아들인 부의는 용봉희상의 왼쪽에 앉고 완용은 오른쪽에 앉아 합근례를 치렀다. 두 사람은 자손의 번창을 기원하는 떡과 부부의 만수무강을 기원하는 국수를 먹었다.

마침내 예식이 끝나고 사람들이 모두 돌아간 뒤 완용은 평생 잊지 못할 신혼 첫날밤을 맞이했다. 이날 밤 부의는 그녀를 신방에 홀로 남겨두고 다른 처소에 가서 잤다. 신혼 초야부터 독수공방해야 하는 완용의 심정은 더없이 비참하고 수치스러웠다.

"그녀가 세상에 태어나면서부터 운명이 정해졌다고 하지 않더라도 결혼을 하면서부터 그녀의 운명도 이미 정해진 것이다."

훗날 부의는 완용에 대해 이런 말을 했다. 그의 말처럼 신혼 초야에 당한 이 치욕은 완용의 인생 전반에 걸친 비극의 시작이었다.

입궁한 이튿날 완용은 부의와 함께 종묘에 제를 올렸고, 셋째 날 오전에야 처음으로 황후의 신분으로 대외적으로 모습을 보였다. 이날 완용은 만주족 전통예복을 입고 황제와 함께 동난각에서 각국의 외교사절 300여 명으로부터 축하 인사를 받았다.

외국인들과의 접견이 끝난 후에는 중화민국 정부의 문무관원들, 각 성의 군벌 대표들과 외지에서 온 청조의 옛 신하들을 접견했다. 하루

동안 부의와 완용의 결혼을 축하하기 위해 찾아온 내외 귀빈의 수가 1,000명이 넘었다. 하례가 끝난 뒤에는 북경호텔에서 주문한 갖가지 음식이 100여 개의 상에 푸짐하게 차려졌다. 하객의 수로 보나 규모로 보나 당시로써는 가장 성대하게 치러진 결혼식이었지만 신부의 표정은 어둡기만 했다.

✦ 자금성의 이방인들

완용은 1905년 10월 27일 흑룡강성 용강현에서 태어났다. 부친 영원은 조상이 물려준 많은 재산을 기반으로 황족의 딸과 결혼해서 청나라 말 내무부 대신이 되었다.

완용은 부의와 결혼하기 전 천진의 한 여학교에서 신식 교육을 받았다. 5·4운동 이후 중국에 밀려든 새로운 사상과 문화는 그녀에게도 많은 영향을 주었다. 어려서부터 비교적 엄격한 교육을 받았기 때문에 전통문화에 대한 이해도 아주 깊었다.

완용은 처녀 시절 북경의 청년들 사이에서 가장 인기 있는 여성이었다. 한창 젊었을 때 그녀는 갸름한 얼굴에 수정같이 맑은 눈과 희고 부드러운 피부를 가진 날씬한 몸매의 빼어난 미인이었다. 악기를 다루는 솜씨가 탁월했던 그녀는 바둑이나 서예, 그림에도 재주가 많았다. 이토록 뛰어난 재주와 미모를 겸비한 여성이 몰락한 제국의 황후가 되어 아편중독자로서 비참한 말로를 걷게 된 것은 시대의 모순이 빚어낸 비극이었다.

완용이 태어난 1905년은 중국의 근대화가 급속도로 진행되던 때였다. 철도가 민영화되었고 서양의 다양한 문화가 유입되었다.

1915년 일본 유학생 출신의 진독수가 발간한 잡지 〈신청년〉은 5·4 운동의 모태가 되었다. 진독수는 이 잡지를 통해서 중국의 봉건제도를 신랄하게 비판했는데 그중 가장 혁신적인 내용은 유교의 가부장적 사회제도를 부정하며 여성의 사회적 해방을 거론한 것이었다.

완용은 〈신청년〉을 구독하며 자유와 평등을 인간의 기본권으로 규정한 서구의 민주주의 사상에 눈을 떴다. 그러나 자금성에서의 생활은 시대를 거꾸로 돌려놓은 듯한 혼란을 불러일으켰다.

자금성에는 완용 외에도 또 한 명의 여인이 황제 칭호를 가진 남편의 아내 행세를 했다. 궁인들로부터 '숙비마마' 소리를 듣는 문수가 그 장본인이었다. 근대교육을 받은 신여성에게 남편을 다른 여자와 공유해야 한다는 것은 첫날밤에 버림을 받은 것 이상의 모욕감을 안겨주었다.

궁 밖 출입은 엄격히 제한되어 있었고 찾아오는 친구도 없었다. 결혼 초부터 부의는 그녀와 함께 있는 시간이 많지 않았다. 부부가 식사를 같이하는 경우도 드물었고 침실은 따로 사용했다. 부의는 정식으로 결혼한 그녀보다 어린 문수와 함께 있는 것을 더 좋아했다. 자금성은 중화민국이라는 나라에서 철저하게 고립된 하나의 완벽한 제국이었다. 그리고 완용은 그 제국 안에 존재하는 또 하나의 자금성이었다.

자금성 안에는 수없이 많은 부의의 친척이 들어와 살았다. 완용의 일과는 웃어른을 찾아가 문안 인사를 하고 훈계를 듣는 것으로 시작되었다. 그녀에게 '황후'라는 이름은 단순한 의무 외에는 아무런 의미도 없었다.

그녀가 유일하게 할 수 있는 일이란 황실의 재정을 축내는 일뿐이었다. 부의는 그녀가 매월 원하는 만큼 품위유지비를 쓸 수 있도록 해주었다. 그녀는 이 이상한 결혼생활의 비애를 잊으려 매일 값비싼 옷을 주문하고 보석이나 장신구를 사모으기 시작했다. 여자가 아름다워지려고 노력하는 것은 사랑받고 싶은 사람을 위한 것이다. 그녀에게는 아무리 꾸며도 자기 모습을 보여줄 상대가 없었다.

그녀는 무료한 시간을 달랠 겸 영어를 배우고 싶다는 뜻을 부의에게 전했다. 부의는 미국에서 온 목사의 딸을 그녀의 개인교사로 초빙해주었다. 완용은 비로소 외부 세계와 접촉할 기회를 얻었다. 그녀의 영어 실력은 나날이 향상되었다. 간단한 회화와 문장을 익힌 뒤부터 남편에게 영어로 짤막한 편지를 써 보내기 시작했다.

편지는 그들 사이를 새롭게 이어주는 끈이었다. 부의는 남편을 향한 그리움이 절절하게 묻어나는 그녀의 짧지만 낭만적인 편지를 받을 때마다 영어로 답장을 써보냈다. 그는 '헨리 푸이'라는 영어식 이름을 쓰고 있었고, 완용에게는 '엘리자베스'라는 애칭을 붙여주었다.

이후로도 두 사람은 헨리와 엘리자베스라는 이름으로 몇 년간 사랑이 담뿍 담긴 편지를 주고받았다. 부의는 거의 자포자기 상태로 우울한 나날을 보내던 가운데 완용의 회화 실력이 빠르게 성장하는 것을 보고는 몹시 신기해했다. 신식 교육을 받은 완용은 서양 문화에 대한 다양한 지식을 갖고 있었고 사교성도 풍부한 편이었다. 완용의 밝은 모습은 부의의 의기소침한 성격에도 활력을 불어넣었다. 덕분에 부부가 마주 앉아서 대화를 나눌 기회가 많아졌다.

어느 날 완용은 결혼 전 상해에서 먹었던 서양 요리에 관한 이야기를 꺼냈다. 그때까지만 해도 부의는 서양 요리를 먹어 본 일이 없었다. 그는 호텔에 사람을 보내 스테이크를 사오도록 했다. 완용은 그에게 포크와 나이프 사용법을 알려주고, 자신이 경험한 자금성 밖 세상 이야기를 들려주었다.

그 무렵 상해는 대외무역의 중심지였다. 유럽의 주요 은행과 상사들이 들어오면서 하루가 다르게 유입되기 시작한 서양 문화는 도시 곳곳에 극장과 호텔, 영화관 등을 세우며 빠르게 번져나갔다. 부의는 완용의 영향으로 스테이크를 처음 맛본 뒤로 자금성 바깥의 세상에 처음으로 관심을 갖게 되었다. 그는 궁중 생활에 염증을 느끼고 있었으나 바깥으로 나설 용기가 없었다. 자금성 안에서는 황제일지 몰라도 사람들 앞에서 그는 몰락한 제국의 이방인 같은 존재였다.

어느 날 존스턴이 몸이 아프다는 이유로 궁에 오지 않았다. 부의는 스승의 병문안을 핑계로 완용과 함께 자금성을 벗어나기로 했다. 완용은 입궁한 뒤 처음으로 자금성을 벗어난다는 설렘에 들떠서 어쩔 줄을 몰랐다. 부의는 기대와 두려움을 동시에 갖고 있었다. 자금성이 아무리 넓어도 한참 피 끓는 나이의 젊은 남녀에게는 거대한 감옥에 불과했다.

황제 부부의 첫 외출을 위해 수십 대의 자동차 행렬이 자금성을 나섰다. 이때부터 북경 시내에는 한 달에 서너 번씩 모습을 드러내는 그들을 보기 위한 인파가 몰려들기 시작했다. 부의는 몇 번의 외출을 통해서 세상이 그렇게 적대적이지도 호의적이지도 않다는 사실을 알게 되었다. 사람들에게 그는 호기심의 대상일 뿐이었다. 완용은 점차 활동 범위를 넓혀 이화원, 향산, 옥천산으로의 여행을 제의했다.

부의는 그녀와 함께 외출하거나 대외 행사에 나가는 것을 무척 좋아했다. 완용은 사교계의 꽃이었다. 부의는 그녀를 위해 외국인을 초대하는 파티를 자주 열었다. 그는 외국인도 반할 만큼 아름다운 용모와 세련된 화술을 지닌 그녀를 늘 자랑스러워했다. 그러나 결혼 후 처음으로 맛보는 이 행복은 2년을 채 넘기지 못했다.

✦ 황제는 궁에서 나가라

1923년 여름, 자금성에 도둑이 자주 들어 많은 보물이 사라졌다. 부의는 내부자의 소행일 것이라고 확신하고, 궁녀와 내관의 처소를 샅샅이 뒤져보도록 했다. 범인은 내관 중 한 명이었다. 그런데 범인은 자기의 죄가 발각될까 두려워 보물을 숨겨놓은 복건궁에 불을 질렀다. 복건궁을 비롯한 부근 10여 채의 전각이 불길에 휩싸였다. 얼마 후에는 범인을 눈치챈 사람마저 살해당했다.

부의는 겁 많고 의기소침한 성격이었다. 그는 살인 사건 후 모든 사람을 의심하기 시작했다. 밤에는 누군가 자신을 해치려고 한다는 피해의식으로 잠을 이루지 못했다. 황제의 신변을 지키는 호위병들도 믿지 못했다. 이때부터 그는 잠시도 완용과 떨어져 있고 싶지 않았다.

"걱정하지 마세요. 제가 당신을 지켜드릴 겁니다."

두렵기는 여자들도 마찬가지였다. 좀 더 정확히 말하자면 여자들이 더했다. 그러나 완용은 어린아이처럼 두려움에 떠는 그를 위해 밤마다 양심전에 가서 잠 한숨 안 자고 보초를 섰다. 부의는 잠결에도 그녀가 곁을 지키고 있는지 확인한 다음에야 안심하고 다시 눈을 붙였다.

"돌아보면 사방에 적들이 깔린 듯하고, 또 어찌 보면 다 나를 구원해 줄 것 같은 사람들인데 마음을 어디 둘 데가 없구려……."

부의는 가끔 헛소리도 했다. 그가 이렇듯 두려움에 떨고 있는 것은 어릴 때부터 자금성 안에서 심심찮게 일어나던 복벽운동(왕조를 다시 세우는 일) 때문이었다.

공산당과 국민당의 양대 세력이 치열한 힘겨루기 양상을 보이는 가운데 일어난 복벽운동은 자금성에 유폐된 황제의 안전을 위협하기에 충분한 사건이었다. 어린 부의는 그들이 산발적으로 행동을 개시할 때마다 중화민국 군대가 궁궐에 들어오는 것을 보고 목숨의 위협을 느껴야만 했다. 모든 일이 자기를 중심으로 일어난 일이란 것을 알아차렸을 때부터는 공포가 더욱더 심하게 다가왔다.

한번은 일본군의 지원을 받는 장훈이 황제 복위를 주장하며 병사를 이끌고 자금성에 들어와 열흘 넘게 무력시위를 벌였다. 이 일은 곧 무산되었지만, 그들에게는 '친일 매국 봉건 잔여 세력'이라는 이름이 붙었고 자금성의 황제에게도 같은 혐의가 씌워졌다.

그 후에도 비슷한 일이 여러 번 일어났다. 그때마다 성 밖에서는 으레 황족을 추방하라는 목소리가 커졌고, 거기에 호응이라도 하듯 자금성 안에서는 매일 늙은 대신들이 어린 황제에게 문안 인사를 올리며 '황제 폐하 만세'를 외쳤다. 그들을 위해 특별히 해야 할 일이 뭔지도 모르는 어린 소년의 귀에 그 만세 소리는 곧 군대의 출동을 의미하는 것이기도 했다. 부의는 그 모든 게 지겹고, 두려울 따름이었다.

완용은 궁에 들어와 머무는 시간이 길어지면서 비로소 남편의 고통을 이해할 수 있을 것 같았다. 자금성을 향한 일반의 여론이 좋지 않은 것은 그들이 아무 일도 안 하면서 많은 재산을 소유하고 있기 때문이었다. 그녀가 남편과 황실의 이미지를 제고하기 위해 택한 방법은 빈민 구제 사업이었다.

얼마 후 자금성의 젊은 황후가 빈민들을 위해 기부금을 희사했다는 소식이 신문 지면을 장식하기 시작했다. 완용은 정치적 두뇌를 갖고 있었다. 빈민 구제 사업에 참여하는 것으로 대중의 환심을 얻으려 했던 그녀의 생각은 적중했다.

신문이나 잡지에 어려운 사람들 이야기가 나왔다 하면 으레 기부자 명단에 그녀의 이름이 올라 있는 것을 보고 사람들은 자금성을 다시 보기 시작했다. 물론 여기에는 어린 나이에 멋모르고 황제가 되어 유배생활이나 다름없이 살아가는 한 유약한 소년의 운명에 대한 동정심도 포함되어 있었다.

젊은 황후의 미담에 관한 기사가 북경의 신문지면을 장식하는 날이 많아지면서 그녀를 보려는 사람도 늘어갔다. 완용은 북경 시내에서 열리는 크고 작은 자선 행사에도 자주 얼굴을 내밀었다. 황제 부부가 함께 참석하기를 원하는 행사도 종종 있었다.

소심한 부의도 될 수 있는 대로 그런 모임에는 자주 참석했다. 황제 부부의 인기가 높아짐에 따라서 자금성 안에도 모처럼 평화로운 기운이 감돌기 시작했다. 늘 우울한 표정의 부의가 가끔 큰소리로 웃는 모습도 볼 수 있었다.

1924년 11월 5일, 늦가을의 아침 햇살이 자금성 경내를 환하게 비치는 한가로운 오전이었다. 부부가 아침 식사를 마치고 완용이 좋아하는 사과를 후식으로 즐기며 한담을 나누던 중이었다. 부의는 내관들을 이끌고 헐레벌떡 달려오는 내무대신을 빤히 쳐다보았다.

"평소에 저렇게 빠른 분이 아닌데, 무슨 급한 일이 생겼나봐요?"

가끔 그의 느린 걸음걸이를 빗대어 장난을 치던 완용의 짓궂은 표정 어디에도 불안감 같은 것은 없었다. 그들이 후식을 즐기고 있던 곳은 궁궐 내에서도 사람의 발길이 뜸한 후미진 정원이었다. 부의는 늙은 내무대신이 숨을 몰아쉬며 달려오는 모습을 보고 그저 누군가 손님이 찾아온 모양이라고만 생각했다.

"무슨 일입니까?"

부의는 그가 가까이 다가오기를 기다렸다가 미소 띤 얼굴로 천천히 물었다. 내무대신은 손에 무슨 서류 같은 것을 들고 있었다.

"크, 큰일났습니다. 군대가, 풍옥상이란 자가 군대를……."

부의는 내무대신의 입에서 '군대'라는 말이 나오자 당황해서 먹고 있던 사과를 떨어뜨렸다. 풍옥상이라면 그가 제일 두려워하는 직계 군벌 제3군 총사령관이었다.

당시 정권을 잡고 있던 직계 군벌은 일본군의 지원을 받는 봉계 군벌과 대치 상태에 있었다. 그런데 두 번의 직봉대전을 승리로 이끈 풍옥상이 지방으로 좌천당한 것에 불만을 품고 정변을 일으켜 직계 군벌 정부의 총통인 조곤을 비리 혐의로 연금시켜버렸다.

풍옥상은 이때 봉계 군벌의 수장 장작린과 손을 잡았다. 장훈의 청조복위운동이 일어났을 때부터 자금성의 존재를 껄끄럽게 여겼던 그는 조곤 정부를 전복시키자마자 곧바로 군대를 출동시켜 황족을 추방하라는 지시를 내렸다.

부의는 내무대신이 떨리는 손으로 건네준 풍옥상의 최후통첩 서한을 읽었다.

1. 귀하는 지금 이 시각부터 황제의 존호를 쓸 수 없다. 오직 중화민국 국민과 동등한 법률적 권리를 누릴 수 있을 뿐이다.
2. 위의 조건을 받아들이면 중화민국 정부가 해마다 10만 원의 생활비를 보조해줄 것이며, 또 만주족 빈민들을 우선적으로 받아들이는 북경 빈민공장을 창설할 수 있도록 200만 원을 내주기로 한다.
3. 청나라 황실은 오늘 안으로 고궁을 나가야 한다. 단, 이후의 거주지는 자유롭게 선택할 수 있다.
4. 황실 사유재산 외의 모든 공유재산은 중화민국 정부의 소유로 한다.

서한의 내용은 간단명료하고 강압적이었다. 부의는 말없이 하늘을 올려다보았다. 당장 어디로 가야 할지 막막할 따름이었다.

군사들이 몰려왔다는 소식을 듣고 성안에 있던 황족들이 겁에 질린 모습으로 달려왔다. 뒤이어 풍옥상의 명령을 받고 출동한 북경수비 총사령관 녹종린과 경찰총장 장벽합 등이 성안으로 들어왔다.

"오늘 당장은 곤란하니 며칠만 시간을 주시오."

"여긴 더 이상 황제가 살지 않는 곳이오. 거절하고 싶다면 하시오. 우리도 방법이 없는 건 아니란 말이오."

녹종린은 황제의 정중한 요청에 조소를 흘리며 성문 밖 언덕을 손으로 가리켜 보였다. 보기에도 징그러운 대포가 성을 향해 입을 벌리고 있었다. 그것을 보고 늙은 황족들은 바닥에 주저앉아 탄식하고, 여자들은 대성통곡하기 시작했다.

"갑시다. 나가라면 나가야지. 울지 말고 다들 짐을 챙겨요."

"어디로 가죠?"

완용이 물었다. 부의는 잠시 생각에 잠겼다가 힘없이 입을 열었다.

"집으로……. 일단 집으로 갑시다."

부의가 말하는 집이란 그가 세 살 때 내관들에게 이끌려나온 순천왕가를 말하는 것이었다. 원치 않았던 황제의 자리에 오르기 위해 억지로 울면서 떠나왔던 집에 이제 또다시 억지로 떠밀려 들어가는 신세가 돼버린 황제의 표정은 착잡하기 그지없었다.

"차라리 잘된 일이에요. 여기선 하루도 마음 편할 날이 없었잖아요."

완용은 비통해하는 남편을 위로하려고 했으나 실은 그녀 자신도 불안해서 견딜 수가 없었다. 자금성은 그나마 군대가 쳐들어오지만 않는다면 안전한 곳이었다. 이제 그들에게는 몇 사람의 호위병밖에는 남아 있지 않게 될 것이다. 그녀가 2년 만에 부의를 따라서 자금성을 떠나던 날, 폭죽을 터뜨리며 좋아하는 북경 시민들의 환호성이 칼처럼 등에 꽂히는 것만 같았다.

✦ 어둠 속의 짧은 행복

그날 저녁, 부의는 완용과 문수를 비롯한 식솔과 몇몇 구신들을 이끌고 순천 왕가에 당도했다. 존스턴도 그들과 동행했다. 완용과 문수가 각각의 처소에 머무는 동안 부의는 그들과 함께 오랜 시간 앞으로의 갈 길에 대한 논의를 벌였다.

사람들의 제안은 대략 세 갈래로 나뉘었다. 하나는 모든 과거를 잊고 풍족한 생활을 영위하며 평범한 시민으로 돌아가는 것이고, 다른 한 길은 복벽 세력의 도움을 얻어 자금성으로 되돌아가는 것, 그다음 길은 외세의 힘이라도 빌어서 복귀하는 것이었다.

부의는 몇 날 며칠이 지나도록 아무 결정도 내리지를 못 했다. 그는 어떤 의견도 귀에 들어오지 않는 듯 멍하니 그들의 이야기를 듣기만 했다. 밖에서는 황실에 대한 풍옥상의 가혹한 처사를 두고 비난 여론이 서서히 일고 있는 중이었다. 북양 군벌과 관료 정객들 사이에서는 아직도 청나라를 복벽하려는 잔존 세력이 남아 있는 실정이고, 그들은 연일 하루아침에 황제를 총칼로 위협하여 궁에서 몰아낸 풍옥상의 몰인정한 행위를 비방하고 나섰다.

수천 년 동안 봉건 왕조에 길들여 있던 중국인에게는 선정이건 폭정이건 아무런 정치적 능력도 펼쳐보지 못한 어린 황제를 대하는 감정이 복잡할 수밖에 없었다. 봉건 왕조로의 복귀까지는 원치 않더라도 그가 안전하게 인생을 살아갈 권리는 있다는 여론이 조성되었다. 심지어 풍옥상과 같이 정변을 일으켰던 장작린은 부의를 다시 자금성으로 돌려보내야 한다는 주장까지 했다.

진보 세력에서는 오히려 풍옥상이 황제를 자금성에서 추방한 것은 신해혁명의 남은 찌꺼기를 깔끔하게 처리한 것이라며 적극 지지하고 나섰다.

어쨌거나 황족의 갑작스러운 추방에 대한 일반의 여론이 극단적으로 치닫는 것은 당시 중국의 정치 현실을 고려할 때 부의에게 결코 도움이 되지 않는 일이었다. 자칫하면 화근의 소지를 없앤다는 명목으로 지금보다 더 위험한 일이 닥칠지도 모르는 상황이었다.

신문을 통해 전해지는 정치권의 미묘한 알력 관계를 파악한 완용은 하루하루 시간 가는 게 불안하기만 했다. 그런데도 부의는 차일피일 결정을 미루고만 있었다.

무기력한 남편에게 실망보다 연민이 앞섰다. 완용은 우선 믿고 기다려보기로 했으나 충격적인 일이 벌어졌다. 어느 날 자고 일어나보니 그가 감쪽같이 사라져버린 것이다.

1924년 11월 29일, 부의는 비밀리에 중국 주재 일본대사관으로 들어갔다. 측근 대신들은 물론 완용과 문수에게조차 알리지 않고 먼저 몸을 피한 것이다. 존스턴의 모습도 보이지 않았다. 완용은 그가 황제를 보호하고 있으리라는 짐작은 했지만, 행방을 모르니 답답하고 불안할 따름이었다. 그녀는 잠시도 마음을 놓지 못한 채 초조한 심정으로 연락이 오기만을 기다렸다.

며칠 동안 그가 보이질 않자 시중드는 궁녀들도 불안해하는 기색이 역력했다. 황제가 가족을 버린 줄로만 알고 자기들끼리 수군거리기도 했다. 얼마가 지난 뒤에야 존스턴이 나타났다. 그는 황제가 일본대사관에 머물고 있다며 완용과 문수를 그곳으로 데려갔다.

부의와 식솔은 그곳에서 3개월 정도 숨어지내야 했다. 1925년 2월 23일, 부의는 일본인으로 변장하고 일본 사복군경들의 보호를 받으며 천진에 있는 일본 조계지로 옮겨갔다. 완용과 문수는 다음 날이 되어서야 시녀들과 함께 일본 경찰의 경호를 받으며 천진에 도착했다.

가족들이 살게 된 곳은 일본 조계지의 '팔루팔저'라고 불리는 이층집이었다. 넓고 쾌적한 장원에서 지낸 몇 해가 완용에게는 자금성에서 살던 때보다 훨씬 행복하고 자유로운 시절이었다. 이곳에서만큼은 황궁에서처럼 봉건적 규범에 얽매인 생활을 하지 않아도 되었다. 특히 천진은 그녀가 학창 시절을 보낸 곳이라 전혀 낯설지가 않았다. 그녀는 가끔 부의와 함께 경치 좋은 곳으로 여행을 다니거나 거리로 나가서 둘만의 오붓한 시간을 즐겼다.

1930년 5월 한 달 동안에 완용은 여섯 번 외출했다. 주로 마창 유적지나 천진의 번화한 거리 구경을 나갔다. 그때마다 부의가 동행해주었다. 남편과 함께 외출하는 시간이 그녀에게는 어떤 일과보다도 중요하고 즐거웠다. 그녀의 쾌활한 성격과 아름다움은 가는 곳마다 사람들의 시선을 끌었다. 궁중에서 폐쇄된 생활을 했던 것에 대한 보상 심리였을까. 그녀는 남들의 눈길을 받는 것에 대해서 묘한 심리적 만족감을 얻었다.

외출하는 시간을 빼고는 학습에 전념했다. 부의는 그녀가 영어공부를 계속할 수 있도록 매달 고액의 과외비를 지급하며 천진영문학교의 임살모라는 외국인 여교사에게 개인교습을 시켰다.

임살모는 완용에게 단어와 어법을 가르쳐 영문 도서와 잡지를 막힘없이 볼 수 있도록 수준을 높여주었을 뿐 아니라 서양 여성들의 생활방식을 가르쳐주기도 했다. 임살모의 영향으로 완용은 전보다 한층 유행에 민감하고 낭만적인 여성으로 변해갔다. 돈은 아직 얼마든지 쓸수 있었다. 값비싼 향수를 뿌리고 당시 유행하는 최고급 의상을 걸치고 다니는 그녀를 사람들은 '명황후'라고 불렀다.

감찰어사 출신인 진증수는 완용의 문학 담당 개인교사였다. 그는 매일 오후 시간이면 그에게 사서오경, 사기, 당시 300수 등을 가르치러 왔다. 완용은 근시여서 글자를 크게 써서 베긴 책으로 공부했다. 독서를 하다 무료해지면 그림을 그리거나 금(琴, 현악기의 일종)을 타고, 혹은 사진을 찍는 등 다채로운 취미를 즐겼다. 그러는 동안 자금성에 있을 때와는 비교가 되지 않는 편안하고 즐거운 생활의 묘미에 흠뻑 빠져들었다.

천진에서 7년 동안의 황금기를 보내면서 가장 그녀가 행복했던 일은 생일 때마다 남편이 그녀를 위해 신경을 써주는 것이었다. 천진에 도착한 첫해에 완용은 스무 살을 맞았다. 부의는 그녀의 생일을 축하하기 위해 서양 가무단까지 초청하려다 늙은 신하들의 반대로 그만두었다. 그 대신 생일선물로 금으로 만든 컵과 은으로 만든 화병 등 온갖 진귀한 장신구들을 넓은 방 안에 차고 넘치게 넣어주었다.

부의는 완용뿐만 아니라 문수의 생일에도 똑같은 선물을 했다. 완용은 그 사실을 알고 몹시 분개했다. 입궁했을 때부터 완용은 숙비 문수와의 사이가 줄곧 좋지 않았지만, 천진에 오고부터는 노골적으로 그녀를 경계하고 질투했다. 완용은 그녀가 이곳까지 황제를 따라온 것조차 못마땅했다. 천진에 와서 지내는 동안 그녀의 존재가 더욱더 눈에 거슬리기 시작한 것은 남편에 대한 사랑이 그만큼 더 깊어졌기 때문이었다.

따지고 보면 더 불쌍한 건 문수였다. 그녀 역시 자기 뜻과는 무관하게 황실에 들어왔지만 '제2부인'이라는 이름으로 항상 완용의 뒤에 서 있어야 하는 존재였다. 더구나 부의가 마음을 완용에게만 쏟는 지난 몇 년 동안에는 함께 살면서도 얼굴조차 제대로 보지 못하는 날이 많았다. 완용은 그녀가 부의에게 접근하는 것조차 싫어했다.

둘 사이에는 점점 갈등의 골이 깊어만 갔다. 두 여자는 부의를 사이에 두고 서로 시기하다 못해 잠시라도 그가 자기 눈에 띄지 않으면 상대방의 거처에 가 있는 것으로 오해하기도 했다. 그러다 마침내 몇 번의 공개적인 충돌이 일어났다. 그러나 이럴 때 부의는 한 번도 문수의 편을 들어준 적이 없다.

"그때 문수의 처지는 확실히 고통스러웠다. 하루는 아무것도 아닌 일을 가지고 문수가 자기를 망신시켰다고 오해한 완용은 나더러 내관을 시켜서 문수를 문책할 것을 요구했다. 애매하게 된 문수는 내가 거처하는 방에 찾아와 억울함을 하소연하겠다고 했다. 그러나 나는 몰인정하게도 그녀와의 대면을 거절해버렸다."

부의가 회고록에 밝힌 내용이다. 그는 완용과 문수와의 충돌에서 늘 완용의 편에 섰다. 문수는 끝내 부의와 이혼을 요구하며 장원을 나가 버렸다.

"문수는 중궁에게 밀려났다."

문수가 이혼을 요구한 것에 충격을 받은 부의는 주변 사람들에게 종종 이런 말을 했다. 그리고 그 원망은 고스란히 완용에게로 넘어갔다. 문수가 제 발로 걸어나가자 비로소 황제를 완전히 독점하게 되었다고 생각했던 완용의 운명에 먹구름이 끼기 시작했다.

"황제는 궁 밖에 있는 보통 백성과는 달리 생활했다. 그들 부부는 밥도 한 상에서 먹지 않고 한 침대에서 자지도 않았다. 황후는 매일 같은 시간에 황제 앞에 가서 문안을 드렸는데 실로 손님과 다름없었다. 제왕의 가내에는 허례허식이 어쩌나 많은지 부부간의 참다운 감정은 찾아볼 수 없었다."

당시 황제 부부를 시중했던 한 내관의 증언이다. 완용은 갑자기 달라진 남편의 태도에 배신감을 느껴 그 공허함을 메우고자 매일같이 돈을 물 쓰듯 했지만, 마음속의 번민과 우울함이 없어지지는 않았다.

어느 날 비통함에 잠겨 슬피 울고 있는 그녀에게 내관 조영생이 아편 알을 구해주었다. 이때부터 그녀의 인생은 한없이 곤두박질치기 시작했다.

✦ 그녀는 나의 도구일 뿐이다

1931년 11월, 만주사변으로 중국을 침략한 일본군은 청 왕조의 복귀가 임박해졌다는 감언이설로 부의를 속이고 천진에서 동북으로 데려갔다. 당시 중국은 장개석이 이끄는 국민당 정부와 모택동의 홍군이 치열한 내전을 벌이던 중이었다.

부의가 떠난 지 두 달이 지나서야 완용은 사람들의 눈을 피해 배를 타고 대련에 도착했다. 대련에 도착한 뒤에도 그녀는 곧바로 부의를 만나지 못했다. 그녀는 대련에서 기다리고 있다가 일본 관동군 사령부의 허락을 받고 난 뒤에야 부의가 있는 여순으로 향했다.

일본군은 이 부부에게 한동안 외출금지령을 내렸다. 완용과 부의는 여순의 한 이층집에서 일본 군인들의 철저한 통제를 받으며 살았다. 부의의 두 여동생도 함께였다.

1932년 3월 6일, 부의는 완용과 그의 두 여동생, 정효서 등과 함께 일본 군경들의 호위를 받으며 여순을 떠나 탕강자라는 곳으로 향했다. 일본인이 운영하는 여관에서 이틀 동안 묵고 있는 그에게 봉계 군벌 장수인 장연경과 사개석이 찾아왔다. 그들은 자신들이 일본군의 도움으로 청나라 왕조를 복벽시키기 위해 나라를 세웠다며 부의에게 일단 만주국의 황제가 되어줄 것을 청했다.

3월 8일 새벽, 부의와 완용은 숱한 일본인에게 둘러싸인 채 장춘행 특별열차에 올랐다. 오후 3시, 특별열차는 일본군이 점령한 뒤 신경으로 이름이 바뀐 장춘에 이르렀다. 그들은 이제 신경은 만주국의 수도가 되었으며, 부의는 집정(執政)의 지위에 올라 나라를 통치하게 될 것이라 말해주었다.

완용 부부는 정거장에서 일본인, 전(前) 청조의 옛 신하들, 만주인 등 수많은 사람의 열렬한 환영을 받았다. 환영 인파 가운데는 태양기를 든 사람이 있는가 하면 장방형의 황룡기를 든 사람도 있고, 엎드려 이마를 땅에 대고 절하는 사람이 있는가 하면 허리를 굽혀 경례하는 사람도 있었다.

부의와 완용은 약간 어리둥절하면서도 감격스러운 얼굴로 자신들을 환영하는 군중을 바라보았다. 부의는 그동안의 설움이 복받치듯 자기도 모르게 눈물을 흘렸다. 환영의식이 끝나고 이들 부부는 승용차에 올라 집정부에 이르렀다. 얼마 전까지만 해도 장춘시청 소재지였던 그곳은 낡아서 아주 허름했지만, 임시 거처로 이용할 수밖에 없었다.

이튿날 오후 3시에 시정공서 강당에서 만주국 건국식 및 부의의 집정 취임식을 거행했다. 부의가 집정으로 취임한 지 한 달 남짓 지난 후 만주국 정부는 새로 정비한 청사로 옮겼다. 이곳 몇몇 작은 이층집은 장춘에서 제일 훌륭한 건물로 통했다. 부의는 청사로 쓰게 될 그 집들에 일일이 이름을 붙여주었다. 완용과 부의가 거처하는 곳은 '집희루'라고 불렀다. 부의는 2층 서쪽에, 완용은 2층 동쪽에 자리를 잡았고, 아래층은 응접실과 서재로 썼다. 주단이 깔린 방마다 꽃무늬 도안의 황금색 비단으로 장식하고 명화들이 걸려 있는 벽 구석에는 대형 화병을 두었다. 이제부터 '집정부인'으로 불리게 된 완용은 모든 게 꿈만 같았다.

그녀는 조만간 본토로 돌아가 황제와 황후로서 살게 될 날도 머지않았다고 믿었다. 그런 이유로 만주에 온 뒤 부쩍 외출이 잦아졌다. 만주국 신문에도 자주 그녀의 사진이 실렸다. 때로는 만주족 여인의 의상을 입고 외출하기도 하고 때로는 일본 전통의상을 입어보기도 했다. 완용은 만주의 패션을 이끌었다. 사람들은 그녀가 오늘은 어떤 옷을 입고 어떤 머리 스타일을 하고 나타날 것인지를 늘 궁금해했다. 그녀는 무엇을 입어도 잘 어울렸다.

집정부 안에는 그녀의 전용 식당이 준비되어 있었다. 비록 자금성에서처럼 풍요롭지는 않았지만 언제든 입맛을 돋우는 갖가지 음식을 만들어 먹을 수 있었다. 그녀가 요리할 때는 네 명의 내관과 궁녀가 시중을 들었다. 또 만주족 명문가의 한 처녀가 매일 그녀를 찾아와 그림 그리기, 수놓기를 가르쳐주고, 함께 바둑을 두고 금을 타면서 말동무가 되어주었다.

만주에 있는 동안 그들 부부는 모처럼 한가롭고 여유 있는 생활을 즐길 수 있었다. 간혹 그들은 정원에서 자전거를 타거나 테니스를 즐기기도 했다. 그러나 그 평화로운 일상은 얼마 뒤 무참하게 깨지고 말았다.

집정 3개월 후, 어느 날 부의는 완용과 둘째 여동생을 전용 승용차에 태우고 공원으로 소풍을 나갔다. 그들이 한창 공원 구경을 하고 있을 때 갑자기 일본군 헌병과 경찰이 주위를 겹겹이 에워쌌다.

"관동군 사령관의 지시입니다. 안전상의 문제가 있으니 앞으로 다시는 허락 없이 외출하지 않겠다는 다짐을 받아오라십니다."

헌병대장이라는 자의 고압적인 말투에서 완용은 비로소 자신과 남편의 입장이 어떤 것인지를 뼈저리게 느꼈다. 이제 또다시 초롱에 갇힌 새처럼 자유를 잃어버린 것이다.

그날 이후 완용은 집정부 내의 생활에 흥미를 잃어버렸다. 그녀는 일본인에게 속아서 만주에 온 것을 후회했지만, 이미 그들의 꼭두각시가 되어버렸다는 사실이 만천하에 알려졌으니 부의로서도 뾰족한 수가 없었다. 그러나 완용은 포기하지 않고 이 치욕스러운 감방을 벗어날 방법을 찾기에 고심했다.

1932년 5월 만주국은 일본의 괴뢰 정부라고 주장하는 중국의 제소에 따라 국제연맹에서 리튼 조사단이 파견되었다. 완용은 이때 중국 대표로 참가한 고유균에게 장춘에서 도망칠 수 있게 도와달라고 은밀히 부탁했다. 그러나 그녀의 청은 받아들여지지 않았다.

이후 만주국에서 14년 동안 생활하면서 완용과 부의는 점점 더 사이가 멀어졌다. 그녀의 히스테리 증세는 갈수록 심해졌고 그럴수록 더욱 아편에 의존하게 되었다. 부의는 그때의 심정을 이렇게 회고했다.

"솔직히 말해서 나는 사랑이 무엇인지를 몰랐다. 다른 사람들 사이는 평등한 부부였지만 나에게 있어서는 부부관계가 바로 주인과 노복의 관계였으며 아내나 첩은 다 임금의 도구에 불과한 것이었다. 완용이 문수를 밀어낸 뒤로 난 그녀에게 반감을 품게 되었고, 그와는 말도 하지 않았다. 그녀의 변화에 대해서도 별로 관심을 기울이지 않았다. 그랬기 때문에 나는 그녀 자신의 심정, 고민이나 염원 같은 것을 듣지 못했다."

완용은 이 무정한 황제와 결코 보통 사람들처럼 부부로서의 행복을 얻지 못했다. 남편은 그녀를 방치했고, 그녀에게는 마음대로 돌아다닐 자유도 없었다. 매일 똑같이 공허하고 울적한 생활의 연속이었다. 그러다 완용은 끝내 정신이상에 걸렸다.

1934년 3월 1일, 만주국 괴뢰 황제 부의는 집정 3년째를 맞아 연호를 '강덕'으로 정했다. 그는 즉위식을 위해 북경에서 가져온 용포를 입고 성대한 예식을 올렸다. 이런 큰 행사에도 황후인 완용은 참석하지 못했다.

원인은 부의에게 있었다. 그는 의식에 참여할 때나 외빈들을 접견할 때 완용이 공개적으로 나타나는 것을 허락하지 않아, 황후로서 만주국의 공식적인 정무 활동에는 한 번밖에 참석하지 못했다.

1934년 6월 6일, 일왕의 동생 가즈히토가 부의의 등극을 축하한다는 명목으로 만주국을 방문했다. 그는 회견 장소에 황제와 황후를 비롯한 만주국 정무대신 전원 참석을 요구했다. 공식적인 행사에 참석하게 된다는 사실을 알게 된 완용은 몹시 들뜬 모습을 보였다. 워낙 사람들 앞에 나서기를 좋아했던 그녀에게는 모처럼 기분 전환의 기회가 생긴 것이다. 그녀는 몇 번 입어보지도 못했던 예복을 차려입고 숱한 보석으로 단장하고 행사장으로 향했다.

6월 7일 오전 9시 40분, 국무총리대신 정효서와 일본 관동군 사령관 등이 참석한 회견을 마치고 가즈히토는 부의와 완용에게 일왕의 친서와 훈장을 수여했다. 그런 다음 오후 2시까지 연회가 이어졌다. 이때까지만 해도 완용의 병세는 그리 심각한 정도는 아니었다. 그녀는 6~7시간이나 지속된 회견 중에도 처음부터 끝까지 단정한 몸가짐을 잃지 않았고, 연회석상에서도 차분하게 외빈을 상대해 전혀 이상한 행동을 찾아볼 수 없었다.

다음 해인 1935년, 부의는 일본 정부에 완용의 부정을 이유로 황후 직을 박탈하겠다고 선언했다.

✦세상에는 없는 여자

그해 완용이 다른 남자의 아이를 가졌다는 사실이 밝혀졌다. 상대는 부의의 운전기사였다. 이때부터 그녀에게는 지옥이나 다름없는 생활이 시작되었다.

어릴 때부터 내시와 궁녀 틈바구니에서 자란 부의는 여성에 대해서 극도의 거부감을 느끼고 있었다. 그는 정신적 면에서나 생리적인 면에서 모든 여성을 혐오하고 멸시하는 경향이 강했다. 그들의 부부생활역시 극히 비정상적이었다. 오죽하면 그가 완용 때문에 자신을 떠났다고 애통해하는 문수마저도 처녀의 몸으로 지내다 이혼을 결심했다는 말까지 나올 정도였다.

10여 년을 부부로 같이 산 완용도 대부분의 날을 독수공방하며 쓸쓸히 지내야 했다. 문수가 떠난 뒤에는 그 책임을 모두 그녀 탓으로 돌리면서 부부간에는 대화조차 없었다. 차마 누구에게도 말 못 할 쓰라린 가슴을 안고 살아가는 동안 그녀의 내면은 점차 황폐해져갔다.

그녀가 처음 아편에 손을 대기 시작한 것은 20대 중반이었다. 한창 아름답게 피어날 나이의 그녀가 이렇게 망가지게 된 것은 가족들의 이기심과도 관계가 있었다.

부의는 그들이 황실의 외척이라는 지위를 유지하기 위해 마약과 음욕으로 완용을 마취시켰다고 증언했다. 그녀에게 아편을 보내준 사람이 바로 그 아버지와 오빠였다는 것이다. 믿기 어려운 말이지만 그는 자신의 회고록에 이렇게 썼다.

"전에 그녀가 천진을 떠나 대련으로 오던 도중 그녀의 오빠는 제 여동생을 동행하는 일본 군관에게 팔아넘겼다."

완용은 천진에서 두 달 동안이나 혼자서 공포에 떨어야 했다. 그 무렵 중국은 한창 내전 중이었고 부의는 일본군과 함께 떠나버려 아무도 그녀를 보호해줄 사람이 없었다. 더구나 문수의 일로 부의는 이미 그 전부터 완용을 학대하고 있던 때였다. 그가 자기를 다시 찾아올지도 알 수 없는 상태에서 그녀는 아편에 의지하는 치명적인 잘못을 저지르고 말았다.

완용의 정서불안 증세는 만주에 와서 극에 달했다. 그녀는 만주국 궁중에서 시녀의 소개로 만난 부의의 시종 기계충과 관계를 가졌다. 얼마 후 그는 일본육군사관학교로 유학을 떠났다. 그 후에도 완용은 부의의 다른 시종 리와 관계를 가졌다. 완용이 다른 남자들과 사통한 일을 부의는 오래도록 모르고 있었다. 그녀가 다른 남자와의 관계에서 얻은 아이를 출산할 무렵에야 그 사실을 알게 된 부의는 배신감에 치를 떨었다.

그는 우선 일본에서 유학 중인 기계충과 궁중에 있는 리를 해고한 뒤 완용과 이혼하고 황후를 폐하려고 했지만, 일본군의 반대로 뜻을 이루지 못했다. 그는 자기 사생활도 마음대로 결정짓지 못하는 허수아비 황제였다.

도저히 분을 풀 길이 없던 그는 완용을 잔혹하게 학대했다.

"모든 잘못은 내게 있으니 어떤 처분을 내려도 달게 받겠어요. 하지만 아기는 아무 잘못이 없잖아요? 제발 불쌍한 아기는 해치지 말아주세요."

아이를 낳기 전 완용은 남편에게 울면서 애원을 했다. 부의는 아이를 낳으면 궁 밖으로 내보내 기르게 하겠다고 그녀를 안심시켰다. 그러고는 해산이 임박해지자 소문이 밖으로 새지 않도록 조카의 아내와 시녀에게 아이를 받게 했다. 완용은 자기가 낳은 아이를 한 번밖에 보지 못했다. 부의가 사람을 시켜 아이를 데려가버렸기 때문이다. 아이는 곧바로 그의 하수인에 의해 보일러 가마 속으로 던져졌다.

이때부터 완용은 살아도 산 사람이 아니었다. 부의는 사람을 시켜 그녀의 일거수일투족을 철저하게 감시하게 했다. 그녀가 곁에 오는 것도 금지했으며, 친정 식구들의 출입마저 허락하지 않았다. 그 정도 일이야 어느 정도 익숙했던 상황이라 충분히 견딜 수 있었다. 그러나 그녀는 갓난아기가 참혹하게 해를 입었다는 소식을 듣고 완전히 딴사람으로 변했다.

그녀의 정신과 육체는 철저히 무너졌다. 머리도 빗지 않고 세수도 하지 않았다. 이제 아름답던 용모는 간데없고 날씬했던 몸은 거죽만 남았다. 그녀의 모습을 본 사람이라면 누구도 과거의 명황후가 그렇게 변했으리라고는 상상도 못 할 지경이었다. 사람들은 흐트러진 머리에 땟물이 줄줄 흐르는 그녀의 검푸른 얼굴을 본 순간 귀신을 본 듯이 소스라치곤 했다.

완용은 밥도 먹지 않았고 아편이 없으면 잠을 자지도 못했다. 죄수나 다름없는 신세로 온종일 아편으로 연명하면서 1년 내내 방에 쪼그리고 앉아 있었다. 점차 두 다리가 마비되어 걸음을 걸을 수조차 없게 되었다. 근시였던 눈도 거의 실명 직전이었다.

그렇게 밖에 나가서 사람들 만나기를 좋아했던 그녀가 이제는 해와 바람을 싫어하고 낯선 사람을 극도로 꺼렸다. 부의는 그런 아내를 한정 없이 방치했다. 그는 마치 완용이라는 여인이 이 세상에 존재하지 않는 것처럼 굴었다.

✦ 가장 외롭고 비참한 최후

1945년 8월 9일, 일본의 패배가 코앞으로 다가오자 관동군 사령관 야마다 오츠로는 부의에게 즉시 만주국 정부를 통화로 옮길 것을 요구했다.

8월 11일 오후, 완용은 내관과 시녀의 부축을 받으며 만주국 궁궐을 떠나 장춘 동쪽 정거장에 대기하고 있던 특별열차에 올랐다. 열차는 길림 매화구를 지나 8월 13일 임강현 대율구에 도착했다. 이곳에는 일본인이 경영하는 철광주식회사가 있었다. 부의와 완용 일행은 이 회사의 숙소에 머물렀다.

이틀 후인 8월 15일에 일왕 히로히토가 무조건 항복을 선포했다. 부의도 황제가 된 후 세 번째 퇴위 조서를 읊어야만 했다. 그는 이곳에서 이틀을 묵은 뒤 일본인의 지시에 따라 귀중품을 챙겨 동생 부걸 등 몇몇 사람과 함께 일본으로 향했다.

완용은 복귀인으로 봉해진 이옥금과 함께 그곳에 버려졌다. 떠날 때 부의는 일본에 도착하면 곧 비행기를 보내겠다고 했다. 그러나 그 후 아무런 소식도 없었다.

전신이 마비된 상태였던 완용은 자기의 앞날에 대한 희망을 완전히 포기한 사람 같았다. 사람들이 모두 떠나도 전혀 불안해하지도 않았다. 기쁨도 고통도 그녀와는 아무런 상관도 없는 것 같았다. 이옥금은 그녀가 안정을 취할 수 있도록 내관들에게 숙소를 민가로 옮기도록 했다.

이옥금과 완용의 방 사이에는 얇은 미닫이문이 걸쳐져 있어서 서로 대화를 나눌 수가 있었다. 귀인으로 봉해진 된 뒤 옥금은 완용과 같이 황궁에서 2년 반 동안 생활했다. 그러나 부의가 그녀를 가둬놓았기 때문에 한 번도 만날 기회를 얻지 못했다. 피난길에서도 부의는 그들을 완전히 갈라놓고, 서로 말을 섞지도 못하게 했다. 이제는 그도 가고 없으니 옥금은 완용을 도와주고 싶었다. 그러나 감히 먼저 말을 걸기도 어려워 음식만 만들어 보내주었다.

내관으로부터 복귀인이 보낸 음식을 받고 감동한 완용은 그녀를 만나보고 싶다고 청했다. 이옥금은 완용과 만났던 정황을 다음과 같이 회상했다.

"내관 둘이서 그녀를 부축해 미닫이문 앞에 이르렀을 때 나는 하마터면 놀라서 소리칠 뻔했다. 나는 황후가 절대가인은 아니라도 의젓하고 어여쁘게 생겼을 것으로 추측했었다. 그런데 막상 그날 처음 본 그는 사람도 아니고 귀신도 아닌 몰골이었다. 총기 없는 두 눈에 푸르스름하고 피골이 상접한 얼굴, 두 치 길이의 머리카락은 꼿꼿이 서 있었다. 키는 163센티미터쯤 되는데 더럽고 구겨진 낡은 잠옷은 오래도록 세탁을 하지 않아 무슨 색깔인지 분간할 수도 없었다. 정말 미친 사람 같았다. 얼른 다가가 문안을 드렸더니 그녀는 나를 빤히 쳐다보며 아편 때문에 누렇게 된 이빨을 드

러내며 '좋아요, 좋아요' 하고 힘없이 미소를 지었다. 그렇게 몇 분
이 지났을까. 그녀는 벌써 지쳐버려 부축을 받으며 침상으로 돌아
갔다."

1945년 11월, 날씨가 점점 차가워지자 완용과 이옥금 일행은 임강현
으로 이사를 했다. 이곳에서도 두 여인은 조선식 집에서 함께 지냈다.
완용의 병세는 옥금의 살뜰한 간호로 한동안 호전되었다.

10여 일이 지난 후 팔로군이 임강을 점령했다. 완용과 이옥금은 전
쟁포로로 중국인민해방군에 수용되었다. 그들은 포로수용소에서 함께
지내면서 고난을 같이 겪었다. 완용은 그녀의 말이라면 늘 고분고분
웃는 낯으로 들어주었고 항상 그녀가 자기를 도와준 것에 고마워했다.

얼마 후 팔로군은 임강에서 철수하면서 두 여인을 통화로 데려갔다.
그들은 통화에서 2개월쯤 있다가 다시 부대를 따라 장춘, 영길을 거쳐
서 몇 달 후에 통화로 되돌아왔다. 내전 중에 군대를 따라 곳곳으로 옮
겨다니느라 완용의 병세는 점점 더 악화되었다. 일행이 마지막으로 통
화로 되돌아올 때 그녀의 몸 상태는 최악이었다.

"팔로군 동지는 부대가 계속 행군하며 전투를 치르니 병든 황후
를 보살펴줄 수 없다고 말했다. 지금까지도 한 가지 일이 마음에
걸려 나를 괴롭히고 있다. 그것은 내가 그때 황후를 집으로 데려
오지 못한 일이다. 부귀한 집은 본처에 첩까지 식구는 많아도 인
정은 박하다는 말이 있는데 황후의 형편이 사실 그러했다. 그나마
나는 집으로 돌아갈 수 있었지만, 그녀는 숱한 특혜를 받으며 승

승장구했던 그 많고 많은 친척 집으로 갈 수 없었다."

이옥금의 회상이다. 사실 그녀의 친정은 황친이라는 이름만 가졌지 병이 골수까지 미친 황후를 보살피기에는 형편이 너무 어려웠다. 이옥금은 완용과의 마지막 이별의 순간을 떠올리며 이렇게 적었다.

"나는 천천히 그녀의 침대 앞으로 다가가 곧 떠날 것이라고 알렸다. 그 며칠 전에는 마지막까지 남아 있던 내관도 눈물을 흘리며 떠났다. 그동안 무슨 일이 일어났는지 그녀도 아는 듯했다. 어느새 완용은 또 정신이 흐려져 혼잣말을 중얼거리기도 하고 때로는 흥얼거리기도 했는데 그 소리에는 늘 울음이 섞여 있었다.
문득 그녀가 비쩍 마른 손으로 나의 손을 잡았다. 더는 참을 수 없어 내가 눈물을 흘리자 그녀의 눈에는 공포감이 서렸다. '응… 응…' 하는 두 마디 처량한 울음 섞인 대답이 흘러나왔고 그녀도 눈물을 흘렸다. 잠시 후 그녀는 나를 뚫어지게 바라보았다.
마치 '너도 나를 버리고 떠날 작정이냐?' 하고 묻는 것만 같았다. 그녀는 내 손을 놓고는 얼굴을 딴 쪽으로 돌렸다. 나는 그녀의 구겨진 옷을 펴주고 이불을 잘 덮어준 뒤 한동안 마른 손을 어루만져주었다. 그것이 우리의 마지막 장면이었다."

이옥금은 소리 없이 눈물을 흘리며 완용의 곁을 떠났다. 혼자 남은 그녀는 팔로군이 장춘에서 철수할 때 부대를 따라나섰다가 연길에서 또다시 혼자 고립되어 쓸쓸하게 죽음을 맞이했다.

완용은 황후로서 궁에 들어갔지만, 역사는 그 이름을 기록하지 않았다. 부의는 죽은 지 28년 만에 청나라 황제로 복권되어 하북성 이현에 있는 청나라 황릉에 이장되었다. 그러나 병든 몸으로 혼자서 전쟁터를 전전하던 완용은 돈화에서 죽었다는 소문만 있고 지금껏 어디에 묻혔는지도 알려지지 않았다.

조선의 마지막 국모,
명성황후

명성황후 민씨를 고종의 왕비로 간택한 사람은 흥선대원군이었다. 그
러나 며느리와 시아버지 사이는 그녀가 왕비 책봉식을 마친 지 얼마
되지도 않아 금이 가기 시작했다.

세도와 문벌정치에 염증을 느껴왔던 흥선대원군이 원한 며느리는 세
도와 무관한 가문의 여식이었다. 그런 면에서 민씨 집안은 적격이었으
나, 당사자인 왕비를 겪어보니 여걸 중의 여걸이었다. 그는 시간이 갈
수록 다재다능하고 박식하며 적극적인 며느리를 경계하기 시작했다.

고종을 대신하여 국태공 자격으로 국정을 이끌었던 흥선대원군 집권
초기는 왕실의 권위를 높이는 데 중점을 두었다. 그는 서양 또는 일본
세력과의 타협을 거부하는 척화 쇄국주의자였고 보수적인 개혁파였
다. 외세에 문을 닫아거는 길만이 이씨 왕조를 지키는 일이라고 믿었
다. 그에 비하면 왕비는 새로운 문물을 받아들이는 것에 거부감을 느
끼지 않는 신세대였다. 흥선대원군이 며느리를 경계할 수밖에 없는 이
유였다.

며느리와 시아버지 사이를 악화시킨 결정적인 계기는 그녀가 그토록
바라던 왕자를 낳았을 때였다. 흥선대원군은 왕자의 탄생 선물로 산삼

을 보냈다. 그런데 그것을 달여먹인 지 5일 만에 왕자가 갑자기 죽고 말았다. 왕비는 아들을 잃은 것이 시아버지가 보낸 산삼 때문이라 믿고 그를 증오하게 되었다.

흥선대원군은 고종이 스무 살이 되도록 섭정을 물리지 않았다. 당시 조선은 한 치 앞을 내다볼 수 없는 상황이었다. 일본에서는 정한론이 대두되고 있었고, 조선에서는 서원 철폐와 경복궁 중건 등 흥선대원군의 실정을 비판하는 여론이 빗발쳤다. 그동안 왕비는 은밀히 흥선대원군의 반대파를 규합하고 자기 친인척을 조정의 요직에 등용했다. 유림의 거두인 최익현과도 손을 잡았다.

동부승지로 발탁된 최익현은 대원군을 탄핵하는 상소를 올렸다. 왕비는 이 기회를 이용하여 고종에게 친정을 선포하게 하고 조정의 실권을 장악했다. 흥선대원군은 하루아침에 실각하여 운현궁에서 절치부심 재기의 기회를 엿보고 있었다. 그녀는 서원 철폐를 중단하고 일본과 강화도조약을 맺었다. 그 와중에 임오군란이 일어났다.

왕비의 인척인 선혜청 당상 민겸호에 대한 불만으로 촉발된 임오군란은 구식 군인들의 반란이었다. 민겸호는 구식 군인들에게만 차별대우를 했다. 그들의 분노에 기름을 부은 것은 녹봉으로 주는 쌀에 모래를 섞어 지급한 사건 때문이었다. 격분한 군인들은 민겸호를 죽이고 궁궐로 쳐들어갔다.

왕비는 궁녀로 변장하고 가까스로 궁궐을 빠져나가 충주로 피신했다.

이때를 틈타 궁궐을 장악한 흥선대원군은 거짓으로 왕비의 죽음을 선포했다. 이에 왕비는 고종에게 밀사를 보내 자신이 살아 있음을 알리고 청나라에 군사 지원을 요청했다. 청나라는 군란의 책임을 물어 흥선대원군을 압송했다.

다시 궁궐로 돌아온 왕비는 청나라와 협상을 통해 난국을 돌파하려고 했다. 이에 불만을 품은 친일 개화파가 들고일어난 사건이 '갑신정변'이다.

갑신정변의 배후에 일본이 있다는 사실을 확인한 왕비는 러시아, 영국, 청나라 등의 외세를 이용하여 일본을 견제하려고 했으나, 이것은 결과적으로 일본이 조선에서 세력을 넓히는 구실이 되었다. 갑신정변은 김옥균의 삼일천하로 막을 내렸고 곧 동학농민운동이 일어났다.

민씨 일파는 청나라에 파병을 요청함으로써 청나라는 물론 일본에도 내정 간섭의 빌미를 주는 결정적인 우를 범했다. 청나라가 군대를 파견하자 일본도 군대를 출동시킨 것이다.

왕비는 동학농민운동이 실패로 끝난 뒤 양국 군대에 철수를 요청했으나 일본은 물러나기를 거부하고 조선의 내정 개혁을 요구했다. 왕비는 내정 간섭이라는 이유로 그들의 요구를 거절하고 친러 정책으로 돌아섰다. 이것이 을미사변의 직접적인 원인이 되었다. 왕비에게 위기감을 느낀 그들은 결국 차마 입에 담을 수도 없는 만행을 저질렀다.

1895년 8월 20일 새벽, 장검을 든 일본공사 미우라 고로가 보낸 낭인들이 왕비의 침전인 건청궁으로 들이닥쳤다.

"누가 조선의 왕비냐?"

낭인들은 닥치는 대로 칼을 휘두르며 왕비를 찾았다. 건청궁은 삽시간에 궁녀들의 피로 물들었다. 왕비 역시 이 미친 칼날을 피하지 못했다. 조선의 마지막 국모 명성황후는 나름의 외교적 수완으로 격변의 시대에 맞섰지만 결국은 외세에 의해 그 뜨거운 삶에 마침표를 찍었다.